金融法教程

束景明　王燕华／主编

立信会计出版社
LIXIN ACCOUNTING PUBLISHING HOUSE

图书在版编目(CIP)数据

金融法教程 / 束景明,王燕华主编. —上海：立信会计出版社,2018.6(2022.12 重印)

ISBN 978－7－5429－5828－0

I.①金… Ⅱ.①束… ②王… Ⅲ.①金融法—中国—高等学校—教材 Ⅳ.①D922.28

中国版本图书馆 CIP 数据核字(2018)第 134522 号

策划编辑　　何颖颖
责任编辑　　何颖颖
封面设计　　南房间

金融法教程
JINRONGFA JIAOCHENG

出版发行　立信会计出版社

地　　址　上海市中山西路 2230 号　　邮政编码　200235

电　　话　(021)64411389　　传　　真　(021)64411325

网　　址　www.lixinaph.com　　电子邮箱　lixinaph2019@126.com

网上书店　http://lixin.jd.com　　http://lxkjcbs.tmall.com

经　　销　各地新华书店

印　　刷　苏州市古得堡数码印刷有限公司

开　　本　710 毫米×960 毫米　　1/16

印　　张　20.5

字　　数　320 千字

版　　次　2018 年 6 月第 1 版

印　　次　2022 年 12 月第 2 次

书　　号　ISBN 978－7－5429－5828－0/D

定　　价　45.00 元

如有印订差错,请与本社联系调换

前 言

　　金融是市场经济的核心,没有金融就没有市场经济;同时,现代市场经济又是法制经济,因此现代金融也必然是法制金融。没有健全的金融法制,就没有健全的金融市场,从而也就不会有健全的现代市场经济。金融法课程在法学专业、财经类专业等专业教学中的重要性,也正是在这一背景下确立的,金融法教材也由此应运而生。一直以来,我国金融立法都处在一个不断调整与变化的状态中。我国 2003 年修订了《中国人民银行法》和《商业银行法》,颁布了《证券投资基金法》和《银行业监督管理法》;2005 年修订了《证券法》;2009 年修订了《保险法》;2012 年修订了《证券投资基金法》。目前《证券法》的再次修订也正在进行。金融立法的不断变革要求相关金融法教材也必须与时俱进,关注最新立法动态,反映最新立法成果。本教材以金融法基本理论及我国金融法制实践为编写依据,力图做到理论与实践相结合,法律规定与金融实务相结合。

　　本教材将是一本特色鲜明的教材。其特色之一是秉承理论联系实际的精神,融金融法学理论研究与金融法制实践于一体,不仅对金融法基本理论作了简明扼要的阐述,更关注我国的金融法制实践,力图使学生能够学会运用金融法基本理论和基本知识分析、解决金融法领域内的实际问题。本教材的特色之二是充分发挥案例教学在法学教育中的作用。引入案例的目的在于帮助学生理解所学理论知识、训练学生分析解决实际问题的能力以及增加学生学习金融法的兴趣。因此本教材每一章都穿插有案例介绍,使本章所涉金融法理论知识更为具体生动;每章结尾部分设"案例分析",引导学生对本章内容作进一步的思考。本教材的特色之三是力图满足经济管理类专业本科学生学习金融法的需要。目前国内的金融法教材大多是面向法学专业的学生,对于没有受过系统法学教育的经济管理类专业的学生而言,并不十分适合。而面向经济管理类专业学生的金融法教材,又多属于高职高专教材,内容过浅,对本科层次学生来说也不适合。本教材力图弥补中间地带的空缺,充分考虑经管类专业本科生的特点和需求,同时也为社会上广大有意学习中国金融法的读者提供一本内容简明扼要、表达通俗易懂、案例新颖丰富、实用性强的参考书。

本书共分八章,分别是金融法概述、中央银行法律制度、商业银行法律制度、金融担保法律制度、票据法律制度、证券法律制度、证券投资基金法律制度和保险法律制度。

本书由束景明和王燕华共同编写,其中证券法律制度和证券投资基金法律制度由王燕华编写,其余章节由束景明编写。

本书在编写过程中,参阅和借鉴了国内众多金融法文献资料,在此深表谢意! 书中的不足之处,还望得到专家学者和广大读者朋友批评指正。

目　录

第一章　金融法概述

教学要求

通过本章的学习,了解金融法的概念和调整对象,掌握金融法律关系的构成要素及其保护方法与保护特点,知悉我国金融法的渊源和体系,深刻理解金融法的基本原则。

第一节　金融法的概念和调整对象

一、金融和金融法的概念

(一) 金融的概念

金融是指货币、货币流通、信用以及与之直接相关的经济活动。例如,货币的发行和回笼,存款的吸收和贷款的发放,金银、外汇和有价证券的买卖,信托、保险与融资租赁,国内、国际货币支付结算等,都属于金融活动的范畴。金融的基本表现是货币资金的融通,是以银行等金融机构为中心的各种形式的信用活动以及在信用基础上组织起来的货币流通。

金融一般可分为直接金融和间接金融两种形式。直接金融是指资金供给者(即投资者)通过购买股票、债券等有价证券,将资金直接提供给资金需求者(即证券发行人)的资金融通行为;间接金融则是指资金的最终供给者(即存款人)通过银行、非银行金融机构等中介机构(即贷款人),把资金提供给资金需求者(即借款人)的资金融通行为。

金融本身是一种社会经济活动,它是在商品生产和商品交换的基础上产生和发展起来的,是商品经济发展到一定阶段的产物,是现代经济的核心。

(二) 金融法的概念

金融法,顾名思义是调整金融关系的法律规范的总称。金融关系是指金融活动中各主体之间所发生的社会关系,因此要准确界定金融法的概念,就必须先明确金融活动的范围,而金融活动又可以有广义和狭义两种理解。

从广义上理解,金融活动可以理解为社会上一切筹集、分配、融通、使用、管理货币资金的活动,包括货币资金的国家财政分配活动和信用分配活动。因此,广义的金融法概念是指调整在全社会货币资金的筹集、分配、融通、使用和管理活动中产生的所有经济关系的法律规范的总和,其调整对象范围不仅包括资金的财政分配和银行分配关系,还包括非银行金融机构、企业等经济组织以及自然人的资金在有偿筹集和使用中所发生的经济关系。

从狭义上理解,金融活动仅指货币流通和信用分配活动的总和,不包括国家财政分配这个范围。因此,狭义的金融法概念是指调整货币流通和社会信用活动中所发生的经济关系的法律规范的总和,其适用范围包括货币发行、流通与收回,存款的吸收与付出、票据的承兑与贴现,股票和债券等有价证券的发行与交易等一系列金融活动,严格意义上的金融法仅指狭义的金融法。本教材所称金融法为狭义金融法。

二、金融法的调整对象

金融法的调整对象是金融关系,即金融活动中各主体之间所发生的社会关系,这种社会关系从内容上分可分为金融交易关系和金融调控监管关系两大类。

(一) 金融交易关系

金融交易关系是指金融市场的各方主体在平等的金融交易活动中所形成的社会关系,具体包括以下几类。

(1) 直接金融关系。直接金融关系以资本市场为基础,主要表现为资本市场的融资人和投资人之间因股票、债券等有价证券的发行、交易活动而产生的社会关系,如证券发行关系、证券交易关系、产权交易关系等。

(2) 间接金融关系。间接金融关系以货币市场为基础,主要表现为银行等金融机构与非金融机构的法人、其他组织和自然人之间因存贷款等活动而产生的社会关系,如存款关系、贷款关系、同业拆借关系等。

（3）金融中介服务关系。金融中介服务关系是指银行、证券公司等金融机构在金融市场(包括货币市场和资本市场)上,为投融资双方实现融资提供收付结算、承销经纪、咨询代理等金融中介服务的过程中所产生的社会关系,如结算关系、汇兑关系、咨询关系、租赁关系、代理关系等。

（二）金融调控监管关系

金融调控监管关系是指国家金融主管机关对金融交易活动进行调节控制和监督管理的过程中所形成的社会关系,具体可分为以下两种。

（1）金融调控关系。金融调控关系是指国家金融当局为实现稳定金融市场、引导资金流向、控制信贷规模等目的,对金融变量进行调节和控制而产生的社会关系,如中国人民银行作为中央银行运用货币政策工具进行经济宏观调控时与银行等金融机构之间所发生的关系。

（2）金融监管关系。金融监管关系是指金融监管机关与金融机构、非金融机构和个人之间因金融监管活动而发生的社会关系,包括中央银行因货币发行和货币流通而同各类金融机构与非金融机构之间所形成的货币发行关系、现金与转账结算等货币流通管理关系;金融监管机关因各类银行、非银行金融机构的设立、变更、接管和终止而产生的主体资格监管关系;金融监管机关对各类金融机构的业务活动进行监管而产生的业务监管关系;金融监管机关对金融机构、非金融机构和个人的非法金融活动进行调查和处罚而产生的金融行政处罚关系等。

三、金融法的特点

（1）金融法是公法和私法的融合。金融法一方面调整纵向的带有行政隶属性质的金融调控与金融监管关系,从而决定了金融法的公法性;另一方面金融法又调整横向的平等主体之间的金融交易关系,因而具有明显的私法性。因此,金融法是典型的公法和私法相融合的法。

（2）金融法是实体法与程序法的统一。金融法主要规定金融主体的职责、权利和义务等实体法内容,但也规定实现这些权利、义务的程序、步骤、方式等程序法内容,因而是实体法与程序法的统一。

(3)金融法以强制性规范为主。相比于一般的商业活动,金融活动具有更大的社会公共性与更高的风险性,因此国家对金融活动要给予更多的干预,所以金融法律规范以义务性、禁止性和命令性规范为主。

第二节　金融法律关系

一、金融法律关系的概念和特征

(一)金融法律关系的概念

金融法律关系,是金融法律规范调整的,在金融交易活动和金融调控监管活动中所形成的具有权利义务内容的社会关系。金融关系是金融法律关系产生的根源和存在的基础,而金融法律关系则是在金融关系的基础上经过金融法律规范"加工"后升华而成的、具有权利义务内容和性质的关系,所以金融法律关系的形成和存在需要两个条件:一是要有金融关系的存在,二是要有金融法律规范的存在。

(二)金融法律关系的特征

作为法律关系的一种,金融法律关系除了具有一般法律关系的特征外,还具有一些自己的特征。

(1)金融法律关系的一方主体是银行或其他金融机构。金融法律关系是在金融活动过程中形成的权利义务关系,而金融活动是以银行等金融机构为中心开展起来的,所以在金融法律关系中,一般应有一方主体是银行或其他金融机构。

(2)金融法律关系具有综合性。由于金融关系中既包括金融市场的平等主体之间所发生的金融交易关系,又包括国家金融主管机关对金融市场及市场主体进行金融调控与金融监管的关系,金融法律关系的综合性也就由此产生。一部分金融法律关系作为平等主体之间的法律关系具有民事法律关系的特征,而另一部分金融法律关系作为国家干预经济运行过程中所产生的法律关系又具有经济法律关系的特征。

（3）金融法律关系还具有广泛性、多样性的特征。金融法律关系是在金融活动过程中形成的权利义务关系，而在当代社会中，金融活动已经渗透到社会生活的各个方面和领域，成为现代经济的核心。而且随着金融竞争的加剧，金融创新的不断出现，金融活动也越来越复杂多样，因此金融法律关系具有广泛性、多样性的特征。

（4）金融法律关系是采取较严格的法定程序和法定形式的法律关系，其确立、变更多采取书面形式，而且其格式也往往标准化。

二、金融法律关系的构成要素

金融法律关系同其他法律关系一样，也是由主体、客体和内容三种要素构成的。三者相互联结、缺一不可。主体是金融法律关系的参加者、构成者，是权利义务的享有者和承受者，同时也是金融法律关系客体中物的所有者、经营者，是客体中行为的实施者、实现者。因此主体是金融法律关系的第一要素。金融法律关系的客体是金融法律关系主体的权利义务所指向的对象，主体的权利义务只有通过客体才能具体地得到落实和实现。没有客体的金融法律关系，是无目的的和无意义的。权利义务是金融法律关系的实体内容，是联系主体与主体之间、主体与客体之间的纽带。所以说，主体、客体和内容都是金融法律关系不可或缺的要素。

（一）金融法律关系的主体

金融法律关系的主体是指参加金融法律关系，依法享有权利和承担义务的当事人，具体包括以下各项。

（1）金融机构。金融机构是金融法律关系的主要主体，可分为金融管理机构和金融业务机构。金融管理机构是指在金融法律关系中承担管理职能的政府机构，进一步可分为货币当局（如中国人民银行和国家外汇管理局）和监管当局（如中国银行保险监督管理委员会、中国证券监督管理委员会）。金融业务机构是指在金融法律关系中获准从事金融业务的机构，进一步可分为银行业与非银行业金融机构。银行业金融机构既包括银行业存款类金融机构（如银行、城市信用合作社、农村信用合作社、财务公司等），也包括银行业非存款类金融机构

（如信托公司、金融资产管理公司、金融租赁公司等）。非银行业金融机构包括证券业金融机构（如证券公司、证券投资基金管理公司、期货公司等）、保险业金融机构（如财产保险公司、人身保险公司、再保险公司、保险经纪公司、保险代理公司、保险公估公司等）、交易及结算类金融机构（如交易所和登记结算类机构）、金融控股公司等。

（2）经济组织、事业单位和社会团体。经济组织是指从事生产和流通以及服务性活动，以盈利为目的的企业。事业单位是指由国家拨款的文化、教育、卫生等单位。社会团体是指公民自愿组成，按照其章程开展活动的非营利性社会组织。上述主体都可以与银行等金融机构发生平等主体间的金融法律关系。

（3）自然人。自然人包括中国公民和外国人。他们可以参加存款贷款、购买有价证券等金融活动，因而也是金融法律关系的主体。

（4）国家。国家在特定情况下可作为金融法律关系的主体，如发行货币，参加国际金融活动等。

与金融机构不同的是，上述经济组织、事业单位和社会团体、自然人及国家原因并非是金融法律关系的当然主体，他们只是在参加金融活动时才成为金融法律关系的主体。

（二）金融法律关系的客体

客体是指金融法律关系主体的权利义务所共同指向的对象。它可以是有形财物，如货币、金银、有价证券等，也可以是行为。

（1）货币。货币包括人民币和外币。人民币是我国境内唯一合法流通的货币，是金融法律关系中最为广泛的客体。外币在我国虽不能任意流通，但它作为外汇管理行为的对象，同样是金融法律关系的客体。

（2）金银。金银是一种可以充当一般等价物的特殊商品，具有商品和货币的双重属性。作为金银管理行为的对象，金银是金融法律关系的客体。

（3）有价证券。有价证券是指标有票面金额，用于证明持券人或该证券指定的特定主体对特定财产拥有所有权或债权的凭证。有价证券是虚拟资本的一种形式，它本身没价值，但有价格。有价证券按其所表明的财产权利的不同性质，可分为商品证券、货币证券及资本证券。商品证券是证明持券人享有一定商品请求权的凭证,如提单、仓单等;货币证券是证明持券人享有一定货币请求权的凭证,如汇票、本票、支票等;资本证券是由金融投资活动而产生,证明持券人对基于一定本金所带来的收益享有请求权的凭证,如股票、债券、基金证券等。货币证券和资本证券是金融法律关系的客体。

（4）行为。作为金融法律关系客体的行为既包括商业性金融机构提供金融服务的行为,也包括货币当局及监管当局履行金融调控与金融监管职能的行为。

（三）金融法律关系的内容

金融法律关系的内容是指金融法律关系主体依法所享有的权利和承担的义务。所谓权利是指由金融法律规范所确认的一种资格或许可,其含义包括:①权利主体可以凭借这种资格,在金融法律、法规规定的范围内,根据自己的意志,为或不为一定的行为,以实现自己的利益和要求。例如银行在合法范围内,可以根据自己的意志决定是否发放贷款,不受他人的强迫与干涉;②权利主体可以凭借这种资格,依据金融法律、法规、合同、协议的规定,要求特定的义务主体为或不为一定的行为,以实现自己的利益和要求。例如,银行依法放款后,有权要求其借款人按期还本付息;③当义务主体不依法或依约履行义务时,权利主体可以凭借这种资格要求有关国家机关强制其履行或采取相应补救措施,以保护和实现自己的利益。例如,借款人不按期还本付息,银行有权诉至法院,要求法院强制借款人履行义务。所谓义务是指由金融法律、法规所确认的一种责任,其含义包括:①义务主体必须依照金融法律、法规、合同、协议的规定,为或不为一定的行为,以实现权利主体的利益和要求。例如,银行必须保证存款本金和利息的支付,不得拖延、拒绝支付存款本金和利息;②义务主体应自觉履行金融法律、法规、合同、协议所确定的各项要求;如不能履行或不能全面、正确履行,则要受到国家强制力的制裁。例如银行违反规定提高或降低利率以及采用其他不正当手段吸收存款,发放贷款,要受到责令改正、没收违法所得、罚款等处罚,直至被吊销经营许可证。

三、金融法律关系的产生、变更和终止

（1）金融法律关系的产生,是指由于一定的法律事实的存在或变化,使金融法律关系主体之间形成一定的权利义务关系。这里所谓的法律事实,是指能够

引起金融法律关系产生、变更和终止的事实,包括事件和行为。前者与金融法律关系主体的主观意志和自觉行为无关,如自然灾害、战争等;后者则是金融法律关系主体在其主观意志支配下自觉实施的,包括合法行为和不合法行为。

（2）金融法律关系的变更,是指由于一定的法律事实的出现或变化,使已经存在的金融法律关系的某些要素发生了变化。金融法律关系有主体、客体和内容三个要素,所以金融法律关系的变更包括主体的变更、客体的变更和内容的变更三种情况。

（3）金融法律关系的终止,是指由于一定的法律事实的出现,使金融法律关系主体间的权利义务归于消灭。

四、金融法律关系的保护

金融法律关系的保护,是指通过一定的保护机构、采取一定的保护方法,确保金融法律关系的参加者正确行使权利和适当履行义务,以维护当事人的合法权益和保障整个社会正常的金融秩序。

（一）金融法律关系的保护机构

金融监管机构是金融法律关系最基本的保护主体。因为金融监管机构通过对金融机构的市场准入监管、市场退出监管以及对金融机构日常业务活动的监管,可以对金融法律关系主体权利义务的实现起到最起码的保障作用。这里所说的监管机构主要有中国银行业监督管理委员会（中国银监会）、中国证券监督管理委员会（中国证监会）、中国保险监督管理委员会（中国保监会）等。除了金融监管机构之外,金融法律关系的保护机构还包括仲裁机构和司法机构。仲裁机构通过解决金融法律关系主体之间的金融纠纷,可以实现对金融法律关系的保护。司法机构一般包括人民检察院和人民法院。人民检察院通过对金融犯罪案件依法提起公诉以及对人民法院的审判活动依法进行监督,人民法院通过对金融纠纷案件依法进行审理以及对金融犯罪案件依法进行审判,实现对金融法律关系的保护。

（二）金融法律关系的保护方法

这里所说的保护方法,是指通过对行为人追究法律责任来实现对金融法律关系的保护,主要有以下几种方法。

（1）行政保护方法，是指对违反金融法律、法规的行为人，由有关金融监管机构依照行政程序加以处理，以保护金融法律关系主体权利义务的实现。主要表现为金融监管机构对有违法行为的金融机构或其责任人员采取行政上的处罚或纠正措施，如批评、警告、责令停业整顿、吊销许可证、禁止市场准入等，对个人还可以采取记过、降级、开除等处分方法。

（2）经济保护方法，是指对违反金融法律、法规的行为人，依法给予经济制裁。具体措施包括赔偿损失、罚款、冻结资金、停止支付、提高或加收利息、没收财产等。

（3）司法保护方法，包括两个方面：一是人民法院依法审理金融纠纷，并可对法院生效判决、裁定及仲裁裁决实施强制执行；二是对严重违反金融法律、法规构成犯罪的行为人，依法追究其刑事责任。

（三）金融法律关系的保护特点

（1）金融法对金融法律关系的保护，不是等问题发生后再去保护，而是从其产生及运行的全过程，自始至终地进行保护。例如，通过对金融机构的市场准入监管，可以预先防止不合格金融机构混入金融市场，扰乱金融秩序。

（2）金融法对金融法律关系的保护，既要保护当事人的合法权益，也要直接或间接地保证国家意志和社会利益的实现。金融法律关系本身就是国家意志与金融机构等当事人意志直接协调结合的产物，所以金融法律关系的保护既要保护当事人的合法权益，也要体现国家意志和利益。

（3）金融法对金融法律关系的保护，是采用多种手段进行的。金融法律关系具有综合性、复杂性、多样性的特征，所以单靠一种手段来进行保护是远远不够的，而是要多种手段并用。

第三节　我国金融法的渊源和体系

一、我国金融法的渊源

所谓法的渊源，是指国家制定或认可的法的各种具体表现形式，所以法的渊源又称法的形式。金融法的渊源,是指金融法律规范借以表现的形式,可分为国内渊源和国际渊源。

（一）国内渊源

（1）宪法。宪法是国家的根本大法,具有最高的法律效力。宪法中关于加强国家宏观经济调控、维护社会经济秩序的规定,可以说是我国金融法律规范的最高表现形式,是我国金融立法的基础。

（2）金融法律,是指由国家最高权力机关——全国人民代表大会及其常务委员会制定的有关金融组织及其活动的规范性文件,可分为金融基本法律和金融普通法律。金融基本法律是由全国人民代表大会制定通过的,目前我国的金融基本法律只有《中华人民共和国中国人民银行法》;金融普通法律是由全国人民代表大会常务委员会制定通过的,包括《中华人民共和国商业银行法》《中华人民共和国票据法》《中华人民共和国保险法》《中华人民共和国担保法》《中华人民共和国证券法》《中华人民共和国信托法》《中华人民共和国证券投资基金法》《中华人民共和国银行业监督管理法》等。除《宪法》外,金融法律在我国金融法渊源中具有最高的地位和最高的效力,是制定其他金融规范性文件的依据,其他金融规范性文件不能与之抵触,否则无效。

（3）金融行政法规,是指由国家最高行政机关——国务院制定的有关金融组织及其活动的规范性文件。如《中国人民银行货币政策委员会条例》《中华人民共和国人民币管理条例》《储蓄管理条例》等。金融行政法规不得与《宪法》、金融法律相抵触。

（4）金融部门规章,是指国家金融监管部门（或机构）根据金融法律、法规的规定制定的有关金融活动的规范性文件。如中国人民银行制定的《金融机构反洗钱规定》、中国银监会制定的《商业银行资本管理办法》、中国证监会制定的《上市公司证券发行管理办法》、中国保监会制定的《保险公司管理规定》等。

（5）金融地方性法规和金融地方政府规章。金融地方性法规是由地方国家权力机关制定的有关金融管理的规范性文件,金融地方政府规章是由地方人民政府制定的有关金融管理的规范性文件。这些地方性法规和规章因地制宜,是对金融法律、法规的具体化,但它们不能与金融法律、法规相抵触。

（6）金融司法解释。金融司法解释是国家最高司法机关（最高人民法院、最高人民检察院）经立法机关授权就金融司法实践中具体适用法律问题所作出的具有约束力的阐释和说明。如《最高人民法院、最高人民检察院关于办理内幕交易、泄露内幕信息刑事案件具体应用法律若干问题的解释》《最高人民法院关于适用〈中华人民共和国保险法〉若干问题的解释（一）》、《最高人民法院关于适用〈中华人民共和国保险法〉若干问题的解释（二）》、《最高人民法院关于适用〈中华人民共和国保险法〉若干问题的解释（三）》等。

（7）行业自律性规范，是指金融业社团组织，如银行业协会、证券业协会等制定的约束其成员的、带有自治自律性质的行为规范，如《中国银行业协会章程》《中国证券业协会章程》等。严格来说，金融行业自律性规范不属于国家立法的范畴，不是金融法的渊源，但它们也具有规范性和一定的约束力，在规范金融活动方面也发挥着一定的作用。

（二）国际渊源

（1）国际条约。我国缔结或参加的有关金融活动的国际条约，除我国声明保留的条款外，构成我国金融法的重要渊源。而且根据国际条约优先原则，我国缔结或参加的国际条约与我国法律有不同规定的，适用该国际条约的规定。目前我国缔结或参加的与金融活动有关的国际条约主要有《国际货币基金协定》《国际复兴开发银行协定》《国际金融公司协定》等。

（2）国际惯例。国际惯例是指在国际经济交往中形成的为国际社会广泛接受并予承认的，一经双方确认就具有法律约束力的习惯性规范。如《托收统一规则》《跟单信用证统一惯例》以及《巴塞尔协议》等。

二、我国金融法的体系

所谓金融法的体系，是指将金融法律规范按一定的标准和次序排列组合而成的统一体系。金融法的内容丰富而庞杂，对金融法体系的划分，学者们也有不同的观点。我们认为，我国金融法体系主要可分为三个部分，即金融机构组织法、金融业务法和金融调控与金融监管法。

（一）金融机构组织法

金融机构是金融活动的主体，是金融关系的参加者，所以调整金融关系，首先要确认金融机构的法律地位,明确它们的性质、任务、职权职责、业务范围、机构设置等。金融机构组织法作为金融法体系的组成部分,就是规范上述金融机构本身组织关系的金融法律规范的总称。按照金融机构的不同性质和业务范围为标准,金融机构组织法又可以划分为中央银行组织法(在我国即为中国人民银行组织法)、商业银行组织法、政策性银行组织法、非银行金融机构组织法、外资金融机构组织法等。

(二) 金融业务法

金融法是调整金融关系的法律规范的总称,而金融业务关系是金融关系的重要组成部分,所以调整金融业务关系的金融业务法自然就是金融法体系的重要组成部分。根据金融业务的不同内容,又可以将金融业务法划分为银行业务法、证券业务法、信托业务法和保险业务法。

(1) 银行业务法。银行业务法是指调整银行业务关系的金融法律规范的总称。完整意义上的银行包括中央银行、商业银行和政策性银行,所以银行业务法又可以划分为中央银行业务法、商业银行业务法和政策性银行业务法,其中又以商业银行业务法的内容最为丰富。

(2) 证券业务法。证券业务法是指调整证券业务关系的金融法律规范的总称。证券融资是金融的重要组成部分,所以证券业务法也是我国金融法体系的有机组成部分。而且随着直接融资在我国融资体系中地位和比重的上升,证券业务法也日益重要。

(3) 信托业务法。信托业务法是指调整信托业务关系的金融法律规范的总称,其内容主要涉及信托业务的种类、范围、信托当事人的权利义务等。

(4) 保险业务法。保险业务法是指调整保险业务关系的金融法律规范的总称,主要包括保险合同法和保险特别法。保险合同法主要是规定保险合同当事人之间的权利义务,包括合同的订立、履行、变更、解除和保险纠纷的解决等;保险特别法是指规定某一险种的保险关系的法律和法规,如海上保险法、人寿保险法、财产保险法等。

(三) 金融调控与金融监管法

除金融业务关系外,金融调控与金融监管关系也是金融关系的重要组成部分,所以金融调控与金融监管法同样也是我国金融法体系的重要组成部分。它又可以进一步分为以下各项。

（1）中央银行货币政策法。中国人民银行作为我国的中央银行，在国务院领导下，制定和执行货币政策，这是我国对金融和经济实施宏观调控的重要手段，所以中央银行货币政策法是我国金融调控与金融监管法体系的一个组成部分。

（2）人民币管理法。人民币是我国的法定货币，所以对人民币进行规范管理是十分必要的，有关人民币的发行、流通、保护等方面的金融法律规范构成了人民币管理法。

（3）外汇和外债管理法。外汇是指以外国货币表示的用于国际结算的支付手段，外债是指境内债务人直接从国外筹措并需以外国货币偿还的债务。作为一个发展中国家，为维护国际收支平衡和本国的金融稳定，我们有必要对外汇与外债进行特别管理。外汇管理法是调整外汇管理关系和外汇流通关系的金融法律规范的总称，它主要规定外汇收支、外汇兑换和外汇进出国境等制度；外债管理法是调整外债管理关系的金融法律规范的总称，它主要规定外债的规模和结构、外债的筹措和偿还、外债的使用等制度。

（4）金融监管法。对金融业实施监督管理是保护存款人和投资者合法权益、维护金融稳定、保证金融安全的内在要求。而且随着金融风险的加剧，金融危机的发生频率加快，金融监管的必要性也日益突出，所以金融监管法是我国金融法体系的重要组成部分，而且可以说是越来越重要。根据金融监管对象的不同，金融监管法又可以划分为银行业监管法、证券业监管法、信托业监管法和保险业监管法等。

需要指出的是，对我国金融法体系的上述划分，只是一种理论上的划分，其目的是便于对金融法进行学习和研究，更好地把握我国金融法的脉络。从我国的立法实践来看，我们对金融法体系的不同组成部分并不是分别立法，而是往往在一部法律中就涉及金融法体系的各个组成部分。例如，在我国的《商业银行法》中，既有关于商业银行的设立、变更、接管、终止等金融机构组织法的内容，又有关于商业银行的存款、贷款、结算等金融业务法的内容，还有关于商业银行的监督管理等金融调控与金融监管法的内容。

第四节 我国金融法的基本原则

一、金融法基本原则的含义

所谓法的基本原则,是指能够体现法的基本理念和基本精神,能够指导立法、执法、司法、守法,贯穿法的始终的、具有普遍指导作用的、最基本的行为准则。所谓金融法的基本原则,是指能够体现金融法的基本理念和基本精神,对金融立法、执法、司法、守法起指导作用,从事金融活动所必须遵循的最基本的行为准则。

金融法的基本原则在不同性质的国家有所不同,在同一国家经济发展的不同时期也会有所区别。它往往与一国某一时期的经济发展水平、大政方针、货币政策目标等密切相关,是一国特定的经济、金融环境的反映。

二、我国金融法的基本原则

(一) 保持货币币值稳定,并以此促进经济增长的原则

在一国经济体系中,金融居于关键地位。金融促进经济的发展,但也受到客观经济规律的制约,其中最重要的一条就是必须保持货币币值的稳定。国内外经济理论和实践都证明了,货币的稳定是经济持续、健康、稳定、协调发展的必要条件。货币稳定,必须由制度来保证。我国金融法将"保持货币币值稳定,并以此促进经济增长"明确为法律原则,并规定了一系列保障这一原则贯彻实施的制度。①《中华人民共和国中国人民银行法》明确规定,中国人民银行货币政策的目标是"保持货币币值稳定,并以此促进经济增长"。这里,货币稳定不仅被明确规定为中央银行的单一货币政策目标,而且被阐释为经济增长的前提条件,保持货币稳定也被界定为中央银行促进经济增长的基本着眼点。②中国人民银行在国务院领导下依法独立执行货币政策,履行职责,开展业务,不受地方政府、各级政府部门、社会团体和个人的干涉。由此,中国人民银行制定和执行货币政策的有效性和科学性有了必要的保障。③中国人民银行的各级分支机构是总行的派出机构,接受总行的集中统一领导和管理。这样,有助于限制各级地方政府

对当地中国人民银行分支机构的过分干预。④人民币发行实行集中统一发行、计划发行和经济发行，以保证人民币币值的稳定。⑤对于危害货币、扰乱货币流通秩序的各种犯罪行为，依法予以严厉打击。

（二）防范和化解金融风险、维护金融稳定的原则

金融业是从事货币资金融通的特殊行业，是时刻面临多种风险威胁的高风险行业。这些风险有支付能力不足的流动性风险，有利率、汇率变化的市场风险，有经营不善、资不抵债的经营风险，有政局变化、社会动荡的国家风险等。如果不能及时有效地防范和化解这些风险，就会酿成金融危机，危及国民经济和社会稳定。1997年和2008年的两次国际金融危机都对世界经济产生了深刻影响，尽管我国并未因此发生重大金融危机，但那主要是因为我国的金融业还没有完全对外开放，并不表明我们可以高枕无忧。防范和化解金融风险、维护金融稳定始终是摆在我们面前的一项艰巨任务，我们的金融法也必须始终坚持防范和化解金融风险的原则，将这一原则贯穿于金融立法、执法和守法的整个过程。①从金融立法上而言，要科学、合理地建立、健全各种金融法律、法规和规章制度，为防范和化解金融风险创造良好的法律环境；②从金融执法上而言，必须强化金融监管部门的地位和职权，改进金融监管的方式、方法，完善有关资本充足率、贷款损失准备金、资产集中度、流动性管理、风险管理和内部控制等方面的监管程序，切实加强非现场检查、现场检查和聘用外部审计、综合并表监管等措施；③从金融守法方面而言，各金融机构必须健全内部控制和各项具体业务制度，做到合法经营、合规经营、审慎经营。

（三）保护投资者利益的原则

这里所说的投资者，是指金融交易中购入金融工具融出资金的所有个人和组织，包括存款人。保护投资者的利益，对金融市场的发展，具有极为重要的意义。①金融市场的投资者是金融市场资金的最终供给者，没有投资者融出资金，金融市场就成为无源之水、无本之木，所以保护投资者利益，是金融市场发展的必要条件。②投资者与金融市场中的金融机构相比，是金融市场的"弱势群体"，他们大部分力量薄弱，而且高度分散，大多欠缺信息渠道及准确判断市场变化和化解金融风险的能力。突出对投资者利益的保护，更能体现法律的公平理念。③多数金融工具所具有的流通性，决定了投资者的不特定性和广泛性。

因此,投资者利益得到保护的程度,不仅事关金融秩序的稳定,而且会影响到社会的安定。④投资者是金融市场不可忽视的社会监督力量,用以保护投资者利益的各项法律措施,有助于提高金融市场的透明度及其规范运作的程度,从而有助于金融市场的发展。

正是基于保护投资者利益的重要性,保护投资者利益原则毫无疑问应成为我国金融法的一项基本原则。这一原则特别要求建立、健全下列制度:①信息披露制度。阳光是最好的防腐剂,公开是最好的警察。通过信息披露制度可以较好地解决金融市场上的信息不对称问题,使投资者可以公平地获取信息,并在信息真实、准确、完整的基础上进行投资决策,防止发生暗箱操作和内幕交易等损害投资者利益的行为。我国《证券法》对信息披露制度作了详细规定。该法不仅要求证券发行人在首次发行证券时,应向投资者披露与证券发行人及所发行证券有关的所有重要信息,并保证所公开信息的真实、准确和完整,而且要求证券发行人以及相关机构和人员在证券发行完毕后,仍需定期或不定期地向社会公众公开公司财务和经营情况,并以适当方式向社会公布。即信息披露贯穿于证券发行与交易的全过程,从这个角度上说,证券法几乎可以说是信息披露法。除此之外,我国还加强了对金融机构信息披露的管理。例如《银行业监督管理法》中规定,商业银行等银行业金融机构应如实向社会公众披露财务会计报告、风险管理状况、董事和高级管理人员变更以及其他重大事项等信息。对于未按规定进行信息披露的银行业金融机构,则由国务院银行业监督管理机构责令其改正,并处 20 万元以上 50 万元以下罚款;情节特别严重或者逾期不改正的,可以责令停业整顿或吊销其经营许可证;构成犯罪的将依法追究刑事责任。②银行保密制度。保密制度表面看来似乎与信息披露制度所追求的公开目的相冲突,而实际上,两者的目的是共同的,即都是为了保护投资者利益。信息披露制度中的公开,是从交易的强势方出发,旨在通过强调交易双方中居强势地位的证券发行人和金融机构,必须向居弱势地位的投资者公开影响交易决策的有关信息,以避免居弱势地位的投资者在信息不对称的情况下作出错误的投资决策,从而保护投资者利益。而保密制度中的保密,是从交易的弱势方出发,是指通过对弱势方信息的保密来达到对弱势方利益的保护。我国有关金融立法中有不少关于保密制度的规定。例如,《中华人民共和国商业银行法》中明确规定:商业银行办理个人储蓄存款业务,应当遵循存款自愿、取款自由、存款有息、为存款人保密的原则;对个人储蓄存款和单位存款,除法律、行政法规另有规定外,商业银行有权拒绝任何单位或个人的查询、冻结和扣划。③存款保险制度。所谓存款保险制度是指由符合条件的各类存款性金融机构集中起来建立一个保险机构,各存款机构作为投保人按一定存款比例向其缴纳保险费,建立存款保险准备金,当成员机构发生经营危机或面临破产倒闭时,存款保险机构向其提供财务救助或直接向存款人支付部分或全部存款,从而保护存款投资者的利益。世界很多国家都建立了存款保险制度。虽然我国实际上存在着隐性的存款保险,即以国家和政府的信用对存款类金融机构的商业行为进行担保,但很长一段时间里并没有形成一种稳定的制度安排,这种情况在2015年终于发生改变。2015年5月1日起《存款保险条例》在我国正式施行,标志着存款保险制度在我国的建立,保护投资者合法权益原则又多了一项制度保障。

案例分析

【案情】

2012年1月6日,陈某申请开办家庭理财卡业务,并同意接受《甲银行理财卡领用合约》和《甲银行理财卡业务收费标准》的全部内容。甲银行经审核后发放了借记卡。陈某同时在卡背面"持卡人签名栏"留有签名。截至2012年6月4日,陈某在该借记卡账户内共有资金总额为566 810.37元。2012年6月21日7时左右,陈某通过甲银行短信,得知其持有的甲银行借记卡通过POS机刷卡方式进行了四笔交易,共计54万元。当日7时18分,陈某就甲银行借记卡被盗刷向110报警。当日8时左右,陈某持甲银行借记卡到公安局派出所报案。当日下午,陈某又前往公安局某经侦支队报案。后经公安局某经侦支队调查,发现陈某的甲银行借记卡的四笔消费系发生在温州及广州地区,分别由两家银行的特约商户的POS机进行交易。目前该刑事案件尚未侦破。陈某起诉要求甲银行承担借记卡内资金损失。

【问题】

1. 本案涉及何种金融法律关系?

2. 相关主体的权利和义务是什么?

3. 法院的判决体现了我国金融法的何种原则?

【法律依据】

《中华人民共和国商业银行法》第6条规定:商业银行应当保障存款人的合法权益不受任何单位和个人的侵犯。第29条第1款规定:商业银行办理个人储蓄存款业务,应当遵循存款自愿、取款自由、存款有息、为存款人保密的原则。

【法律运用及处理结果】

本案中,陈某在甲银行办理借记卡,与甲银行形成存款法律关系。首先甲银行作为存款法律关系的一方主体,负有保障存款资金安全的法定义务。甲银行既为陈某办理借记卡,就应确保该借记卡内的数据信息不被非法窃取并加以使用。伪卡盗刷行为的发生说明甲银行制发的借记卡以及交易系统存在技术缺陷,故甲银行应当承担由此造成的损失。其次,甲银行还对陈某负有全面履行储蓄存款合同的义务,按照陈某的指示,将存款支付给陈某或陈某指定的代理人。合同具有相对性,故即使案外人存在刑事犯罪或者民事过错,也应由甲银行承担违约责任后,依法向刑事犯罪或者民事过错方进行追偿。最后,陈某作为存款法律关系的另一方主体,负有妥善保管密码的义务,但甲银行提供的证据难以证明陈某未履行此项义务,故甲银行应承担举证不能的法律后果。法院判决甲银行支付陈某54万元及同期利息。甲银行提起上诉。二审法院判决驳回上诉,维持原判。

(案例来源:上海市第一中级人民法院民事判决书(2013)沪一中民六(商)终字第152号)

本章思考题

1. 金融法的调整对象是什么?

2. 金融法律关系的构成要素有哪些?

3. 简述我国金融法的渊源。

4. 如何理解我国金融法的基本原则?

第二章 中央银行法律制度

教学要求

中央银行在一国金融体制中居于核心地位,因此学习中央银行法律制度有其重要意义。通过本章的学习,应掌握我国中央银行——中国人民银行的性质、地位及职责;了解中国人民银行对人民币发行与流通的管理;明确中国人民银行的货币政策目标与货币政策工具。

第一节 中央银行概述

一、中央银行的形成和发展

中央银行是一国金融体系中居于核心地位的机构,是依法制定和实施货币政策,进行金融调控与管理的特殊国家机关。中央银行的历史起源大致可以追溯到 17 世纪中后期,其产生具有一定的历史必然性。商品经济的快速发展、商业银行的普遍设立、货币关系与信用关系在经济和社会体系中的广泛存在,以及新的生产方式和经济体系确立过程中产生的新的矛盾是促使中央银行产生的历史背景;统一货币发行权、集中票据交换和清算、保证银行支付能力、保障金融业稳健运营、为政府融资提供方便等方面的客观需要是导致中央银行产生的直接经济原因。中央银行形成和发展的轨迹可概括如下。

(一)初创时期的中央银行

从 17 世纪中后期到 20 世纪初,是中央银行的初创时期。最先具有中央银行名称的是瑞典国家银行,但起初它并没有独享货币发行权,因而仅被认为是中央银行的先驱。1694年,英格兰银行建立。虽然它比瑞典国家银行晚成立了近40年,但是它却最早真正全面发挥了中央银行的职能,因而被誉为现代中央银行的"鼻祖"。1914年,美国联邦储备银行体系正式建立,标志着美国中央银行制度的正式形成,同时也标志着中央银行初创阶段的基本结束。初创时期的中央银行有一些共同的特点:由普通商业银行逐渐演化而成,货币发行权逐步集中于中央银行,中央银行为商业银行提供金融服务,中央银行调控经济的职能较弱。

(二)中央银行制度的发展与强化

中央银行的广泛发展并形成制度是在20世纪之后。进入20世纪以后,各国经济的发展与货币金融体系的扩张,使中央银行的发展更显得必要。特别是第一次世界大战爆发后,主要资本主义国家为发行货币支持财政筹措军费,纷纷放弃了金本位,并停止了纸币的兑现,导致货币贬值,物价上涨,并引起金融体系的极度混乱。为了稳定货币信用体系,重建金融体制,大多数国家认识到了建立中央银行、控制货币信用的重要性和迫切性。1920年在布鲁塞尔召开的国际金融会议重申了建立中央银行的必要性,并倡议尚未建立中央银行的国家尽快建立中央银行。会议提出了各国财政收支平衡以稳定币值与货币发行脱离政府控制两大原则,以控制通货膨胀与货币贬值,大大推动了中央银行制度的发展。其后,中央银行进入了一个快速发展的时期,从1921年到1942年,先后设立与改组的中央银行达43家。第二次世界大战后,国际政治经济条件发生重大变化,各国加强了对中央银行的控制,逐步对中央银行实行国有化改造。就中央银行自身而言,中央银行开始重视货币政策的应用,并不断加强调控力度,中央银行的业务独立性不断增强,各国中央银行间的合作也日趋发展。1998年6月,欧洲中央银行(简称欧洲央行)成立,标志着中央银行制度的发展进入了一个新阶段。作为世界上第一个管理超国家货币的中央银行,它不接受欧盟领导机构的指令,不受欧元区各国政府的监督,是唯一有资格在欧元区发行欧元的机构。

(三)我国中央银行的形成与发展

我国的中央银行是中国人民银行,它成立于1948年12月1日,是由当时的华北银行、北海银行、西北农民银行合并而成的。从成立到1983年,中国人民银行一直身兼两职,即既是中央银行,又是商业银行。宏观调控目标与微观经营目标之间的冲突,必然削弱中国人民银行对金融的宏观调节、控制与管理;同时,随着我国加入国际货币基金组织和世界银行等国际金融组织,对外金融交往与合作日益频繁,客观上也需要一个名副其实的中央银行,代表中国政府处理国际金融事务。在这种背景下,国务院于1983年9月发布了《关于中国人民银行专门行使中央银行职能的决定》,决定中国人民银行自1984年1月1日起专司中央银行职能,不再对工商企业和个人办理信贷业务;另成立中国工商银行办理工商信贷和城镇储蓄业务。1986年1月,国务院颁布《中华人民共和国银行管理暂行条例》,明确中国人民银行是国务院领导的管理全国金融事业的国家机关,是国家的中央银行,从而确立了我国真正意义上的中央银行制度。1995年3月18日,《中华人民共和国中国人民银行法》(以下简称《中国人民银行法》)颁布并实施,第一次以法律的形式明确规定了中国人民银行的法律地位及其主要职能,该法规定:中国人民银行是中华人民共和国的中央银行,其主要职能是:在国务院领导下,制定和实施货币政策,对金融业实施监督管理。2003年12月27日,第十届全国人民代表大会常务委员会第六次会议通过了《关于修改〈中华人民共和国中国人民银行法〉的决定》,并于2004年2月1日起施行。修改后的《中国人民银行法》规定中国人民银行的主要职能是:制定和执行货币政策,防范和化解金融风险,维护金融稳定。

二、中央银行制度的基本类型

虽然目前世界各国基本上都实行中央银行制度,但并不存在一个统一的模式。归纳起来,大致有单一式中央银行制度、复合式中央银行制度、类似中央银行制度和跨国中央银行制度等四种类型。

(1)单一式中央银行制度。单一式中央银行制度是指国家建立单独的中央银行机构,使之全面行使中央银行职能的中央银行制度。这种类型又可分为两种情况:一元式中央银行制度和二元式中央银行制度。一元式中央银行制度是指全国只设立独家中央银行,其下设立众多的分支机构作为总行的派出机构。这种制度主要为单一制国家所采用,具有权力集中、政令通畅等优点,目前大多数国家采用这种中央银行制度,其中也包括我国。二元式中央银行制度是指中央银行体系由中央和地方两级相对独立的中央银行机构共同组成,其中,中央级机构为中央银行体系的最高决策机构,地方级机构则具有相对独立的职责和权限。这种中央银行制度为部分联邦制国家所采用,美国和德国是其中的典型代表。

（2）复合式中央银行制度。复合式中央银行制度是指国家不单独设立专司中央银行职能的中央银行机构,而是由一家集中央银行与商业银行职能于一身的国家大银行兼行中央银行职能的中央银行制度。这种中央银行制度往往与中央银行初级发展阶段和国家实行计划经济体制相对应,苏联和1990年前的多数东欧国家即实行这种制度,我国在1983年前也实行这种制度。

（3）类似中央银行制度。类似中央银行制度又称准中央银行制度,是指国家不设通常完整意义上的中央银行,而是由几个政府机构,或者受政府委托的商业银行代行部分中央银行职能构成中央银行体系的制度。采用这种制度的国家有新加坡、卢森堡、斐济、马尔代夫等。

（4）跨国中央银行制度。跨国中央银行制度又称区域性中央银行制度,是指几个国家组成一个货币联盟,各成员国内部不设完全意义上的中央银行,而是由所有成员国联合组建一个跨国界的中央银行行使职能的制度。第二次世界大战后,一些地域相邻的发展中国家建立了货币联盟,并在联盟内组成了由参加国共同拥有的中央银行。实行这种中央银行制度的区域性货币联盟有:西非货币联盟、中非货币联盟、东加勒比海货币区等。另外,欧洲中央银行作为世界上第一个管理超国家货币的中央银行,在欧洲和世界金融活动中扮演着日益重要的角色。

三、中央银行的职能

一般认为,中央银行具有三大基本职能,即"发行的银行""政府的银行"和"银行的银行"。

（一）中央银行是"发行的银行"

所谓"发行的银行",主要具有两个方面的含义:一是指国家赋予中央银行集中与垄断货币发行的特权,其是国家唯一的货币发行机构;二是指中央银行必须以维护本国货币的正常流通与币值稳定为宗旨。

（二）中央银行是"政府的银行"

所谓"政府的银行"，主要是指中央银行负责制定和执行国家的货币政策，以及为政府提供各种金融服务，如经理国库、必要时为政府提供信贷支持、持有和管理国家的外汇储备和黄金储备、代表政府从事国际金融活动等。此外，许多国家中央银行的主要负责人由政府任命，中央银行的资本金为国家政府所有或由政府控制股份，还有些国家的中央银行直接是政府的组成部分。

（三）中央银行是"银行的银行"

所谓"银行的银行"，是指中央银行的业务对象不是一般企业和个人，而是商业银行和其他金融机构以及政府机构。具体表现为中央银行集中统一管理商业银行和其他金融机构的存款准备金，充当商业银行等金融机构的"最后贷款人"，并为银行体系提供清算服务。

第二节　中国人民银行的性质、地位及职责

一、中国人民银行的性质

《中国人民银行法》第 2 条规定："中国人民银行是中华人民共和国的中央银行。"该规定确立了中国人民银行的性质，即中国人民银行是我国的中央银行。

中国人民银行作为中央银行代表国家进行金融调控与管理，是具有国家机构性质的特殊金融机构，与一般金融机构相比，其特殊性表现在：①特殊的经营目的。中国人民银行和一般金融机构尽管都从事货币信用活动，但其经营目的却截然不同。一般金融机构是企业，其经营目的是为了获取利润；而中国人民银行在从事货币信用活动中虽然也能获得一定的盈利，但它并不以获取利润为目的，而是代表国家制定和执行货币政策，从而达到一定的宏观经济目的。②特殊的业务对象。一般金融机构都以众多的企业和个人为业务对象；中国人民银行则不以工商企业和个人为业务对象，而是以金融机构和政府为业务对象。③拥有法定特权。一般金融机构作为企业法人，在国家金融法律、法规许可的范围内从事货币资金的营运，只有一般的法人权利；而中国人民银行作为中央银行是国

家机关,享有法律赋予的种种特权,如垄断人民币发行、代表国家从事国际金融活动、集中保管商业银行的存款准备金等。

二、中国人民银行的地位

《中国人民银行法》根据我国的国情,对中国人民银行的地位作了规定。根据这些规定,一方面,中国人民银行在行政上隶属于国家最高行政机关——国务院,同时受国家最高权力机关——全国人民代表大会的监督;另一方面,中国人民银行又具有相对独立性。

(一) 国务院和全国人民代表大会对中国人民银行的领导和监督

《中国人民银行法》第2条规定:"中国人民银行在国务院领导下,制定和执行货币政策,防范和化解金融风险,维护金融稳定。"中国人民银行是国务院的一个职能部门,必须接受国务院的领导,具体体现在:①中国人民银行就年度货币供应量、利率、汇率和国务院规定的其他重要事项作出的决定,须报国务院批准后方能执行;中国人民银行就前款规定以外的其他有关货币政策事项作出决定后即予执行,但应报国务院备案。②中国人民银行行长的人选,由国务院总理提名;副行长由国务院总理任免。③中国人民银行制定货币政策的咨询议事机构——货币政策委员会的职责、组成和工作程序,由国务院规定。此外,中国人民银行还应当向全国人民代表大会常务委员会提出有关货币政策情况和金融业运行情况的工作报告。可见,中国人民银行虽然不直接对全国人民代表大会负责,但要受其监督。

(二) 中国人民银行的相对独立性

中国人民银行作为我国的中央银行,是贯彻国家金融政策,体现国家意图,进行经济调控的重要机构,其货币政策的制定和执行,要从国家整体利益和全局情况出发,因此中国人民银行必须具有相对独立性。这种相对独立性具体体现在:①行使职能时的独立性。中国人民银行直接隶属于国务院,在行使职能时,不受政府其他部门及地方政府、社会团体、个人的干涉。②分支机构相对于地方政府的独立性。中国人民银行的各级分支机构是总行的派出机构,接受总行的集中统一领导和管理。③资金上的独立性。中国人民银行依法不得对政府财政透支,不得直接认购、包销国债和其他政府债券,不得向地方政府、各级政府部门提供贷款。

三、中国人民银行的职责

根据《中国人民银行法》第4条,中国人民银行的具体职责包括以下各项。

(1)发布与履行其职责有关的命令和规章。根据1995年的《中国人民银行法》,中国人民银行的职责之一是"发布有关金融监督管理和业务的命令和规章"。2003年《中国人民银行法》修改后,中国人民银行主要不再从事金融监督管理,因此原有表述已不太合适,故而作了修改,并将其作为中国人民银行职责的第一项。

(2)依法制定和执行货币政策。货币政策是国家宏观经济政策的重要组成部分,中央银行通过货币政策来实现其对宏观经济的调控。因此依法制定和执行货币政策,是中国人民银行作为我国中央银行最主要的职能。

(3)发行人民币,管理人民币流通。发行与管理货币是各国中央银行通常的职责,中国人民银行作为我国的中央银行,发行与管理人民币也是其法定职责。中国人民银行有权发行人民币,是国家唯一的货币发行机构,除中国人民银行以外的任何单位、个人或者其他组织都不得发行人民币。中国人民银行不仅要负责人民币的发行,还要管理好人民币的流通。

(4)监督管理银行间同业拆借市场和银行间债券市场。银行间同业拆借市场和银行间债券市场是我国金融市场的重要组成部分,是金融机构之间融通资金的重要场所。为维护金融稳定,中国人民银行作为国家的中央银行需要对这两个市场进行监督管理。

(5)实施外汇管理,监督管理银行间外汇市场。外汇管理是中国人民银行的职责,过去这个问题不突出,因此,1995年《中国人民银行法》没有对此单独作出规定。设立中国银监会后,中国银监会与中国人民银行要分清职责,这个问题就突出了,所以明确外汇管理由中国人民银行负责很有必要。

(6)监督管理黄金市场。黄金市场是指黄金买卖和兑换的交易市场。根据我国的有关规定,国家对于金银实行统一管理、统购统配的政策。黄金管理的主管机关是中国人民银行。

(7)持有、管理、经营国家外汇储备、黄金储备。外汇储备是指一国政府所持有的国际储备资产中的外汇部分;黄金储备是指一国政府为了应付国际支付和维护货币信用而储备的金块、金币总额。外汇、黄金都是稳定一国纸币的重要储备,为了集中储备,稳定金融市场的币值,各国法律一般都明确规定中央银行负责掌管外汇储备、黄金储备,在必要时可以开展外汇、黄金的买卖业务。为了实现稳定币值的货币政策目标,便于国际支付,我国的《中国人民银行法》明确规定了中国人民银行的此项职责。

(8)经理国库。中央银行作为政府的银行,一般都被授权经理国库,即财政的收支由中央银行代理完成。作为我国的中央银行,中国人民银行也应当有经理国库的职责。

(9)维护支付、清算系统的正常运行。清算是指经济活动引起的货币收支的计算和清结。组织或者协调组织金融机构之间的清算系统、协调金融机构之间的清算事项、提供清算服务是中国人民银行的职责之一。

(10)指导、部署金融业反洗钱工作,负责反洗钱的资金监测。所谓洗钱,是指将毒品犯罪、黑社会性质的组织犯罪、恐怖活动犯罪、走私犯罪或者其他犯罪的违法所得及其产生的收益,通过各种手段掩饰、隐瞒其来源和性质,使其在形式上合法化的行为。金融业承担着社会资金存储、融通和转移职能,但同时也容易被洗钱犯罪分子所利用,以看似正常的金融交易作掩护,改变犯罪收益的资金形态或转移犯罪资金,因此金融业是反洗钱工作的前沿阵地。中国人民银行作为我国的中央银行是"银行的银行",由中国人民银行来指导、部署金融业的反洗钱工作并负责反洗钱的资金监测,有利于及时识别和发现各种洗钱行为,预防和打击洗钱活动,维护金融稳定和安全。2003年中国人民银行成立反洗钱局,2004年成立中国反洗钱监测分析中心,2005年发布中国第一份反洗钱报告。此外中国人民银行还发布了《金融机构反洗钱规定》《人民币大额和可疑支付交易报告管理办法》《金融机构大额和可疑外汇资金交易报告管理办法》等一系列部门规章,中央银行履行反洗钱职责成果显著。

2016年中国人民银行分支机构发现和接收重点可疑交易线索8 504份,筛选后对732份线索开展了反洗钱行政调查;向侦查机关移送线索1 965份,同比增长27.60%;协助侦查机关调查涉嫌洗钱案件1 652件,同比增长10.58%;协助破获涉嫌洗钱等案件 307 件,同比增长 14.55%。中国反洗钱监测分析中心全年向国内有关部门移送可疑交易线索 282 份、通报 438 份(其中以国际跨境协查及情报信息为触发点的移送通报共 121 份),线索移送与通报合计同比增长 22.45%;接收并反馈有关部门协查 2 701 份,同比增加 2.04%。反洗钱监管与执法检查亦显著加强。全年质询义务机构 957 家,对 1 496 家机构开展监管谈话,对 3 849 家机构进行监管走访,对 811 家机构进行风险评估,对 344 家机构采取现场检查跟踪回访、巡查、风险提示等其他措施。全年共对 1 901 家金融机构和支付机构开展反洗钱专项执法检查,依法对其中 249 家违规机构和 483 名违规从业人员实施了行政处罚。

(资料来源:中国人民银行官方网站. 2016 年中国反洗钱报告[EB/OL]. [2017/11/27]. http://www.pbc.gov.cn/fanxiqianju/135153/index.html)

(11)负责金融业的统计、调查、分析和预测。中国人民银行作为中央银行的性质和地位决定了它有能力对商业银行和其他金融机构的业务活动进行系统的分析研究,对经济、金融形势作出预测。

(12)作为国家的中央银行,从事有关的国际金融活动。中国人民银行作为我国的中央银行,从事有关的国际金融活动主要有:代表政府参加国际金融组织、签订国际金融协定、与外国中央银行进行交易等。

(13)国务院规定的其他职责。这一项是兜底条款,包括了中国人民银行现有的但没有必要或不宜列出的职责,也包括随着国家经济、金融形势的发展国务院赋予中国人民银行的职责。

上述中国人民银行的各项职责,体现了中国人民银行作为中央银行是发行的银行、银行的银行和政府的银行。如"发行人民币,管理人民币流通"体现了人民银行是发行的银行;"维护支付、清算系统的正常运行"体现了人民银行是银行的银行;"发布与履行其职责有关的命令和规章""依法制定和执行货币政策""监督管理银行间同业拆借市场和银行间债券市场""实施外汇管理,监督管理银行间外汇市场""监督管理黄金市场""持有、管理、经营国家外汇储备、黄金储备""经理国库""指导、部署金融业反洗钱工作,负责反洗钱的资金监测"以及"作为国家的中央银行,从事有关的国际金融活动"等体现了人民银行是政府的银行。值得注意的是,2018 年 3 月 17 日,十三届全国人大一次会议批准了国务院机构改革方案。根据方案,中国银行业监督管理委员会和中国保险监督管理委员会将合并为中国银行保险监督管理委员会,中国银行业监督管理委员会和中国保险监督管理委员会拟订银行业、保险业重要法律法规草案和审慎监管基本制度的职责划入中国人民银行。可以预见,未来中国人民银行将在进行宏观审慎监管,维护金融稳定方面发挥更大的作用。

第三节　中国人民银行的组织机构

一、领导机构

中国人民银行行长的领导机构包括行长一人,副行长若干人。根据《中国人民银行法》第 11 条的规定:中国人民银行实行行长负责制。行长领导中国人民银行的工作,副行长协助行长工作。行长的产生程序在人民银行法中也作了规定。具体程序是:行长的人选,根据国务院总理提名,由全国人民代表大会决定;全国人民代表大会闭会期间,由全国人民代表大会常务委员会决定,由国家主席任免。副行长由国务院总理任免。行长的任期,在人民银行法中没有规定。因为中国人民银行行长是国务院的组成人员,所以应当遵守我国《宪法》对国务院组成人员任期的规定,即每届任期为 5 年,可以连任。

二、总、分支机构

(一) 总行

《中国人民银行法》对人民银行总行的设立地没有明确规定,人民银行总行依历史沿革设在北京。2005 年 8 月 10 日,中国人民银行上海总部正式成立。央行上海总部的成立,是完善中央银行决策与操作体系、更好地发挥中央银行宏观调控职能的一项重要制度安排,同时也是推进上海国际金融中心建设的一项重要举措。上海总部作为总行的有机组成部分,在总行的领导和授权下开展工作,主要承担部分中央银行业务的具体操作职责,同时履行一定的管理职能。具体来说,上海总部承担的主要职责包括:①根据总行提出的操作目标,组织实施中央银行公开市场操作;②承办在沪商业银行及票据专营机构再贴现业务;③管理银行间市场,跟踪金融市场发展,研究并引导金融产品的创新;④负责对区域性金融稳定和涉外金融安全的评估;⑤负责有关金融市场数据的采集、汇总和分析;⑥围绕货币政策操作、金融市场发展、金融中心建设等开展专题研究;⑦负责有关区域金融交流与合作工作,承办有关国际金融业务;⑧承担国家部分外汇储备的经营和黄金储备经营管理工作;⑨承担上海地区人民银行有关业务的工作。上海总部承担的管理职能包括对原上海分行辖区内人民银行分支机构的管理,以及人民银行部分驻沪企事业单位的管理和协调。直接管理的单位包括中国外汇交易中心、中国反洗钱监测分析中心、人民银行数据处理中心、人民银行征信服务中心等;协调管理的单位有中国银联和上海黄金交易所。

（二）分支机构

我国实行单一式中央银行制度,即全国只设立一个中央银行——中国人民银行,中国人民银行根据履行职责的需要设立分支机构。分支机构是中国人民银行的派出机构,接受总行的统一领导和管理,不具有独立法人资格。

过去,人民银行的分支机构基本上是按照行政区划设置的。这种设置方式虽然也曾发挥一定的作用,但其弊端非常明显,主要表现在:①按行政区划设置分支机构为各级地方政府不合理地干涉央行工作提供了便利条件,削弱了央行总行的领导,造成货币政策的执行不力;②按行政区划设置分支机构,人为制造了地区之间的交流障碍;③分支机构过细,造成机构重复,浪费了大量人力、物力和财力。因此,1998年年底,根据国务院的指示和规定,对人民银行分支机构的设置进行了重大改革,撤消省级分行,设立9个跨省(自治区、直辖市)分行和2个营业管理部。9个分行分别是:天津分行、沈阳分行、上海分行、南京分行、济南分行、武汉分行、广州分行、成都分行和西安分行。两个营业管理部分别设在北京和重庆。1999年1月1日,9大跨省分行和2个营业部正式开始运作。此后由于形势发展需要,特别是2003年人民银行金融监管职能的剥离,人民银行又对分支机构的设置进行了进一步的改革。

目前,中国人民银行设有上海、天津、沈阳、南京、济南、武汉、广州、成都和西安9个分行和营业管理部(北京)、重庆营业管理部两个营业管理部,石家庄等20个省会城市中心支行,深圳等5个副省级城市中心支行。这些分支机构作为总行的派出机构,根据总行授权,依法维护本辖区的金融稳定,承办有关业务。

三、内设机构

中国人民银行内设职能部门有办公厅、条法司、货币政策司、货币政策二司、金融市场司、调查统计司、会计财务司、支付结算司、科技司、国际司、内审司、金融稳定局、货币金银局、国库局、征信管理局、反洗钱局、金融消费权益保护局等。

四、咨询机构

货币政策委员会是中国人民银行制定货币政策的咨询议事机构。国务院1997 年 4 月 15 日发布的《中国人民银行货币政策委员会条例》对货币政策委员会的职责、组成、委员的权利与义务及工作程序等作了具体规定。

(一) 设立货币政策委员会的目的

依法制定和执行货币政策是中国人民银行作为中央银行的主要职能。如何正确制定和执行货币政策,灵活运用货币政策工具实现货币政策目标,以此促进国民经济不断发展,是中国人民银行乃至国务院、全国人民代表大会都非常关注的问题。设立相对独立的货币政策委员会,目的就是要保证中国人民银行的货币政策在制定和执行过程中的规范化、民主化、科学化。简而言之,设立货币政策委员会,是为了更好地制定和执行货币政策。

(二) 货币政策委员会的职责

货币政策委员会是中国人民银行制定货币政策的咨询议事机构,其职责是,在综合分析宏观经济形势的基础上,依据国家的宏观经济调控目标,讨论下列货币政策事项,并提出建议:①货币政策的制定、调整;②一定时期内的货币政策控制目标;③货币政策工具的运用;④有关货币政策的重要措施;⑤货币政策与其他宏观经济政策的协调。货币政策委员会通过全体会议履行职责。

(三) 货币政策委员会的组成

货币政策委员会由下列单位的人员组成:中国人民银行行长;中国人民银行副行长 2 人;国家计划委员会副主任 1 人;国家经济贸易委员会副主任 1 人;财政部副部长 1 人;国家外汇管理局局长;中国证券监督管理委员会主席;国有独资商业银行行长 2 人;金融专家 1 人。其中,中国人民银行行长、国家外汇管理局局长、中国证券监督管理委员会主席为货币政策委员会的当然委员。货币政策委员会设主席1人,副主席1人。主席由中国人民银行行长担任,副主席由主席指定。货币政策委员会组成单位的调整,由国务院决定。此后,由于国务院机构改革和金融监管机构新设,货币政策委员会的委员已增至15人,其组成也已调整为:人民银行行长、副行长1人、行长助理1人、国务院副秘书长1人、发展改革委副主任1人、财政部副部长1人、外汇局局长、统计局局长、银监会主席、证监会主席、保监会主席、中国银行业协会会长以及金融专家3人。

(四)货币政策委员会委员的权利与义务

货币政策委员会委员具有同等的权利与义务。为履行职责需要,他们享有下列权利:①了解金融货币政策方面的情况;②对货币政策委员会所讨论的问题发表意见;③向货币政策委员会就货币政策问题提出议案,并享有表决权。

货币政策委员会委员们的义务是:①恪尽职守,不得滥用职权、徇私舞弊;②保守国家秘密、商业秘密;③遵守货币政策委员会的工作制度,不得违反规定透露货币政策及有关情况。委员如果违反规定泄露国家秘密、商业秘密,则将被撤销职务,并依法追究法律责任。此外,委员在任职期内和离职以后1年内,不得公开反对已按法定程序制定的货币政策。

(五)货币政策委员会的工作程序

货币政策委员会实行例会制度,在每季度的第一个月份中旬召开例会。委员会主席或者1/3以上委员联名,可以提议召开临时会议。委员会开会时,应该有2/3以上委员出席,方为有效。委员会会议由主席主持。主席因故不能履行职务时,由副主席代为主持。委员会会议应当以会议纪要的形式记录各种意见。委员所提出的货币政策议案,经出席会议的2/3以上委员表决通过,形成货币政策委员会建议书。当中国人民银行报请国务院批准有关年度货币供应量、利率、汇率或者其他货币政策重要事项的决定方案时,应当将货币政策委员会建议书或者会议纪要作为附件,一并报送。中国人民银行报送国务院备案的有关货币政策其他事项的决定时,应当将货币政策委员会建议书或者会议纪要,一并备案。

第四节　人民币的发行与管理

一、人民币的法律地位

《中国人民银行法》规定:中华人民共和国的法定货币是人民币。以人民币支付中华人民共和国境内的一切公共的和私人的债务,任何单位和个人不得拒收。由此可见,人民币是我国的法定货币,在全国通用。具体来说,人民币的法律地位,包括以下几层含义。

(1)人民币是法偿性货币。也就是说,凡在中华人民共和国境内的一切公私债务,均以人民币进行支付,任何债权人在任何时候均不得以任何理由拒绝接收。

(2)人民币发行权属于国家。国家授权中国人民银行统一发行,任何单位和个人无权发行货币或发行变相货币。

(3)人民币是我国唯一的法定货币。国家禁止发行除人民币以外的其他货币或变相货币,禁止金银计价流通和私自买卖。

(4)人民币是信用货币。人民币不兑现,没有含金量,它是国家发行并强制流通的价值符号,因此说人民币是信用货币。

二、人民币的发行原则

人民币的发行有广义和狭义之分:广义的人民币发行是中国人民银行向社会投放、回笼、调拨、销毁、保管和调节人民币流通等业务的总称;狭义的人民币发行则是指中国人民银行向流通领域投放人民币的行为。人民币的发行直接关系到人民币币值的稳定和我国经济的发展,因此发行人民币应当遵循以下三个基本原则。

(一)经济发行

根据国民经济发展情况,按照商品流通的实际需要,通过银行信贷的渠道来发行货币,这是人民币发行最基本的原则。与经济发行原则相对应的是财政发行,即根据财政收支情况发行货币。财政发行虽然能起到弥补财政赤字的作用,但它破坏了币值稳定,是一种非理智的发行方法。因此必须坚持经济发行原则。

(二) 集中统一发行

人民币由中国人民银行统一印制、发行。任何单位和个人不得印制、发售代币票券,以代替人民币在市场上流通。这意味着无论纸币还是硬币,无论主币还是辅币,均统一集中由中国人民银行发行,中国人民银行具有垄断的货币发行权。除此之外,财政部、其他金融机构以及任何单位和个人均无权发行货币和代用货币。

(三) 有计划发行

有计划发行是指要从国民经济发展的需要出发,有计划发行人民币。发行人民币的计划由中国人民银行提出,报经国务院批准后组织实施。

三、人民币的发行过程与人民币的回收

(一) 人民币的发行过程

(1) 提出和审批人民币的发行计划。人民币由中国人民银行统一发行。中国人民银行发行新版人民币,应当报国务院批准。

(2) 人民币发行公告。中国人民银行应当将新版人民币的发行时间、面额、图案、式样、规格、主色调、主要特征等予以公告,人民币改版同样需要发布公告。中国人民银行不得在新版人民币发行公告发布前将新版人民币支付给金融机构,也不得在改版人民币发行公告发布前将改版人民币支付给金融机构。

(3) 发行库办理发行业务和保管调拨发行基金。中国人民银行设立人民币发行库,在其分支机构设立分支库,负责保管人民币发行基金。所谓发行基金是指发行库保存的尚未进入流通的人民币。它一旦流出发行库就成为流通中的货币。发行基金在进入流通前,可以在不同发行库之间相互调剂,这被称为发行基金的调拨。发行基金调拨应当按照中国人民银行的规定办理。任何单位和个人不得违反规定动用人民币发行基金,不得干扰、阻碍人民币发行基金的调拨。

(4) 普通银行业务库日常现金收付。人民币的货币发行主要是通过商业银行的现金收付业务活动来实现的。各商业银行将人民银行发行库的发行基金调入业务库后,再从业务库通过现金出纳支付给各单位和个人,人民币钞票就进入市场。这称为"现金投放"。同时,各商业银行每日都要从市场回收一定的现

金，当业务库的库存货币超过规定的限额时，超出部分要送交发行库保管。这称为"现金归行"。货币从发行库到业务库的过程叫"出库"，即货币发行；货币从业务库回到发行库的过程叫"入库"，即货币回笼。

四、残损人民币的兑换、收回与销毁

为保持人民币整洁，方便人民币使用，维护人民币信誉，《中国人民银行法》第21条规定，残缺、污损的人民币，按照中国人民银行的规定兑换，并由中国人民银行负责收回、销毁。根据中国人民银行制定的《残缺污损人民币兑换办法》，残缺、污损人民币兑换分"全额""半额"两种情况：①能辨别面额，票面剩余四分之三（含四分之三）以上，其图案、文字能按原样连接的残缺、污损人民币，金融机构应向持有人按原面额全额兑换；②能辨别面额，票面剩余二分之一（含二分之一）至四分之三以下，其图案、文字能按原样连接的残缺、污损人民币，金融机构应向持有人按原面额的一半兑换。纸币呈正十字形缺少四分之一的，按原面额的一半兑换。根据中国人民银行制定的《残损人民币销毁管理办法》，销毁人民币可采取蒸煮喷浆、机械粉碎、钞票自动处理系统联机销毁以及火焚等方式，并对销毁人民币的计划、复点、组织、监督检查、账务等做了具体规定。

五、人民币的法律保护

《中国人民银行法》对人民币的法律保护主要体现在两方面：一是维护人民币的尊严，二是严禁变相人民币的发行与流通。

（一）维护人民币的尊严

人民币是我国的法定货币，其尊严和威信理当受到法律保护，对伪造、变造、故意毁损人民币等行为，《中国人民银行法》明确予以禁止。①禁止伪造、变造人民币；禁止出售、购买伪造、变造的人民币；禁止运输、持有、使用伪造、变造的人民币。②禁止故意毁损人民币。③禁止在宣传品、出版物或者其他商品上非法使用人民币图样。

（二）严禁变相人民币的发行与流通

变相人民币是指某单位签发的、以人民币单位标示面值并在市场上流通转让的各种有价证券和凭证。如单位发行"代币券""购物券""礼品券"等在单位以外流通使用,即构成发行与流通变相人民币。变相人民币的发行与流通危害很大:一是直接侵犯了中国人民银行的法定货币发行权;二是由于其充当支付手段,扩大了社会货币供应量,而又不在中国人民银行的监控范围,对通货膨胀起了推波助澜的作用;三是给税收和财物管理带来混乱;四是助长了腐败和不正之风。因此,必须严禁变相人民币的发行与流通。为此,《中国人民银行法》明确规定:任何单位和个人不得印制、发售代币票券,以代替人民币在市场上流通。

第五节　货币政策

一、货币政策概述

(一) 货币政策的概念

货币政策是中央银行为实现宏观经济调控目标而采用各种方式调节货币供应量,进而影响宏观经济的方针和措施的总称。货币政策是国家宏观经济政策的重要组成部分。处于一国金融体系核心的中央银行,其最主要的职能就是制定和执行货币政策,因此可以说货币政策的制定和执行是中央银行所有活动的出发点与归宿点。货币政策是一种宏观经济政策,而非微观经济政策;是一种长期性的经济政策,而非短期性的政策。货币政策不是法律,法律具有确定性和稳定性,而货币政策的特点则是处理现实货币问题的灵活性与适应性。但是,制定和实施货币政策必须在法律的框架内。

(二) 货币政策的目标

货币政策的目标是指制定和执行货币政策所要达到的目的。关于货币政策的目标,理论上有单一目标论、双重目标论和多重目标论等不同观点。单一目标论认为货币政策的目标是单一的,即稳定货币币值;双重目标论认为应当是稳定货币币值和发展经济同时兼顾;多重目标论认为货币政策目标应当是一个由多项目标有机构成的目标体系,主要包括四个目标,即稳定币值,又称稳定物价、充分就业、促进经济增长和平衡国际收支。《中国人民银行法》根据我国经济发展的实际状况及需要,并考虑到中国人民银行的调控能力和经验,将我国货币政策的目标规定为"保持货币币值的稳定,并以此促进经济增长"。对这一规定,可以作如下理解。

（1）中国人民银行货币政策的目标首先是币值稳定。理论和实践都证明,币值稳定是经济增长的内在要求,是经济平衡健康发展的重要保证,因此,《中国人民银行法》把我国中央银行货币政策的目标首先放在稳定币值上。

（2）中国人民银行制定和执行货币政策,并不是为了稳定币值而稳定币值,而是为了促进经济增长而稳定币值。

（3）币值稳定和经济增长在我国货币政策目标序列中并不是并列的,而是有层次和主次之分的。稳定币值是货币政策目标的第一层次,而促进经济增长只能是货币政策目标的第二层次。过去,中国人民银行的货币政策曾经是双重目标,即经济增长和稳定货币,两者并行,无先后次序和主次之分。但实践证明,这种双重目标实际操作起来难度很大（影响经济增长的因素是多方面的,单靠中国人民银行调控难以实现）,因而实际中往往顾此失彼,而且常常出现"高增长、高通胀",不利于经济的长期稳定发展。因此,《中国人民银行法》明确规定,中国人民银行的货币政策目标以稳定币值为主,这是第一位的、主要的,经济增长应在稳定币值的基础上进行。也就是说,在稳定币值与经济增长发生矛盾和冲突时,应优先考虑稳定币值。由此可见,《中国人民银行法》对货币政策目标的规定并未局限于理论上的单一目标论、双重目标论和多重目标论,而是创造性地将货币政策目标表述为"有层次和主次之分的单一目标"。

二、货币政策工具

货币政策工具是指中央银行为达到货币政策目标而采取的手段。根据《中国人民银行法》第23条的规定,中国人民银行为执行货币政策可以运用的货币政策工具包括:要求银行业金融机构按照规定的比例交存存款准备金;确定中央银行基准利率;为在中国人民银行开立账户的银行业金融机构办理再贴现;向商业银行提供贷款;在公开市场上买卖国债、其他政府债券和金融债券、外汇以及国务院确定的其他货币政策工具。

（一）存款准备金

1. 存款准备金制度概述

存款准备金制度是指中央银行依据法律所赋予的权力，要求商业银行和其他金融机构按规定的比率在其吸收的存款总额中提取一定的金额交存中央银行，并借以间接地对社会货币供应量进行控制的制度。提取的金额被称为存款准备金，准备金占存款总额的比率称为存款准备率或存款准备金率。存款准备金一般由两部分组成：一是法定准备金，二是超额准备金。法定准备金是指以法律形式规定的交存中央银行的存款准备金；超额准备金是指银行为应付可能的提款所安排的除法定准备金之外的准备金。

建立存款准备金制度的最初目的是为了保持商业银行的清偿力，后来它被用来作为调节货币供应量和信用规模的手段。中央银行可以通过提高或降低法定存款准备金率，来影响商业银行用于贷款资金的规模。当法定存款准备金率提高时，商业银行所吸收的存款中用于存款准备金的部分就要增加，因而可用于贷款部分的资金就相应减少；反之，当法定存款准备金率降低时，商业银行所吸收的存款中用于贷款部分的资金则相应扩大。中央银行往往在经济过于膨胀时，提高法定存款准备金率，以收缩信贷规模和货币供应量；相反，在经济处于衰退状态时，则降低法定存款准备金率，以扩张信用，刺激经济。存款准备金制度是货币政策三大传统"法宝"之一，虽然存在弹性不足的局限性，但迄今仍然是美国、日本、欧元区国家及众多发展中国家中央银行的一项重要的货币政策工具。

2. 我国的存款准备金制度

我国的存款准备金制度，是根据 1983 年 9 月《国务院关于中国人民银行专门行使中央银行职能的决定》重新恢复建立的。《中国人民银行法》对其作了明确规定，把它放在人民银行货币政策工具的首位。根据现行有关法律法规及行政规章的规定，我国存款准备金制度的主要内容如下：

（1）存款准备金制度的实施对象。《中国人民银行法》第 23 条第 1 项规定"要求银行业金融机构按照规定比例交存存款准备金。"可见，我国法定存款准备金制度的实施对象是银行业金融机构，具体包括：商业银行、城市信用合作社、农村信用合作社等吸收公众存款的金融机构和政策性银行。

（2）存款准备金交存范围。我国现行的存款准备金制度,只对存款计提准备金。这里的存款是指一般存款,不包括财政性存款。

（3）规定和调整存款准备金率的机构。国家授权中国人民银行规定法定存款准备金率并根据放松银根或紧缩银根的需要进行调整。自1984年中国人民银行专门行使中央银行职能以来,存款准备金率经历了多次调整。例如,仅2015年,央行就于2月5日、4月20日、6月28日、8月26日、10月24日五次调整存款准备金率以释放流动性,大型金融机构的准备金率从调整前的20%降到17%,中小型金融机构的准备金率则从调整前的16.5%降到13.5%,充分发挥了货币政策宏观调控的作用。为保持金融体系流动性合理充裕,引导货币信贷平稳适度增长,2016年3月1日起央行又将各类存款类金融机构的存款准备金率再次下调了0.5个百分点。

（二）中央银行基准利率

基准利率是指在利率体系中起主导作用的基础利率,它的水平和变化决定其他利率的水平和变化。在我国,中央银行基准利率包括:再贷款利率(指中国人民银行向金融机构发放再贷款所采用的利率)、再贴现利率(指金融机构将所持有的已贴现票据向中国人民银行办理再贴现所采用的利率)、存款准备金利率(指中国人民银行对金融机构交存的法定存款准备金支付的利率)和超额存款准备金利率(指中央银行对金融机构交存的准备金中超过法定存款准备金水平的部分支付的利率)。除调整中央银行基准利率外,我国央行采用的利率工具还包括调整金融机构法定存贷款利率、制定金融机构存贷款利率的浮动范围、制定相关政策对各类利率结构和档次进行调整等。近年来,中国人民银行加强了对利率工具的运用,利率调控方式更为灵活,调控机制日趋完善。随着利率市场化改革的逐步推进,作为货币政策主要手段之一的利率政策也逐步从对利率的直接调控向间接调控转化。

（三）再贴现

贴现是票据持有人在票据到期日前,为融通资金而向银行或其他金融机构贴付一定利息的票据转让行为。通过贴现,持票人得到低于票面金额的资金,贴现银行及其他金融机构获得票据的所有权。再贴现是商业银行及其他金融机构以贴现所获得的未到期票据向中央银行所作的票据转让。从形式上看,再贴现与贴现并无区别,都是一种票据和信用相结合的融资方式,但从职能上看,再贴现是中央银行实施货币政策的工具之一。

再贴现政策一般包括两个方面的内容:一是再贴现率的调整,二是规定向中央银行申请再贴现的资格。前者主要是指中央银行通过制定和调整再贴现率来影响金融机构的融资成本,以达到收缩或扩张信用的目的。当再贴现率上升时,商业银行向中央银行融资的成本增加,商业银行就要相应地提高其对企业的贷款利率,从而带动市场利率的上涨,起到紧缩信用、减少货币供应量的作用;反之,如果中央银行降低再贴现率,就会扩张信用。后者则是对再贴现票据的种类和再贴现业务的对象加以规定,如区别对待,则可起抑制或扶持的作用,引导资金流向。

再贴现政策作为货币政策三大传统"法宝"之一,至今仍发挥着一定的作用,但其局限性也很明显,其中最大的局限性在于:再贴现率的调节效果取决于商业银行和社会公众货币需求行为的配合,由此决定了该政策工具有较大的被动性。因为再贴现率的高低只是影响商业银行向中央银行融资的成本,商业银行是否愿意到中央银行申请再贴现,或再贴现多少,说到底还是取决于商业银行自身。如果商业银行不向中央银行申请再贴现,则再贴现率的调整就无法对商业银行发挥作用;或者当经济发展中货币需求很旺时,即使中央银行提高再贴现率,也无法抑制商业银行向中央银行再贴现,这也会使得中央银行难以有效地控制货币供应量。再贴现政策的另一个局限性在于其伸缩性、灵活性较差。因为频繁变动再贴现率,会使商业银行弄不清中央银行货币政策的意向,以至于无所适从。

(四) 再贷款

再贷款是指中央银行向商业银行提供的贷款,也叫最后贷款,中央银行由此获得"最后贷款人"的称谓。中央银行可以通过适时调整再贷款的总量及利率,吞吐基础货币,促进实现货币信贷总量调控目标,合理引导资金流向和信贷投向。《中国人民银行法》第28条规定,中国人民银行根据执行货币政策的需要,可以决定对商业银行贷款的数额、期限、利率和方式,但贷款的期限不得超过一年。自1984年中国人民银行专门行使中央银行职能以来,再贷款一直是我国中央银行的重要货币政策工具。近年来,为适应金融宏观调控方式由直接调控转向间接调控,再贷款所占基础货币的比重逐步下降,结构和投向发生重要变化。新增再贷款主要用于促进信贷结构调整,引导扩大县域和"三农"信贷投放。

(五) 公开市场业务

1. 公开市场业务概述

公开市场业务是指中央银行在金融市场上买卖有价证券和外汇,从而起到扩张或收缩信用规模,调节货币供应量作用的一种业务活动。中央银行从事公开市场业务活动起源很早,19 世纪初,英格兰银行就把公开市场业务当作维持其准备金的重要工具。其后,许多国家纷纷仿效它的作法,普遍推行公开市场业务。现在,公开市场业务已成为发达国家广泛采用的一种货币政策工具。中央银行通过买进或卖出有价证券或外汇进行基础货币的吞吐,以达到增加或减少货币供应量的目的。当金融市场上资金缺乏时,中央银行可通过公开市场业务买进有价证券,向社会投放基础货币。相反,当金融市场上游资泛滥、货币过多时,中央银行就可以通过公开市场业务卖出有价证券,回笼基础货币。与其他货币政策工具相比,公开市场业务具有很多优点,主要体现在:①运用公开市场业务的主动权掌握在中央银行手中。中央银行可以独立地选择在金融市场上买卖有价证券的时间、地点、种类和数量,而无须像再贴现、再贷款政策那样,中央银行只能用变动贷款条件或贷款成本的间接方式鼓励或限制商业银行的信用行为,也无须考虑商业银行是否配合。②公开市场业务可以灵活精巧地进行,用较小的规模和步骤进行操作,以较为准确地达到政策目标,不会像存款准备金政策那样对经济产生过于猛烈的冲击。③公开市场业务可以进行经常性、连续性的操作,具有较强的伸缩性,是中央银行进行日常性调节的较为理想的工具。④公开市场业务具有很大的灵活性,金融市场情况一旦发生变化,中央银行就能够迅速改变其操作,灵活地调节货币供应量。但公开市场业务需要以较为成熟的金融市场为前提,所以市场发育程度不够,交易工具太少等都将制约公开市场业务的效果。

2. 我国央行的公开市场业务

我国央行公开市场操作包括外汇操作和人民币操作两部分。就外汇而言,1994 年伴随着我国银行间外汇交易市场的建立,中国人民银行的外汇公开市场业务正式启动。就人民币操作而言,中国人民银行在 1996 年 4 月开展第一批国债公开市场操作,当年通过国债回购投放基础货币 20 多亿元。从 1998 年起,中国人民银行开始建立公开市场业务一级交易商制度,选择了一批能够承担大额债券交易的商业银行作为公开市场业务的交易对象,这些交易商可以运用国债、政策性金融债券等作为交易工具与中国人民银行开展公开市场业务。从交易品种看,中国人民银行公开市场业务债券交易主要包括回购交易、现券交易和发行中央银行票据。其中,回购交易分为正回购和逆回购两种,正回购为中国人民银行向一级交易商卖出有价证券,并约定在未来特定日期买回有价证券的交易行为,正回购为央行从市场收回流动性的操作,正回购到期则为央行向市场投放流动性的操作;逆回购为中国人民银行向一级交易商购买有价证券,并约定在未来特定日期将有价证券卖给一级交易商的交易行为,逆回购为央行向市场上投放流动性的操作,逆回购到期则为央行从市场收回流动性的操作。现券交易分为现券买断和现券卖断两种,前者为央行直接从二级市场买入债券,一次性地投放基础货币;后者为央行直接卖出持有债券,一次性地回笼基础货币。中央银行票据即中国人民银行发行的短期债券,央行通过发行央行票据可以回笼基础货币,央行票据到期则体现为投放基础货币。此外,央行还不断开展公开市场业务工具创新:2013 年 1 月,创设了"短期流动性调节工具(Short-term Liquidity Operations,SLO)",作为公开市场常规操作的必要补充,在银行体系流动性出现临时性波动时相机使用。目前,公开市场操作已成为中国人民银行货币政策日常操作的重要工具,对于调控货币供应量、调节商业银行流动性水平、引导货币市场利率走势都发挥了积极的作用。

(六) 其他货币政策工具

根据《中国人民银行法》第 23 条第 6 项的规定,除前述五种货币政策工具外,中国人民银行为执行货币政策,还可以运用国务院确定的其他货币政策工具。这是对中国人民银行货币政策工具的弹性规定。我国的经济、金融体制都处在变革之中,经济、金融形势往往容易发生难以预料的变化。对此,中国人民银行应根据经济、金融形势的实际变化,采取及时、灵活、有效、形式多样的货币政策工具,以确保货币政策目标的实现。借鉴国际经验,中国人民银行于 2013 年初创设了常备借贷便利(Standing Lending Facility,SLF),在银行体系流动性出现临时性波动时运用。常备借贷便利是中国人民银行正常的流动性供给渠道,主要功能是满足金融机构期限较长的大额流动性需求,对象主要为政策性银行和全国性商业银行,期限为 1～3 个月。利率水平根据货币政策调控、引导市场利率的需要等综合确定。常备借贷便利以抵押方式发放,合格抵押品包括高信用评级的债券类资产及优质信贷资产等。2014 年 4 月,中国人民银行创设抵押补充贷款(Pledged Supplemental Lending, PSL),主要是为支持国民经济重点领域、薄弱环节和社会事业发展而对金融机构提供期限较长的大额融资。抵押补充贷款采取质押方式发放,合格抵押品包括高等级债券资产和优质信贷资产。2014 年 9 月,中国人民银行又创设了中期借贷便利(Medium-term Lending Facility, MLF)。中期借贷便利是中国人民银行银行提供中期基础货币的货币政策工具,期限可长至 1 年,对象为符合宏观审慎管理要求的商业银行、政策性银行,采取质押方式发放,并需提供国债、央行票据、政策性金融债、高等级信用债等优质债券作为合格质押品。

三、中国人民银行禁止从事的业务

中国人民银行货币政策的目标是稳定货币的币值,所以通货膨胀式的投放货币是违反货币政策的。为了保障中国人民银行执行货币政策的需要,法律禁止中国人民银行从事下列业务。

(1) 中国人民银行不得对银行业金融机构的账户透支。所谓银行业金融机构是指吸收公众存款的金融机构以及政策性银行。中国人民银行作为我国的中央银行为银行业金融机构开立账户是履行其职责的需要,因为一方面银行业金融机构要向中央银行交存存款准备金,另一方面中央银行也为银行业金融机构提供清算服务,但中央银行不得对银行业金融机构的账户透支。这里所指的不得透支是指中央银行不得允许其存款户——银行业金融机构超过其存款余额支取款项。因为如果允许透支,则会导致商业银行和其他金融机构不加约束地扩大信贷规模,造成信用膨胀。此外,还会使中央银行的存款准备金率、再贴现率等货币政策工具失去调节作用,加剧金融市场混乱。

(2) 中国人民银行不得对政府财政透支,不得直接认购、包销国债和其他政府债券。因为如果中央银行对政府财政透支,或由中央银行直接购买国债和其他政府债券,这实际上是一种财政性的货币发行,是一种超经济的发行,势必会引发通货膨胀,影响货币币值的稳定。因此,切断中央银行和财政在基础货币上的联系,中央银行不向财政透支,不直接认购、包销国债和其他政府债券,是"保持货币币值的稳定,并以此促进经济增长"的需要。

(3)中国人民银行不得向地方政府、各级政府部门提供贷款。因为中国人民银行的货币政策是国家宏观经济政策的重要组成部分,是在符合国家宏观经济的总体要求下制定的。为保证货币政策的有效实施,制定和执行货币政策应独立于政府的其他部门,独立于地方政府,不受任何团体和个人的干涉,这是规定中国人民银行不得向地方政府、各级政府部门提供贷款的主要原因。

(4)中国人民银行未经批准,不得向非银行金融机构以及其他单位和个人提供贷款。我国的非银行金融机构大部分是在改革开放以后建立起来的,这些机构发展之初,中国人民银行已经明确,在资金上要以来源限制运用,自求平衡,因此中国人民银行很少对这些机构提供资金。但是,当这些机构出现重大困难或其他特殊情况时,经国务院批准中国人民银行可以对这些金融机构提供贷款,这也体现了中国人民银行作为"最后贷款人"的作用。金融机构以外的其他单位和个人,都不属于金融业的范畴,因而不能成为中国人民银行的融资对象,因此规定中国人民银行不得向其他单位和个人提供贷款是必要的,这也是由中国人民银行的性质和地位所决定的。

(5)中国人民银行不得向任何单位和个人提供担保。这一方面是因为中国人民银行作为国家机关不具备《中华人民共和国担保法》所规定的担任保证人的资格,另一方面也是因为中国人民银行的盈利和亏损都由中央财政承担,所以如果中国人民银行为他人提供贷款,则会导致国家财产的损失。

第六节　中国人民银行的金融监管

中国人民银行在过去相当长时期内曾是我国金融业的统一监管机关,后随着证监会、保监会,特别是银监会的成立,中国人民银行的金融监管职能大多被剥离出去,其职能也主要被定位于制定和执行货币政策,维护金融稳定。但作为我国的中央银行,鉴于金融监管与货币政策、金融稳定密不可分,中国人民银行仍保留了部分金融监管职能。根据《中国人民银行法》的规定,中国人民银行的金融监管权具体包括:

(1)对金融市场的监测、调控权。中国人民银行依法监测金融市场的运行情况,对金融市场实施宏观调控,促进其协调发展(第31条)。

(2)检查监督权。中国人民银行有权对金融机构以及其他单位和个人的下列行为进行检查监督:①执行有关存款准备金管理规定的行为;②与中国人民银行特种贷款有关的行为;③执行有关人民币管理规定的行为;④执行有关银行间同业拆借市场、银行间债券市场管理规定的行为;⑤执行有关外汇管理规定的行为;⑥执行有关黄金管理规定的行为;⑦代理中国人民银行经理国库的行为;⑧执行有关清算管理规定的行为;⑨执行有关反洗钱规定的行为(第32条)。

(3)建议检查监督权。中国人民银行根据执行货币政策和维护金融稳定的需要,可以建议国务院银行业监督管理机构对银行业金融机构进行检查监督。国务院银行业监督管理机构应当自收到建议之日起30日内予以回复(第33条)。

(4)特殊情况下的检查监督权。当银行业金融机构出现支付困难,可能引发金融风险时,为了维护金融稳定,中国人民银行经国务院批准,有权对银行业金融机构进行检查监督(第34条)。

(5)信息获得权。中国人民银行根据履行职责的需要,有权要求银行业金融机构报送必要的资产负债表、利润表以及其他财务会计、统计报表和资料。中国人民银行应当和国务院银行业监督管理机构、国务院其他金融监督管理机构建立监督管理信息共享机制(第35条)。

(6)编制和公布全国金融统计数据权。中国人民银行负责统一编制全国金融统计数据、报表,并按照国家有关规定予以公布(36条)。

(7)行政处罚权。根据《中国人民银行法》第46条的规定,中国人民银行对于金融机构以及其他单位和个人的行为进行检查监督过程中发现的违法行为,可区别不同情形实施警告、没收违法所得、罚款等行政处罚。

第七节　中国人民银行的财务会计

一、中国人民银行的财务预算管理

1. 中国人民银行独立财务预算制度

根据《中国人民银行法》第38条规定,中国人民银行实行独立的财务预算管理制度。其特点是:中国人民银行根据实际需要和国家有关规定每年编制预算,其预算经国务院财政部门审核后,纳入中央预算实施执行;中国人民银行各级分支机构每年编制财务收支计划,经总行批准后执行;中国人民银行各项收支相抵后,按核定比例提取总准备金后的净利润全部上缴中央财政,亏损由中央财政拨补。中国人民银行的预算执行和财务决算报告接受国务院财政部门的监督。

2. 中国人民银行的盈亏处理

如前所述,中国人民银行实行独立的财务预算管理制度,因此中国人民银行系统的各项预算项目自成体系,并相对独立于财政部。中国人民银行每一会计年度的收入减除该年度支出构成实现利润,不再进行利润留成和缴税,而是根据中国人民银行的实际需要,按照国务院财政部门核定的比例从实现利润中提取总准备金,所剩净利润全部上缴中央财政。各级分行在每一会计年度的收支相抵后,无论是利润还是亏损,应当在年终决算后逐级汇总上报中国人民银行总行。由于人民银行已经将净利润全部上缴给中央财政,人民银行也不能通过其他途径来解决自身的亏损,所以,人民银行的亏损由中央财政补贴,以保证人民银行始终具有足够的清偿能力,更好地行使法律所赋予的职责。

二、中国人民银行的财务会计制度及其审计监督

《中国人民银行法》第40条规定:"中国人民银行的财务收支和会计事务,应当执行法律、行政法规和国家统一的财务、会计制度,接受国务院审计机关和财政部门依法分别进行的审计和监督。"因此,中国人民银行的会计制度首先应

当遵守法律、行政法规,并执行国家统一的会计制度。其次,在与法律、行政法规和国家统一的会计制度不相抵触的前提下,中国人民银行可以制定自己的会计制度。国务院、财政部颁布过一些会计方面的法规和规章,中国人民银行也根据其自身情况,制定了有关会计方面的规章。对于中国人民银行的财务、会计事务,审计部门和国务院财政部门有权依法进行审计和监督。

三、中国人民银行的年度报表与报告

根据《中国人民银行法》第41条的规定,中国人民银行应当于每一会计年度结束后3个月内,编制资产负债表、损益表和相关的财务会计报表,并编制年度报告,按照国家有关规定予以公布。中国人民银行的会计年度自公历年1月1日起至12月31日止。因此人民银行的年度报表应该在第二年的3月份前编制完毕,在公开出版的《中国人民银行公报》上公布。

案例分析

【案情】

2015年2月4日,广州某公司向中国人民银行提出使用人民币图样的申请,要求在抱枕上使用第五套人民币100元的扩大图样。该公司随申请书一并提交了拟使用的图样附图,该附图显示拟使用的图样为人民币100元正面图样,在图样中标明人民币100元真伪辨别的方法。中国人民银行广州分行对该申请进行初审后,于2015年4月2日出具了初审报告,认为:广州某公司在其生产的抱枕上申请使用第五套人民币100元的扩大图样,从其制作工艺看,没有突出人民币生产工艺和设计艺术;从其销售群体看,没有达到展示民族优秀文化和国内外新的科学文化成果的目的,对促进钱币文化健康发展无实际意义。中国人民银行广州分行将初审报告和广州某公司提交的申请文件一并报送中国人民银行。2015年4月27日,中国人民银行作出不予行政许可决定(以下简称被诉决定)。广州某公司不服,提起行政诉讼。

【问题】

中国人民银行的被诉决定是否合法?

【法律依据】

《中华人民共和国中国人民银行法》第4条规定,中国人民银行履行下列职责:(1)发布与履行其职责有关的命令和规章;(2)依法制定和执行货币政策;(3)发行人民币,管理人民币流通;(4)⋯⋯第19条规定:⋯⋯禁止在宣传品、出版物或者其他商品上非法使用人民币图样。

【法律运用及处理结果】

人民币是我国的法定货币,中国人民银行是管理人民币流通的法定机关。为维护人民币的尊严,《中国人民银行法》第19条规定,禁止在宣传品、出版物或者其他商品上非法使用人民币图样。中国人民银行2005年制定发布的《人民币图样使用管理办法》第5条规定,在中华人民共和国境内依法设立的法人可以申请使用人民币图样,但应符合以下条件:(1)弘扬民族优秀文化和反映国内外新的科学文化成果;(2)宣传人民币防伪知识,展示人民币生产工艺和设计艺术,促进钱币文化健康发展。本案中,广州某公司向中国人民银行申请许可其在抱枕上使用第五套人民币100元的正面图案,但该图样使用在抱枕上不严肃;抱枕采用宝宝绒面料,填充后不平整,将人民币图样转印其上,图样容易失真、变形;抱枕上使用的防伪识别方法的描述亦不准确。故广州某公司的申请不符合规定的使用条件。中国人民银行决定不予许可广州某公司对第五套人民币100元正面图案的使用申请,并无不当。北京市第一中级人民法院于2015年10月19判决驳回广州某公司的诉讼请求。广州某公司提起上诉。北京市高级人民法院于2016年1月14日作出判决,驳回上诉维持原判。

(案例来源:北京市高级人民法院行政判决书(2015)高行终字第4410号)

本 章 思 考 题

1. 如何理解中国人民银行的相对独立性?

2. 中国人民银行的职责主要有哪些?

3. 货币政策委员会的职责是什么?

4. 简述人民币的法律地位及人民币的法律保护。

5. 中国人民银行货币政策的目标是什么？货币政策工具有哪些？

6. 中国人民银行依法不得从事的业务有哪些？

7. 原告包某诉称:其至某邮电所付费,该所工作人员收到其五张票面面额为壹佰元的人民币后,告知其有一张假币,并拒绝其复看的请求走入内室,在脱离其视线的情况下向其开出编号为001401中国人民银行上海市分行假票变造币没收证。该邮电所的行为,系接受人民银行上海分行之委托,该行为在操作过程中是暗箱操作,请求判决撤销具体行政行为。被告人民银行上海分行辩称:对原告作出出具假票变造币没收证行为系邮电所所为,因此人民银行上海分行不应成为本案被告,请求法院驳回原告起诉。一审法院判决撤销人民银行上海分行所作出的001401号假票变造币没收证。人民银行上海分行不服,向上海市第一中级人民法院提起上诉。请分析人民银行上海分行是否为本案的适格被告并说明理由。

第三章　商业银行法律制度

教学要求

商业银行是一国金融体系的重要组成部分,因此学习商业银行法律制度有其重要意义。通过本章的学习,学生应了解商业银行的概念和职能、商业银行的设立、接管和终止;明确商业银行的经营原则、商业银行与客户的关系;重点掌握商业银行的存款业务、贷款业务及结算业务规则。

第一节　商业银行和商业银行法概述

一、商业银行的概念与职能

(一) 商业银行的概念

商业银行是一种以追逐利润为目标的金融企业。《中华人民共和国商业银行法》(以下简称《商业银行法》)为我们准确理解我国商业银行的概念,提供了法律依据。该法第2条明确规定:"本法所称的商业银行是指依照本法和《中华人民共和国公司法》设立的吸收公众存款、发放贷款、办理结算等业务的企业法人。"由此可见,我国的商业银行具有以下特点:①我国商业银行是企业法人。首先,商业银行是企业,是以营利为目的而从事营业活动的机构,它区别于不以营利为目的的国家机关和事业单位;其次,商业银行是法人,拥有自己的名称和独立的财产,能够以自己的名义独立参加民事活动,享有权利,承担义务和责任。《商业银行法》第4条明确规定:"商业银行以其全部法人财产独立承担民事责任。"②我国商业银行是吸收公众存款、发放贷款、办理结算等业务的企业法人。

根据《商业银行法》的规定,我国商业银行可以经营的业务远不止吸收公众存款、发放贷款和办理结算,在商业银行的法定定义中将这三者突出出来,一则表明它们是商业银行的基本业务,二则也暗示了商业银行创造派生存款的特殊功能。③我国商业银行是依据《商业银行法》和《中华人民共和国公司法》(以下简称《公司法》)设立的。依据《公司法》,我国公司包括有限责任公司和股份有限公司两种基本形式,而国有独资公司和一人公司是两种特殊的有限责任公司。伴随着国有独资商业银行股份制改革的完成,目前我国的商业银行可分为有限责任公司和股份有限公司两种类型。

(二) 商业银行的职能

商业银行在经济活动中履行信用中介、支付中介、信用创造、金融服务等职能,并通过这些职能在国民经济活动中发挥着重要作用。

(1) 信用中介。信用中介职能是商业银行最本质、最基本的职能。商业银行通过吸收存款等把社会上闲散的各种货币资本集中到银行里来,再通过放款和投资等形式,把这些货币资本投向国民经济各部门,以此实现资本盈余企业和资本短缺企业的资金融通,从而使资本得到最有效的利用,在不改变社会资本总量的条件下,扩大了再生产的规模,加速提高了生产率。

(2) 支付中介。所谓支付中介是指通过存款在账户上的转移,代理客户支付;在存款的基础上,为客户兑付现款等。在这里,商业银行成为工商企业的货币保管者、出纳员和支付代理人。商业银行之所以能成为企业支付的中介,是因为它具有较高的信誉和较多的分支机构。商业银行作为支付中介,大大减少了现金的使用,加速了货币资本的周转,促进了社会再生产的扩大。

(3) 信用创造。商业银行在信用中介职能和支付中介职能的基础上,具备了信用创造职能。商业银行对所吸收的存款,在交存法定准备金和留足备付金之后,可将其余部分用于贷款和投资。贷款与投资在转账结算和票据流通的基础上,又会转化为银行系统新的存款。这个过程周而复始,即在整个银行系统创造出若干倍于原始存款的派生存款。商业银行的信用创造功能具有积极的作用,但如果失控,将会导致通货膨胀,影响国民经济的健康发展。一般而言,信用创造是商业银行独有的职能,因此,商业银行也就成为中央银行信用调控的重点。

（4）金融服务。现代商业银行利用其设施先进、联系面广、信息灵通、专业知识丰富等优势,为客户提供信息服务、咨询服务以及代交公共费用、代发工资、代理融资和提供保管箱等多项服务。目前,金融服务已成为现代商业银行的重要职能,也成为商业银行提高自身竞争力及追求更多利润的重要手段。

二、商业银行法的概念与立法宗旨

（一）商业银行法的概念

商业银行法有形式意义和实质意义之分。形式意义的商业银行法是指规范商业银行的组织及行为的专门立法,即《中华人民共和国商业银行法》。该法于1995年5月10日由第八届全国人民代表大会常务委员会第十三次会议通过,并于同年7月1日开始施行。2003年12月27日,第十届全国人民代表大会常务委员会第六次会议通过《关于修改〈中华人民共和国商业银行法〉的决定》,修改后的《商业银行法》于2004年2月1日起实施。2015年8月29日,第十二届全国人民代表大会常务委员会第十六次会通过《关于修改〈中华人民共和国商业银行法〉的决定》,自2015年10月1日起施行。实质意义的商业银行法不仅包括规范商业银行的专门立法,还包括其他涉及商业银行组织关系、业务关系及监督管理关系的法律、法规,如《中华人民共和国中国人民银行法》《中华人民共和国银行业监督管理法》等。这些法律、法规中有关商业银行的规定,与形式意义的商业银行法一起,构成了我国实质意义的商业银行法。本章内容以形式意义的商业银行法为主,也涉及部分其他有关商业银行的法律规定。

（二）商业银行法的立法宗旨

我国《商业银行法》第1条规定:"为了保护商业银行、存款人和其他客户的合法权益,规范商业银行的行为,提高信贷资产质量,加强监督管理,保障商业银行的稳健运行,维护金融秩序,促进社会主义市场经济的发展,制定本法"。由此可见,《商业银行法》的立法宗旨主要包括以下三方面。

（1）保护商业银行、存款人和其他客户的合法权益。一方面,商业银行是经营货币这种特殊商品的企业,具有很强的公共性,其经营的好坏将对社会经济产生重大影响,因此必须保护商业银行的合法权益,以实现商业银行的安全稳健运行。另一方面,商业银行自有资本比例很低,资金主要来源于其所吸收的社会公众存款,而作为商业银行债权人的存款人又是分散的,处于相对弱势地位,因此必须强调对存款人合法利益的保护。这里所谓其他客户,是指存款人以外的其他与银行发生业务往来的客户,如银行的贷款客户、结算客户等,他们的合法权益也应受法律保障。

(2)规范商业银行的行为,保障商业银行的稳健运行。这是制定《商业银行法》最直接的目的。为实现这一立法宗旨,《商业银行法》一是对商业银行的设立、变更、终止等予以严格规范;二是对商业银行开展贷款等业务,制定了基本规则;三是对商业银行的存款、贷款、结算、呆账等情况,加强监督管理,对商业银行的违法经营活动,从民事、行政、刑事等方面规定法律责任。

(3)促进社会主义市场经济的发展。这是制定《商业银行法》的最终目的。市场经济的发展显然离不开商业银行这个金融中介。保护商业银行、存款人和其他客户的合法权益,规范商业银行的行为,保障商业银行的稳健运行,其最终目的在于通过充分发挥商业银行的职能与作用,促进社会主义市场经济的发展。

三、商业银行的业务范围

《商业银行法》第3条对商业银行的业务进行了规定。根据这一规定,商业银行可以经营下列部分或者全部业务。

(1)吸收公众存款。这是商业银行最基本的业务。公众存款是商业银行资产的主要来源,商业银行吸收社会上的闲散资金提供给工商企业等使用,是商业银行信用中介职能的体现。

(2)发放短期、中期和长期贷款。商业银行吸收公众存款的目的就是将其贷放给工商企业等借款人,满足借款人的资金需要,支持其生产、建设等。同时,商业银行也收取贷款利息,获取利润,维持商业银行的运营、对存款人支付存款利息。根据贷款期限的不同,贷款可分为短期贷款、中期贷款和长期贷款。其中短期贷款是指贷款期限在1年以内(含1年)的贷款;中期贷款是指贷款期限在1年以上(不含1年)5年以下(含5年)的贷款;长期贷款是指贷款期限在5年(不含5年)以上的贷款。

(3)办理国内外结算。这也是商业银行最基本的业务之一,体现了商业银行的支付中介职能。所谓结算是指单位或个人基于商品交易、劳务供应以及其他原因而进行的货币收付活动。商业银行在为客户办理结算的过程中,可以直接或间接获得结算服务费,但同时商业银行应依法办理结算业务。法律规定:商业银行办理票据承兑、汇兑、委托收款等结算业务,应按照规定的期限兑现,收付入账,不得压单、压票或者违反规定退票。有关兑现、收付入账的期限的规定应当公布。

(4)办理票据承兑与贴现。票据是指汇票、本票、支票等以无条件支付一定金额为基本效能的有价证券;承兑是指汇票的付款人向持票人承诺由自己支付汇票款项的行为。贴现是指持票人以未到期的票据融通资金,商业银行按市场利息率以及票据的信誉程度确定一个贴现率,扣去贴现日至到期日的贴现利息后,将票面金额支付给持票人。办理票据承兑与贴现,也是商业银行的基本业务之一,是商业银行支付中介职能的体现。

(5)发行金融债券。发行金融债券是商业银行除吸收存款外的另一种负债业务,是商业银行筹集资金的一种方式。商业银行发行金融债券,应当依照法律、行政法规的规定报经批准。

(6)代理发行、代理兑付、承销政府债券。政府向企业、单位、个人等借款而发行的债券如国库券等称为政府债券。对于政府债券,商业银行可以代理发行,还款时代理兑付,同时也可以承销。

(7)买卖政府债券、金融债券。商业银行在公开市场上买卖政府债券、金融债券有利于扩大银行资产业务范围,调整资产结构,提高银行收益。但对于普通的公司债券、企业债券,法律目前不允许商业银行买卖。

(8)从事同业拆借。同业拆借是指金融机构之间融通短期资金的行为,通过同业拆借,商业银行可以对资金头寸进行余缺调剂。

(9)买卖、代理买卖外汇。买卖外汇是指商业银行在外汇市场上,卖出人民币资金,买入外汇资金;或者卖出外汇资金,买入人民币资金,以赚取利润、规避汇率风险、调整资产结构。代理买卖外汇,是指商业银行接受客户的委托,在外汇市场上买卖外汇以赚取手续费。

(10)从事银行卡业务。银行卡是指由银行发行的具有现金存取、消费信贷、转账结算等功能的新型服务工具,一般可分为借记卡和信用卡。银行卡的广泛使用不仅减少了现金和支票的流通,而且也成为银行业务的重要组成部分及银行利润的重要来源。

(11)提供信用证服务及担保。信用证是银行根据买方(客户)的申请开给卖方(受益人)的一种银行保证付款的凭证。开证银行授权卖方在符合信用证规定的条件下,以该行或其指定银行为付款人,开具不超过所定金额的汇票,并按规定的随附单据,按期在指定地点收款。信用证实质上是银行以自身信用补充其客户(开证申请人)信用之不足,并为此取得相应的收入。商业银行提供信用证服务,并不限于开立信用证,还可以包括以信用证通知行、议付行、保兑行的身份提供与信用证有关的服务。所谓担保,是指商业银行应客户的请求,向客户的债权人承诺,当客户(主债务人)不履行债务时,由银行按照约定履行债务或者承担责任。商业银行提供担保,按规定向客户收取担保费。

(12)代理收付款项及代理保险业务。代理收付款项是商业银行支付中介职能的体现,它是指银行利用单位、个人在银行开立账户的便利,接受客户委托,代客户办理收付款项事宜,如代发工资、代收水电费等。代理保险业务是指商业银行接受保险公司的委托,按照双方约定的合同在保险公司授权范围内代为办理保险业务,并向保险公司收取代理手续费。

(13)提供保管箱服务。是指商业银行代客户保管贵重物品、有价证券和出租保管箱的业务。

(14)经国务院银行业监督管理机构批准的其他业务。此为兜底条款,因为伴随着金融创新,商业银行的业务范围必将不断扩大,所以《商业银行法》规定了这一弹性条款。

此外,《商业银行法》还规定商业银行经中国人民银行批准,可以经营结汇、售汇业务。

上述商业银行业务,按资金来源和用途,可归纳为负债业务、资产业务和中间业务三类。

负债业务是商业银行最基本的业务,商业银行通过负债业务来筹集资金,负债业务是商业银行经营的基础。其主要方式有吸收存款、发行金融债券及借款等。其中吸收存款是商业银行最重要的负债业务。此外,商业银行还可以通过发行金融债券或借款来筹集资金,借款包括向中央银行借款、银行同业借款等。

资产业务是商业银行运用其经营资金从事各种信用活动的业务,是商业银行取得收益的主要途径。其主要方式有现金资产、信贷业务和投资业务。信贷业务又可分为贷款业务和贴现业务,其中贷款业务是商业银行最重要的资产业务。投资业务包括证券投资、固定资产投资等,我国《商业银行法》第43条对商业银行的投资业务进行了一定的限制。

中间业务是指商业银行并不运用自己的资金,而代理客户承办支付或其他委托事项并从中收取服务费的业务,是商业银行非利息收入的来源。其主要方式有办理国内外结算、代理发行、代理兑付、承销政府债券、提供信用证服务及担保、代理收付款项、代理保险业务、代理买卖外汇等。此外,信托等投资理财业务也属中间业务,但在《商业银行法》中并未作为商业银行的法定业务加以规定。

四、商业银行的经营原则和经营方针

(一)商业银行的经营原则

根据《商业银行法》,我国商业银行的经营原则分别是安全性原则、流动性原则和效益性原则。

1. 安全性原则

安全性是指银行资产免遭风险损失,保障安全的可靠性程度,它是商业银行经营的生命线。商业银行在其经营活动中之所以必须高度重视安全性,是因为:①商业银行的资金主要来自负债,自有资金占的比重很小,这使得银行经营带有不稳定的倾向,如遇到市场风险或信用风险,便会危及银行的安全。②银行业务活动的存在与发展,相当程度上依赖于它在客户中的信誉。如果银行不能满足客户的提款或合理的贷款需求,就会失去客户的信赖,从而就会危及银行的安全。③银行业是涉及公众利益最多的金融行业,与社会的稳定、政治的安定和经济的发展都有密切的关系,这也要求商业银行的经营一定要注重稳健和安全。我国《商业银行法》曾将效益性原则列为商业银行经营的首要原则,后改为将安全性原则作为银行经营的首要原则,这不是简单的排序变化,而是表明我们对银行安全的重要性有了新的认识,即银行安全应是第一位的,银行追求效益应以保证银行经营安全为前提。法律规定了许多措施来保证银行经营过程中的安全性,例如,要求商业银行交存存款准备金、对银行实行资产负债比例管理、限制银行进入证券业和信托业等,都是为了确保银行经营的安全,维护金融市场的稳定。

2. 流动性原则

所谓流动性,是指商业银行能够随时应付客户提款和满足客户必要贷款的能力。银行的流动性包括资产的流动性和负债的流动性两个方面。资产的流动性是指银行资产在不蒙受损失的情况下,迅速变现的能力;负债的流动性则是指银行能以较低的成本随时获得所需资金的能力。流动性之所以成为商业银行三大经营原则之一,是由商业银行的经营特点所决定的。商业银行一方面吸收存款,另一方面发放贷款。就存款而言,银行要保证支付,如果银行不能支付,则可能引发公众挤兑,危及银行安全;而就贷款而言,银行贷款一般要等到合同到期才能收回,在借款人没有违约的情况下,银行不能提前收回贷款。一方面,银行要随时保证支付,另一方面,银行又不能提前收回贷款,这就产生了矛盾。为了解决这个矛盾,就要求银行资产要能在无损状态下迅速变现,还要求银行能随时以较低成本获得所需资金,即要求银行经营应遵循流动性原则。流动性是安全性的基础,没有流动性,银行经营不可能安全。银行为保持良好的流动性,应把贷款的期限与存款的期限很好地配合起来,保证长期贷款有长期资金来源做后盾;银行投资的增加必须控制在不削弱银行清偿能力的限度内;银行还应力求负债结构合理,拥有较多的融资渠道和较强的融资能力等。

3. 效益性原则

效益性之所以成为商业银行经营的三大原则之一,是由商业银行的性质所决定的。商业银行作为独立的企业法人,追求经济效益是其经营的核心目标,是银行经营的内在动力。值得注意的是,我国《商业银行法》没有采用一般银行理论所言的"营利性",而代之以"效益性",表明我国法律要求我国的商业银行不仅要重视自身的经济效益,还要考虑社会效益。银行自身的经济效益即银行利润,社会效益也就是银行经营的社会性,即银行通过业务的经营对促进社会利益产生影响。社会效益包括政治、经济、文化诸多方面,对于商业银行的经营而言,最主要的是经济方面的社会效益,即社会总体经济效益。

安全性、流动性和效益性原则是从三个不同角度对商业银行经营所提出的要求,三者之间既相矛盾又相统一,因此,商业银行必须寻求三者之间的平衡与协调,而不能单纯追求其中的某个方面。单纯追求效益性而忽略安全性与流动性则可能导致破产的危险;单纯追求安全性与流动性而不追求效益性则可能在激烈的竞争中无法生存,最终也不安全。因此,应当三者统筹兼顾,也就是说在保证安全性与流动性的前提下,追求最大限度的效益。

(二)商业银行的经营方针

(1)自主经营。所谓自主经营,是指商业银行依法开展业务,不受任何单位和个人的干涉。作为独立的法律实体和经济实体,在合法的范围内,商业银行有权处理其一切经营管理事务,自主参与民事活动,享受权利承担义务。自主经营是商业银行企业法人地位的具体体现,也是市场机制运行的必然要求。

(2)自担风险。所谓自担风险,是指商业银行以其全部法人财产对外独立承担责任。银行经营过程中的各种风险,如信用风险、利率风险、汇率风险、流动性风险等均应由银行自己承担。

(3)自负盈亏。所谓自负盈亏,是指商业银行对自己经营金融业务所产生的后果要完全负责,不管是盈利也好,亏损也好,都要由银行自己承担。

(4)自我约束。所谓自我约束,是指商业银行应自觉遵守法律、行政法规以及中国银行业监督管理委员会和中国人民银行制定的各项规章,充分尊重客观经济规律,建立和健全有效的内部管理和约束机制,做到合法、稳健经营。

五、商业银行应遵循的其他原则

(一)平等、自愿、公平和诚实信用原则

《商业银行法》第 5 条规定:"商业银行与客户的业务往来,应当遵循平等、自愿、公平和诚实信用的原则。"这表明商业银行作为企业法人,其与客户之间的关系是平等的民事关系,因此,应遵守平等、自愿、公平和诚实信用原则等《中华人民共和国民法总则》(以下简称《民法》)的基本原则。所谓"平等"是指商业银行与客户之间的法律地位平等,享有平等的权利和义务。所谓"自愿"是指银行与客户的业务往来应建立在双方都自愿的基础之上。所谓"公平"是指银行与客户的业务往来应平等互利,一方不能获取不合理的利益,也不应履行不合理的义务。所谓"诚实信用"是指银行与客户都应善意地、全面地履行各自的法定及约定义务,诚实守信,不欺瞒对方。

（二）保护存款人合法权益不受侵犯原则

存款是商业银行主要的资金来源,存款人是商业银行的基本客户。商业银行作为债务人,是否尊重存款人利益,严格履行自己的债务,切实承担保护存款人利益的责任,不仅关系到银行自身的经营,而且直接关系到社会公众对银行体系的信任程度,并进而关系到资金的正常融通甚至社会的稳定,因此我国《商业银行法》第 6 条明确规定:"商业银行应当保障存款人的合法权益不受任何单位和个人的侵犯。"根据这一原则,商业银行在办理个人储蓄存款业务时,应遵守"存款自愿、取款自由、存款有息、为存款人保密"的规定;对单位和个人的存款,除法律、法规另有规定外,商业银行有权拒绝任何单位或者个人查询、冻结、扣划;商业银行还应保证存款本金和利息的支付,不得拖延、拒绝支付存款本金和利息。

（三）守法经营原则

在我国,任何单位和个人都必须守法,都不得为追求自身利益而损害国家利益和社会公共利益,商业银行自然也不例外。《商业银行法》第 8 条明确规定:"商业银行开展业务,应当遵守法律、行政法规的有关规定,不得损害国家利益、社会公共利益。"商业银行应坚持此项原则,做到守法经营。

（四）公平竞争原则

竞争是市场经济的基本特征,通过公平竞争"优胜劣汰",可以提高市场效率,实现资源的优化配置。商业银行在处理其与其他商业银行以及非银行金融机构的关系时,应当坚持公平竞争原则,不得从事不正当竞争,如不得违反规定提高或降低利率或采用其他不正当手段,吸收存款,发放贷款。

（五）依法接受监管原则

《商业银行法》第 10 条规定:"商业银行依法接受国务院银行业监督管理机构的监督管理,但法律规定其有关业务接受其他监督管理部门或者机构监督管理的,依照其规定。"由此可见,商业银行除应依法接受中国银监会的监管外,还应接受中国人民银行及其他有关部门依法进行的监管。如根据《中国人民银行法》的规定,中国人民银行有权对金融机构(包括商业银行)执行有关存款准备金管理规定的行为、执行有关人民币管理规定的行为、执行有关银行间同业拆借市场、银行间债券市场管理规定的行为等进行检查监督。

第二节　商业银行组织法

一、商业银行的设立

（一）银行经营的特许制

商业银行是经营货币这种特殊商品的企业，其经营活动对社会经济生活影响很大，因此商业银行在一般国家都是特许经营的，在我国也不例外。我国商业银行的成立必须经过监管部门的批准。这里所说的监管部门就是国务院银行业监督管理机构，即中国银监会。《商业银行法》第11条明确规定："设立商业银行，应当经国务院银行业监督管理机构审查批准。未经国务院银行业监督管理机构批准，任何单位和个人不得从事吸收公众存款等商业银行业务，任何单位不得在名称中使用'银行'字样。"如有违反，则要承担相应的法律责任。如未经批准在名称中使用"银行"字样的，由国务院银行业监督管理机构责令改正，有违法所得的，没收违法所得，违法所得5万元以上的，并处违法所得1倍以上5倍以下罚款；没有违法所得或者违法所得不足5万元的，处5万元以上50万元以下罚款。未经国务院银行业监督管理机构批准，擅自设立商业银行，或者非法吸收公众存款、变相吸收公众存款，构成犯罪的，依法追究刑事责任；并由国务院银行业监督管理机构予以取缔。

2014年9月26日，中国银监会发布关于取缔"钱塘银行（筹）"的公告。公告称，经查实，2013年8月以来，姜霞倩、浙江瑞智开创文化投资有限公司等未经中国银监会批准，擅自设立了"钱塘银行筹备委员会"，刻制了"钱塘银行筹备委员会""浙江钱塘银行筹备委员会"和"钱塘银行（筹）"等三枚印章。"钱塘银行筹备委员会办公室"成立后，在浙江省杭州市环城北路292号7楼办公，挂出了"钱塘银行（筹）"的标牌，并在某商业银行开立了验资账户，制作了"钱塘银行"规划概要、招股介绍、股份认购要点、股东确认协议书、股权证书等文书，印制了"钱塘银行（筹）"介绍信，开展了招募意向股东和委托他人募股等活动。姜霞倩、浙江瑞智开创文化投资有限公司等的行为违反了《中华人民共和国商业银行法》第十一条及《中华人民共和国银行业监督管理法》第19条的规定。中国银监会决定取缔"钱塘银行（筹）"，责令"钱塘银行（筹）"立即停止一切筹备活动和业务活动；责成中国银监会浙江监管局对姜霞倩、浙江瑞智开创文化投资有限公司等擅自设立"钱塘银行（筹）"的行为依法进行查处；责成中国银监会浙江监管局将姜霞倩、浙江瑞智开创文化投资有限公司等涉嫌犯罪的事实和证据移交有管辖权的公安机关，提请公安机关依法立案侦查。

（案例来源：中国银监会公告〔2014〕1 号）

（二）设立商业银行的条件

《商业银行法》第 12 条明确规定了设立商业银行的条件，包括以下几项。

（1）有符合《商业银行法》和《公司法》规定的章程。商业银行的章程是商业银行依照法定程序制定的以书面形式规范商业银行行为的基本准则，对银行自身、银行股东、银行行长、银行董事、银行监事均具有约束力。商业银行章程应符合《商业银行法》和《公司法》。

（2）有符合《商业银行法》规定的注册资本最低限额。注册资本是商业银行在公司登记机关登记的全体股东实缴的出资额之和。它既是商业银行从事经营活动的物质基础，也是商业银行承担法律责任的物质保障。考虑到商业银行的经营特性和在国民经济中的特殊地位，我国法律对商业银行提出了比普通工商企业高得多的资本要求。具体规定是：设立全国性商业银行的注册资本最低限额为 10 亿元人民币；设立城市商业银行的注册资本最低限额为 1 亿元人民币；设立农村商业银行的注册资本最低限额为 5 000 万元人民币。注册资本应当是实缴资本。国务院银行业监督管理机构根据审慎监管的要求可以调整注册资本最低限额，但不得少于上述限额。

（3）有具备任职专业知识和业务工作经验的董事、高级管理人员。商业银行董事、高级管理人员的状况，是决定银行能否安全稳健经营，能否取得良好经营业绩的重要因素，因此，《商业银行法》要求商业银行应有具备任职专业知识和业务工作经验的董事及高级管理人员，但该法并没有对银行高级管理人员所需的专业知识和工作经验作出具体规定。《商业银行法》具体规定的是不能担任商业银行董事、高级管理人员的情形，包括：①因犯有贪污、贿赂、侵占财产、挪用财产罪或者破坏社会经济秩序罪，被判处刑罚，或者因犯罪被剥夺政治权利的；②担任因经营不善破产清算的公司、企业的董事或者厂长、经理，并对该公司、企业的破产负有个人责任的;③担任因违法被吊销营业执照的公司、企业的法定代表人,并负有个人责任的;④个人所负数额较大的债务到期未清偿的。中国银监会 2013 年 11 月 8 日发布的《银行业金融机构董事(理事)和高级管理人员任职资格管理办法》对包括商业银行在内的银行业金融机构的董事及高级管理人员的任职资格条件(含积极条件与消极条件)做了更为具体的规定。

(4) 有健全的组织机构和管理制度。健全的组织机构和管理制度是商业银行安全稳健经营的组织保证。商业银行必须有健全的组织机构。按照银行决策权、执行权和监督权三权分立的原则,商业银行的内部组织机构一般由权力机构、执行机构和监督机构三部分组成。商业银行还应建立起各项管理制度,包括人事管理制度、业务审批制度、资产负债管理制度、风险管理制度、结算管理制度、财务管理制度、内部稽核制度等。

(5) 有符合要求的营业场所、安全防范措施和与业务有关的其他设施。作为经营货币的特殊企业,商业银行必须具有符合要求的营业场所,采取防盗、报警、消防等必要的安全防范措施并配备与业务有关的其他设施如通讯设备、电脑、点钞机、取款机等,这些都是商业银行正常开展业务所必不可少的。值得注意的是,伴随着互联网的飞速发展,商业银行的营业场所也不再拘泥于实体网点。2014 年 7 月 25 日,深圳前海微众银行作为一家没有营业网点和营业柜台的互联网民营银行被正式批准筹建。2015 年 1 月 4 日,李克强总理在深圳前海微众银行敲下电脑回车键,完成了该银行的第一笔放贷业务。

(6) 应当符合其他审慎性条件。设立商业银行,除应符合上述法律明确规定的条件外,还应符合监管部门根据商业银行审慎经营的需要所确定的其他条件。这些条件,从内容上说主要涉及风险管理、内部控制、资本充足率、资产质量、损失准备金、风险集中、关联交易、资产流动性等方面的条件和要求。

(三) 设立商业银行的程序

商业银行的设立程序可分为筹建申请、开业申请和申领证照三个程序。

1. **筹建申请**

设立商业银行,申请人应当向国务院银行业监督管理机构提出申请,并提交下列文件、资料:①申请书,应当载明拟设立的商业银行的名称、所在地、注册资本、业务范围等;②可行性研究报告;③国务院银行业监督管理机构规定提交的其他文件、资料。

国有商业银行法人机构、股份制商业银行法人机构的筹建申请,应当由发起人各方共同向银监会提交,并由银监会受理、审查并决定。银监会自受理之日起4个月内作出批准或不批准的书面决定。城市商业银行法人机构的筹建申请,应当由发起人各方共同向拟设地银监局提交,经拟设地银监局受理并初步审查,最后由银监会审查并决定。银监会自收到完整申请材料之日起4个月内作出批准或不批准的书面决定。中资商业银行法人机构的筹建期为批准决定之日起6个月。例如,2017年10月30日,中国银监会作出关于筹建张家口农村商业银行股份有限公司的批复,同意筹建张家口农村商业银行股份有限公司,并要求该行筹建工作小组自批复之日起6个月内完成筹建工作。

2. 开业申请

商业银行筹建就绪,其筹建申请经审查符合规定的,申请人应当填写正式申请表,并提交下列文件、资料:①章程草案;②拟任职的董事、高级管理人员的资格证明;③法定验资机构出具的验资证明;④股东名册及其出资额、股份;⑤持有注册资本5%以上的股东的资信证明和有关资料;⑥经营方针和计划;⑦营业场所、安全防范措施和与业务有关的其他设施的资料;⑧国务院银行业监督管理机构规定的其他文件、资料。

国有商业银行、股份制商业银行法人机构的开业申请应当向银监会提交,由银监会受理、审查并决定。银监会自受理之日起2个月内作出核准或不予核准的书面决定。城市商业银行法人机构的开业申请应当向所在地银监局提交,由所在地银监局受理、审查并决定。银监局自受理之日起2个月内作出核准或不予核准的书面决定,抄报银监会。例如,2015年8月14日,中国银监会海南监管局作出关于海南银行股份有限公司开业的批复,同意海南银行股份有限公司开业,并要求银行筹建工作组应自批复之日起10日内申领金融许可证。

3. 申领证照

中资商业银行法人机构应当在收到开业核准文件并按规定领取金融许可证后,根据工商行政管理部门的规定办理登记手续,领取营业执照。营业执照的签发日期,为商业银行的成立日期。国有商业银行、股份制商业银行法人机构应当自领取营业执照之日起6个月内开业。未能按期开业的,应当在开业期限届满前 1 个月向银监会提交开业延期报告。开业延期不得超过 1 次,开业延期的最长期限为 3 个月。城市商业银行法人机构应当自领取营业执照之日起 6 个月内开业。未能按期开业的,应当在开业期限届满前 1 个月向所在地银监局提交开业延期报告。开业延期不得超过一次,开业延期的最长期限为 3 个月。中资商业银行法人机构未在规定期限内开业的,开业核准文件失效,由决定机关办理开业许可注销手续,收回其金融许可证,并予以公告。

(四)商业银行分支机构的设立

我国商业银行实行的是总分行制。商业银行根据业务需要可以在中华人民共和国境内外设立分支机构,分支机构包括分行、支行、办事处、分理处、储蓄所等。我国对商业银行实行全行一级法人制,各商业银行是独立的法人,而商业银行分支机构则不具有法人资格,须在总行授权范围内依法开展业务,其民事责任亦由总行承担。商业银行对其分支机构实行全行统一核算、统一调度资金、分级管理的财务制度。

设立分支机构必须经国务院银行业监督管理机构审查批准。在我国境内的分支机构,不按行政区划设立。商业银行在我国境内设立分支机构,应当按照规定拨付与其经营规模相适应的营运资金额。拨付各分支机构营运资金额的总和,不得超过总行资本金总额的 60%。

设立商业银行分支机构,申请人应当向国务院银行业监督管理机构提交下列文件、资料:①申请书,申请书应当载明拟设立的分支机构的名称、营运资金额、业务范围、总行及分支机构所在地等;②申请人最近 2 年的财务会计报告;③拟任职的高级管理人员的资格证明;④经营方针和计划;⑤营业场所、安全防范措施和与业务有关的其他设施的资料;⑥国务院银行业监督管理机构规定的其他文件、资料。经批准设立的商业银行分支机构,由国务院银行业监督管理机构颁发经营许可证,并凭该许可证向工商行政管理部门办理登记,领取营业执照。分支机构自取得营业执照之日起无正当理由超过 6 个月未开业的,或者开业后自行停业连续 6 个月以上的,由国务院银行业监督管理机构吊销其经营许可证,并予以公告。

二、商业银行的变更

商业银行从名称到资本的任何变化,都可能对存款人和金融市场产生一定的影响,所以,法律要求商业银行的变更应当经国务院银行业监督管理机构批准。具体来说,商业银行有下列变更事项之一的,应当经国务院银行业监督管理机构批准:①变更名称;②变更注册资本;③变更总行或者分支行所在地;④调整业务范围;⑤变更持有资本总额或者股份总额5%以上的股东;⑥修改章程;⑦国务院银行业监督管理机构规定的其他变更事项。此外,商业银行更换董事、高级管理人员时,应当报经国务院银行业监督管理机构审查其任职资格。例如,2017年11月27日,中国银监会作出关于中国银行修改公司章程的批复,同意该行对公司章程的部分条款进行修改。再如,2017年7月20日,中国银监会作出关于兴业银行变更注册资本的批复,同意该行将注册资本由人民币19 052 336 751元增加至20 774 190 751元。

三、商业银行的组织形式和组织机构

《商业银行法》第17条规定:商业银行的组织形式、组织机构适用《中华人民共和国公司法》的规定。我国《公司法》规定了两种形式的公司,一种是有限责任公司,另一种是股份有限公司,因此,我国商业银行的组织形式也可分为两种,即有限责任公司形式的商业银行和股份有限公司形式的商业银行。实践中,中资银行大多为股份有限公司,而外资银行大多为有限责任公司。

组织机构方面,我国《公司法》要求有限责任公司应依法设立股东会、董事会和监事会,一人有限公司不设股东会;股份有限公司应依法设立股东大会、董事会和监事会,商业银行应严格按照《公司法》的要求,建立自己的组织机构。

第三节　商业银行业务法

一、存款业务

(一) 存款的概念及分类

1. 存款的概念

存款是指存款人(客户)在银行等金融机构账户上存入的货币资金。存款

有时也被理解为"存款业务",即银行等金融机构收受存款人的货币资金,而对存款人负即期或定期偿付义务的负债业务。吸收各类存款是商业银行负债业务的最基本部分,同时它也是商业银行资产业务的主要基础,直接影响银行的经营规模和经营水平的高低。

2. 存款的分类

对存款,依据不同的标准,通常分成以下几类。

(1)根据存款人性质的不同,分为单位存款和个人储蓄存款。单位存款是各级财政金库和机关、企业、事业单位、社会团体、部队等机构,将货币资金存入银行等存款机构所形成的存款,具有强制性。个人储蓄存款是公民个人将自己的合法货币资金存入储蓄机构而形成的存款,具有自愿性。

(2)按照存款期限和提取方式的不同,分为活期存款、定期存款及定活两便存款。活期存款是指不受期限限制,可以随时办理的存款。活期存款又可分为结算存款和活期储蓄存款,前者为单位或个人为办理结算业务而存入的款项,后者是公民个人零星存入,不确定期限,可随时存取的储蓄存款。定期存款是指存款人与银行等存款机构事先约定存款期,到期支取的存款。定活两便存款是指存款人与银行等存款机构约定,在一定期限内存款人支取,按活期支付利息;而超过一定期限支取,则按定期存款支付利息。

(3)根据存款币种的不同,分为人民币存款和外币存款。人民币存款是存款人将人民币资金存入银行所形成的存款,外币存款则是外币资金形成的存款。

此外,还有其他一些存款种类。如:通知存款,即存款人须事先通知才能支取的存款;信托存款,即在特定的资金来源范围内由金融信托投资机构办理的存款;委托存款,即委托人委托金融信托投资机构对其指定的对象或项目发放贷款或投资而存入的存款。在经济学上,还将存款划分为原始存款和派生存款。

(二)存款合同

存款合同是存款人和银行等存款机构之间订立的明确相互间权利义务关系的协议,根据这一协议,存款人有义务将货币资金存入银行,而银行则有义务依法归还本金并支付利息。存款合同的主体分别为存款人和存款机构。就存款人而言,我国法律对存款人的身份并无严格限制,国家机关、企事业单位、社会团体、公民个人等都可以成为存款人;但就存款机构而言,则有严格限制,因为我国对存款业务实行的是特许经营制,只有经国务院银行业监督管理机构批准,具有存款业务经营资格的金融机构才能开展存款业务。目前这些机构主要有商业银行、农村合作银行、村镇银行、信用合作社等。存款合同的内容具有标准性。由于存款业务是银行等存款机构经特许而经营的,存取业务量巨大,故存款合同一般采用银行制定的格式合同。存款人只能在规定的存款品种中进行选择,不能按自己的意志决定合同内容。

存款合同的成立与生效具有重要的法律意义。我国《合同法》第13条规定:"当事人订立合同,采取要约、承诺方式。"存款合同的成立也必须经过要约和承诺两个阶段。存款人填写存款凭条或各种转账凭证应是要约;银行收妥存款资金入账,并向存款人出具存单(折)或进账单等则是承诺。由于存款合同是实践合同,故存款合同须在存款人交付款项后方能成立。根据合同法,依法成立的合同,自成立时生效,当事人对合同的效力可以约定附条件或附期限,因此如无特别约定,存款合同成立的时间也就是合同生效的时间。

2012年8月,米某因急需贷款而轻信了一条提供贷款的诈骗信息,对方要求他缴纳3万元的利息,并到银行将钱存入指定账户。同月21日,米某来到重庆市一家银行的柜台办理3万元的异地存款业务,并在银行提供的存款凭条背面填写了自己的姓名及身份证号码,在客户备填项目填写了账号、联系电话等。填写完毕之后,米某将自己的身份证及3万元钱交给银行工作人员。银行工作人员进行验钞及电脑操作的过程中,米某一直在通过电话与诈骗人进行联系,等待诈骗者来到柜台将贷款支付给自己。然而,诈骗者迟迟未出现,这时米某醒悟过来,遂以被骗为由拒绝履行汇款的最后一道手续——在存款凭条上签字确认。银行工作人员当即查询该笔存款,发现款项已经被对方在异地取走。因认为自己尚未在存款凭条下方的签名确认处签名,存款合同尚未生效,米某将银行告上法院要求退款。法院审理后认为,米某将填写好的存款凭条及款项交予银行工作人员,银行工作人员开始办理业务后,就表明双方储蓄存款合同已成立并生效,因此米某要求银行退还3万元存款的诉讼请求不能成立。

(案例来源:中国法院网.未在存款单上签字储户可否要求银行退款?[EB/OL].[2013/08/22]. http://www.chinacourt.org/article/detail/2013/08/id/1051786.shtml)

（三）存款制度的基本原则

我国存款制度的基本原则,除前述存款业务特许经营原则外,还包括:

（1）依法缴存存款准备金原则。法律要求吸收存款的银行业金融机构应按规定比例缴存存款准备金,具体比例因金融机构类别及央行政策导向的不同而不同。

（2）存款利率依法确定并公告原则。利率又称利息率,表示一定时期内利息量与本金的比率。存款是商业银行资金的主要来源,也是银行对存款人的一种负债,因此存款利率的高低显然直接关系到商业银行和存款人的利益,而且利率作为货币资金的价格,利率的变动也会对整个经济产生重大影响,因此对存款利率做适当的管制与调控有其合理性。《商业银行法》第 31 条规定:"商业银行应当按照中国人民银行规定的存款利率的上下限确定存款利率,并予以公告。"值得注意的是,伴随着利率市场化的推进,存款利率管制也会逐步放松乃至消除。2015 年 10 月 23 日,中国人民银行在宣布下调金融机构人民币贷款和存款基准利率的同时,还宣布对商业银行和农村合作金融机构等不再设置存款利率浮动上限,我国利率市场化改革进入一个新的阶段。

（3）保护存款人合法权益原则。保护存款人合法权益首先要求银行应保证存款本金和利息的支付。无论银行吸收的是个人储蓄存款,还是单位存款,与存款人之间都形成存款合同关系。在存款合同中,存款人将其货币资金占有、使用的权利在一定期限内让渡给银行,从而成为银行的债权人,因此对银行而言,保证存款本金及利息的支付就是其理当履行的义务。如果银行不能保证存款本金及利息的支付,则不仅会造成存款人的经济损失,可能影响社会安定,而且也会损害银行自身的信誉,不利于银行的稳定与发展,因此《商业银行法》第 33 条明确规定,商业银行应当保证存款本金和利息的支付,不得拖延、拒绝支付存款本金和利息。商业银行违反保证支付义务,则应承担相应的法律责任。根据《商业银行法》第 73 条第 1 款第 1 项的规定,商业银行无故拖延、拒绝支付存款本金和利息,对存款人或者其他客户造成财产损害的,应当承担支付迟延履行的利息以及其他民事责任。保护存款人合法权益还要求银行承担为存款人保密的义务,对诸如存款金额、账号、户名等与存款有关的信息银行都必须严格保守秘密,不得擅自对外披露。

2008 年 5 月上旬,案外人徐某和被告银行的客户经理陈某虚构该行销售年息高达 16% 的一年期定期储蓄产品,诱骗原告俞某前往该行存款。在办理开户手续时,陈某偷偷代原告开通了"网上银行"并领取了 U 盾,却仅将一张银行卡及一本加盖被告银行印章的理财金账户活期对账簿交由原告。同月 14 日,原告与陈某、徐某签订一份《委托书》,约定由原告存入被告银行 2 500 万元。陈某以被告委托代理人的名义在该合同上签字,并利用职务之便,在合同上偷盖了银行的业务章。原告将 2 091 万元存入上述账户,徐某则将承诺的所谓"高额息差"409 万元转入该账户。后徐某利用冒领的 U 盾登录网上银行,将 2 500 万元转账支取后供个人挥霍。事发后,徐某、陈某等人因诈骗罪被法院判刑。原告以存单到期被告未兑付为由起诉至上海市杨浦区人民法院,请求法院判令被告兑付其存款本金 2 500 万元及相应利息。法院一审判决银行返还俞某存款本金 2 091 万元并支付相应利息。银行不服,提起上诉。二审法院经审理认为,本案中原告在被告银行处开户、存款,与银行建立了储蓄存款合同关系。银行应当按照约定支付本息,并履行保证储户存款安全的义务。陈某以银行客户经理身份在银行营业场所和营业时间为俞某提供服务,系代表银行的行为。即便陈某无办理开户的权限,银行内部有办理开户业务权限的人员应当了解陈某的职责范围,其在发现陈某持有客户开户申请资料和身份证原件代办开户手续时,理应要求客户本人到场核实,但其却违规办理,并将银行卡、U 盾等直接交给陈某,对此,银行显然存在过错。关于银行提出俞某为追求高额利息导致资金被骗的抗辩,法院认为,俞某追求高额利息与涉案款项被骗并无必然的因果关系,只要银行按照规定的开户流程办理开户业务,案外人徐某就无法获取与原告账户相关联的 U 盾,更无法在原告不知情的情况下将其账户资金转走。俞某从案外人处收取高额利息也并不影响俞某与银行之间储蓄存款合同的成立与生效。根据已查明事实,俞某账户中 409 万元系犯罪分子存入,属于为骗取俞某账户控制权而支付的高额利息,故该款项理应从存款本金中扣除。二审判决驳回上诉,维持原判。

(案例来源:上海市第二中级人民法院民事判决书(2013)沪二中民六(商)终字第 8 号)

(四)储蓄存款规则

1. 办理个人储蓄存款业务的原则

储蓄存款是个人将其所有的人民币或外币存入银行等储蓄机构而形成的存

款。立法保护个人储蓄存款是世界各国通行的做法,我国也不例外。《商业银行法》第29条第1款规定了商业银行办理个人储蓄存款时应遵循的原则,即"存款自愿、取款自由、存款有息、为存款人保密"。所谓"存款自愿"是指参加储蓄存款是个人自觉自愿的行为,是否存,存多少,存多久,存在哪,都应该由个人自主决定,储蓄机构和其他任何单位不得以任何方式加以强迫和干涉。所谓"取款自由"是指参加储蓄存款的存款人(储户)要求支取存款时,只要符合法律规定和双方的约定,储蓄机构就必须保证付款,不得以任何理由拒绝兑付或拖延兑付,不得查询存款人支取存款的目的和用途。所谓"存款有息"是指储蓄机构对个人的储蓄存款必须按照国家规定的利率,根据储蓄存款的种类和期限向存款人计付利息。所谓"为储户保密"是指储蓄机构对储蓄存款的数额、账号、户名、地址、工作单位、存取状况、密码、预留印鉴式样等必须严格保守秘密,非经法定情况,不得向外泄露。

2. 储蓄存款业务规则

(1) 开户规则

我国自2000年4月1日起实行储蓄实名制。个人在金融机构开立个人存款账户时,应当出示本人身份证件,使用身份证件上的姓名(实名)。代理他人在金融机构开立个人存款账户的,代理人应当出示被代理人和代理人的身份证件。不出示本人身份证件或不使用身份证件上的姓名(实名)的,金融机构不得为其开立个人存款账户。实行储蓄实名制的主要目的是为了保证个人存款账户的真实性,保护存款人的合法权益。此外,实行个人存款实名制也有利于遏制公款私存、"洗黑钱"等违法行为,打击经济犯罪。

(2) 提前支取规则

存款人支取未到期的定期储蓄存款,必须持存单和本人居民身份证明(居民身份证、户口簿、军人证、外籍储户凭护照、居住证)办理。代他人支取未到期定期存款的,代支取人还必须出具其居民身份证明。储蓄机构对符合条件的提前支取者,验证存单开户人姓名与证件姓名一致后,即可允许支取该未到期存款。

(3) 挂失规则

可以挂失的存单范围,仅限于记名式存单。可以申请挂失的主体,以储户本人为原则,以代理挂失为例外,委托他人代为办理挂失手续只限于代为办理挂失申请手续,挂失申请手续办理完毕后,储户必须亲自到储蓄机构办理补领新存单或支取存款手续。挂失申请应书面向银行提出挂失申请,提供姓名、存款时间、种类、金额、账号及住址等存款信息,并由其本人在申请书上签章。如果储户不能办理书面挂失手续,而用电话、电报、信函挂失,则必须在挂失5天之内补办书面挂失手续,否则挂失不再有效。银行在确认该笔存款未被支取的前提下,可受理挂失,挂失7天后若无人提出异议,银行可为申请人办理补领新存单或支取存款手续。

(4)查询、冻结、扣划规则

为保护储户的合法权益,《商业银行法》第29条第2款规定:"对个人储蓄存款,商业银行有权拒绝任何单位或者个人查询、冻结、扣划,但法律另有规定的除外。"这里的"法律"是严格意义上的法律,即由全国人民代表大会或其常务委员会通过,由国家主席以主席令予以发布的规范性文件。根据我国现行有关法律,有权查询、冻结、扣划个人储蓄存款的单位,只有人民法院、税务机关和海关;有权查询、冻结个人储蓄存款的单位有公安机关、检察机关、国家安全机关、军队保卫部门、监狱、走私犯罪侦查机关、证券监督管理机构、国务院反洗钱行政主管部门(中国人民银行);有权查询个人储蓄存款的单位有银行业监督管理机构、保险监督管理机构和反垄断执法机构。除上述法定单位外,其他任何单位或个人都无权查询、冻结或扣划个人储蓄存款。

(5)存款人死亡后存款的过户或支取规则

① 存款人死亡后,合法继承人为证明自己的身份和有权提取该项存款,应向储蓄机构所在地的公证处(未设公证处的地方向县、市人民法院——下同)申请办理继承权证明书,储蓄机构凭以办理过户或支付手续。该项存款的继承权发生争执时,由人民法院判处。储蓄机构凭法院的判决书、裁定书或调解书办理过户或支付手续。

② 存款人已死亡,但存单持有人没有向储蓄机构申明遗产继承过程,也没有持所在地法院判决书,直接去储蓄机构支取或转存存款人生前的存款,储蓄机构都视为正常支取或转存,事后而引起的存款继承纠纷,储蓄机构不负责任。

③ 在国外的华侨和港澳台同胞等在国内储蓄机构的存款或委托银行代为

保管的存款,原存款人死亡,其合法继承人在国内者,凭原存款人的死亡证明向储蓄机构所在地的公证处申请办理继承权证明书,储蓄机构凭以办理存款的过户或支付手续。

④ 在我国定居的外国公民(包括无国籍者),存入我国储蓄机构的存款,其存款过户或提取手续,与我国公民存款处理手续相同,照上述规定办理。与我国订有双边领事协定的外国侨民应按协定的具体规定办理。

⑤ 继承人在国外者,可凭原存款人的死亡证明和经我国驻该国使、领馆认证的亲属证明,向我国公证机关申请办理继承权说明书,储蓄机构凭以办理存款的过户或支付手续。继承人所在国如系禁汇国家,按上述规定办理有困难时,可由当地侨团、友好社团和爱国侨领、友好人士提供证明,并由我国驻所在国使领馆认证后,向我国公证机关申请办理继承权说明书,储蓄机构再凭以办理存款的过户或支付手续。继承人所在国如未与我国建交,应根据特殊情况特殊处理。居住国外的继承人在我国内储蓄机构的存款,能否汇出国外,按我国外汇管理条例的有关规定办理。

⑥ 存款人死亡后,无法定继承人又无遗嘱的,经当地公证机关证明,按财政部门规定,全民所有制企事业单位、国家机关、群众团体的职工存款,上缴国库或转归集体所有的存款不计利息。

(四) 单位存款规则

1. **办理单位存款业务的原则**

所谓单位存款,是指个人储蓄存款以外的所有存款,包括企业存款和财政性存款,我国银行业务中习惯上称为对公存款。我国对单位存款实行强制存入原则。凡在银行或其他金融机构(统称开户银行)开立账户的机关、团体、部队、企业、事业单位和其他单位(统称开户单位),应将所收入的现金,于当日送存开户银行,当日送存确有困难的,按其开户银行确定的时间送存,不得擅自保存,不得"坐支现金"(即将收入的现金直接用于支付),也不得以个人名义存入储蓄机构。

2. **单位存款业务规则**

(1) 支取和使用规则。

单位存款的支取和使用要受到开户银行的监督,具体体现在:①零星开支现金限额制。开户银行根据实际需要,核定开户单位3~5天的日常零星开支所需现金限额;边远地区和交通不便地区开户单位,可以多于5天,但不超过15天日常零星开支。②支取现金严格限制。单位支取现金需在规定范围内,结算起点以下,超过额度的,只能采用转账结算的方式。③定期存款结算制。到期的单位定期存款,只能以转账方式将存款转入其基本存款账户,不能用于结算或支取现金。④支取存款时填明用途。单位提取和使用存款时,应在有关结算凭证上填明用途。

（2）查询、冻结、扣划规则。

为保护单位存款人的合法权益,《商业银行法》第30条规定:"对单位存款,商业银行有权拒绝任何单位或者个人查询,但法律、行政法规另有规定的除外;有权拒绝任何单位或者个人冻结、扣划,但法律另有规定的除外。"由此可见,查询单位存款可以基于法律或行政法规的规定,但冻结、划扣单位存款只有法律才有权规定。根据我国现行有关法律,有权查询、冻结、扣划个人单位存款的单位,只有人民法院、税务机关和海关;有权查询、冻结单位存款的单位有公安机关、检察机关、国家安全机关、军队保卫部门、监狱、走私犯罪侦查机关、证券监督管理机构、国务院反洗钱行政主管部门(中国人民银行);有权查询单位存款的单位有银行业监督管理机构、保险监督管理机构、反垄断执法机构、审计机关、监察机关(包括军队监察机关)、工商行政管理部门、国务院外汇管理部门、期货监督管理部门、财政部门及其派出机构。除上述法定单位外,其他任何单位或个人都无权查询、冻结或扣划单位存款。

二、贷款业务

（一）贷款的概念和分类

1. 贷款的概念

贷款是指金融机构(主要是商业银行)处于债权人的地位,在按约定偿还本息的条件下,将货币资金贷给他人的一种资产业务。另外,贷款一词也常指贷款人向借款人贷放的货币资金。贷款是商业银行最主要的一种资产业务,也是银行利润的重要来源,因此依法规范银行贷款业务具有重要意义。

2. 贷款的种类

贷款依据不同的标准,主要可以有以下几种分类。

（1）按贷款期限来分，可分为短期贷款、中期贷款与长期贷款。短期贷款是指贷款期限在1年以内（含1年）的贷款；中期贷款是指贷款期限在1年以上（不含1年）5年以下（含5年）的贷款；长期贷款是指贷款期限在5年（不含5年）以上的贷款。

（2）按贷款有无担保及担保方式来分，可分为信用贷款及担保贷款。信用贷款是指基于借款人的信誉而发放的贷款，这种贷款没有担保，风险由银行或金融机构承担。担保贷款是指贷款人向借款人发放贷款时，要求借款人提供相应担保的贷款，包括保证贷款、抵押贷款和质押贷款。保证贷款，是指第三人承诺在借款人不能偿还贷款时，按约定承担一般保证责任或者连带保证责任为前提而发放的贷款；抵押贷款，是指以借款人或者第三人的财产作为抵押财产发放的贷款，债权人在借款人不履行到期债务时对该抵押财产有优先受偿的权利；质押贷款，是指以借款人或第三人的动产或权利作为质押财产发放的贷款。

（3）按贷款资金来源与风险承担方式来分，可分为自营贷款、委托贷款。自营贷款是指贷款人用自己合法筹集的资金发放的贷款，贷款人自己承担风险，自己收回贷款的本金和利息。委托贷款是指由单位或个人等作为委托人提供贷款资金，由受托人（银行）根据委托人确定的贷款对象、用途、金额、期限、利率等代为发放、监督使用并协助收回的贷款，其风险由委托人承担，贷款人（即受托人）收取手续费，不得代垫资金。由此可见自营贷款与委托贷款的区别，主要体现在以下两方面：一是资金来源不同。自营贷款的资金来源是贷款人（银行）自己合法筹集的资金；委托贷款的资金来源于委托人。二是贷款风险承担的主体不同。自营贷款的风险承担主体为贷款人（银行）；委托贷款的风险承担主体为委托人，银行作为受托人一般不承担贷款风险。2018年1月，银监会发布《商业银行委托贷款管理办法》对商业银行的委托贷款业务进行全面系统的规范，填补了委托贷款监管制度的空白。办法明确：商业银行作为受托人，按照权责利匹配原则提供服务，不得代委托人确定借款人，不得参与贷款决策，不得提供各种形式的担保；委托人应自行确定委托贷款的借款人，对借款人资质、贷款项目等进行审查，并承担委托贷款的信用风险。在资金用途上，委托贷款资金不得用于生产、经营或投资国家禁止的领域和用途，不得从事债券、期货、金融衍生品、资产管理产品等投资，不得作为注册资本金、注册验资，不得用于股本权益性投资或增资扩股等。

2010年9月至2011年4月间，甲公司三次向乙公司提出借款要求。2010年10月8日、2010年11月16日、2011年4月20日，乙公司三次与某银行签订《委托贷款委托合同》，约定乙公司委托银行向甲公司分别发放贷款11 500万元、33 000万元、40 000万元。2010年10月8日、2010年11月16日、2011年4月20日，甲公司三次与银行签订《委托贷款借款合同》，约定贷款金额分别为11 500万元、33 000万元、40 000万元，三笔贷款期限均为一年。银行于2010年10月8日、2010年11月16日、2011年4月20日分别发放委托贷款11 500万元、33 000万元、40 000万元。11 500万元和33 000万元两笔贷款到期后，甲公司未依约履行偿还义务，乙公司认为甲公司存在违约行为，对未到期的贷款40 000万元也应提前收回，遂于2011年11月22日向法院提起诉讼。最高人民法院二审判决甲公司偿还乙公司借款本金84 500万元及利息。甲公司不服，向最高人民法院申请再审称：①乙公司与银行之间是委托贷款关系，银行与甲公司之间是借款关系，两者属不同法律关系，乙公司不应直接以甲公司为被告提起诉讼；②本案《委托贷款合同》名为"委托贷款"，实为企业间借款，其行为违反我国法律的强制性规定，应认定合同无效。最高人民法院再审认为，本案中甲公司知道涉案贷款系乙公司委托银行发放的事实，且其间没有关于回收贷款权利由谁行使的特殊约定，因此乙公司有权直接以甲公司为被告提起诉讼并向其主张权利。乙公司、银行、甲公司通过签订《委托贷款委托合同》及《委托贷款借款合同》建立的是委托贷款法律关系，是各方当事人之间的真实意思表示，内容不违反我国法律法规的规定，应为有效。最高人民法院裁定驳回甲公司的再审申请。

（案例来源：最高人民法院民事判决书（2012）民二终字第131号；最高人民法院民事裁定书（2014）民申字第57号）

（二）借款合同

1. 借款合同的主体

贷款的发放要求贷款人与借款人签订借款合同（贷款合同）。根据《合同法》第196条，借款合同是借款人向贷款人借款，到期返还借款并支付利息的合同。借款合同的主体是借款人和贷款人。根据《贷款通则》，借款人应当是经过工商行政管理部门(或有关主管机关)核准登记的企事业法人、其他经济组织、个体工商户或具有我国国籍的具有完全行为能力的自然人;贷款人应当是经批准依法有权经营贷款业务的银行或非银行金融机构,如商业银行、信托投资公司、信用合作社等。除自然人借款外,过去对法人或其他组织的借贷行为通常认定为无效,不利于满足法人或其他组织合理的资金需求,也抑制了民间金融的发展。2015年8月6日,最高人民法院发布《关于审理民间借贷案件适用法律若干问题的规定》,自2015年9月1日起施行。根据此民间借贷司法解释,法人之间、其他组织之间以及它们相互之间为生产、经营需要订立的民间借贷合同,除下述两种情形外,均为有效。一种是存在合同法第52条规定的无效合同情形;另一种是存在本司法解释第14条规定的无效情形,具体包括:①套取金融机构信贷资金又高利转贷给借款人,且借款人事先知道或者应当知道的;②以向其他企业借贷或者向本单位职工集资取得的资金又转贷给借款人牟利,且借款人事先知道或者应当知道的;③出借人事先知道或者应当知道借款人借款用于违法犯罪活动仍然提供借款的;④违背社会公序良俗的;⑤其他违反法律、行政法规效力性强制性规定的。

2. 借款合同的主要条款

借款合同的内容包括借款种类、币种、用途、数额、利率、期限和还款方式等条款。借款人应严格按合同期限规定,到期还本付息。如果借款人不能如期还本付息,应事先向贷款人申请贷款展期,即申请延长贷款期限。贷款展期应符合以下条件:①借款人必须在贷款到期日之前向贷款人提出展期申请;②是否同意展期,由贷款人决定;③申请保证贷款、抵押贷款、质押贷款展期的,还应当由保证人、抵押人、出质人出具同意的书面证明,已有约定的,按照约定执行。④短期贷款展期期限不得超过原贷款期限;中期贷款展期期限累计不得超过原贷款期限的一半;长期贷款展期期限累计不得超过3年。

3. 借款合同当事人的权利与义务

借款合同的当事人为借款人和贷款人。《贷款通则》对借款人和贷款人的权利义务分别进行了规定。

借款人的权利包括:①自主向主办银行或者其他银行的经办机构申请贷款并依条件取得贷款;②有权按合同约定提取和使用全部贷款;③有权拒绝借款合

同以外的附加条件;④有权向贷款人的上级和中国人民银行反映、举报有关情况;⑤在征得贷款人同意后,有权向第三人转让债务。

借款人的义务包括:①应当如实提供贷款人要求的资料(法律规定不能提供者除外),应当向贷款人如实提供所有开户行、账号及存贷款余额情况,配合贷款人的调查、审查和检查;②应当接受贷款人对其使用信贷资金情况和有关生产经营、财务活动的监督;③应当按借款合同约定用途使用贷款;④应当按借款合同约定及时清偿贷款本息;⑤将债务全部或部分转让给第三人的,应当取得贷款人的同意;⑥有危及贷款人债权安全的情况时,应当及时通知贷款人,同时采取保全措施。

贷款人的权利包括:①要求借款人提供与借款有关的资料;②根据借款人的条件,决定贷与不贷、贷款金额、期限和利率等;③了解借款人的生产经营活动和财务活动;④依合同约定从借款人账户上划收贷款本金和利息;⑤借款人未能履行借款合同规定义务的,贷款人有权依合同约定要求借款人提前归还贷款或停止支付借款人尚未使用的贷款;⑥在贷款将受或已受损失时,可依据合同规定,采取使贷款免受损失的措施。

2015年12月2日,原告甲某通过中介机构向乙银行申请抵押贷款。双方合同中约定"借款人发生足以影响贷款安全的重大不利情形的,贷款人有权不发放或暂停发放合同项下的贷款"。2016年1月6日,乙银行得悉甲某因移民欲离职,要求甲某提供相应证明,至13日甲某仍予以否认,乙银行表示不能放贷。甲某起诉至法院,要求乙银行继续放款。法院查明,甲某于2015年10月20日前因移民向公司递交辞职报告,12月25日完成移交手续,明确薪资结算到2016年1月18日。法院认为,甲某已从原单位离职,相关报告上载明离职原因是移民。鉴于工资收入是甲某用以按期归还贷款的主要来源,现甲某已从原单位离职且未有新工作,乙银行有足够理由怀疑其还款能力;如若甲某移民,亦属于足以影响乙银行是否放贷的情形。根据以上事实,加之双方合同中约定"借款人发生足以影响贷款安全的重大不利情形的,贷款人有权不发放或暂停发放合同项下的贷款",故乙银行拒绝向甲某放贷具有事实基础和法律依据,判决对甲某的诉讼请求不予支持。一审判决后,双方均未上诉,判决已生效。

(案例来源:上海市黄浦区人民法院民事判决书(2016)沪0101民初5000号)

贷款人的义务包括:①应当公布所经营的贷款的种类、期限和利率,并向借款人提供咨询;②应当公开贷款审查的资信内容和发放贷款的条件;③贷款人应当审议借款人的借款申请,并及时答复贷与不贷。短期贷款答复时间不得超过1个月,中期、长期贷款答复时间不得超过六个月;国家另有规定者除外;④应当对借款人的债务、财务、生产、经营情况保密,但对依法查询者除外。

(三)银行贷款业务的基本规则

1. 符合国家政策规则

《商业银行法》第34条规定:"商业银行根据国民经济和社会发展的需要,在国家产业政策指导下开展贷款业务。"商业银行的贷款业务之所以要符合国家政策,主要有以下几方面的原因:一是商业银行作为经营货币这种特殊商品的企业,其经营活动对社会经济生活影响很大,因此商业银行应比一般企业承担更多的社会责任;二是商业银行的经营风险包括政策性风险,因此商业银行在开展贷款业务时如果符合国家政策则有利于保障其自身利益,减少经营风险,而逆国家政策行事则会加大经营风险,对银行自身的发展也是不利的。

2. 贷款审查规则

为控制信贷风险,商业银行在办理贷款业务时必须对贷款进行审查。审查主要涉及以下两方面:一是对借款人的审查,以确保借款人能够履行还款义务。《商业银行法》第35条第1款明确规定:"商业银行贷款,应当对借款人的借款用途、偿还能力、还款方式等情况进行严格审查。"二是对贷款担保的审查,以确保贷款担保能够起到应有的作用。《商业银行法》第36条第1款规定:"商业银行贷款,借款人应当提供担保。商业银行应当对保证人的偿还能力,抵押物、质物的权属和价值以及实现抵押权、质权的可行性进行严格审查。"

3. 贷款合同规则

商业银行贷款,应当与借款人订立书面合同。合同应当约定贷款种类、借款用途、金额、利率、还款期限、还款方式、违约责任和双方认为需要约定的其他事项。

4. 贷款利率规则

《商业银行法》第38条规定:商业银行应当按照中国人民银行规定的贷款利率的上下限确定贷款利率。我国曾长期实行利率管制,但随着金融体制改革的深入和利率市场化的推进,利率管制也势必会逐步放松乃至消除。经国务院批准,中国人民银行决定,自2013年7月20日起全面放开金融机构贷款利率管制,取消金融机构贷款利率0.7倍的下限,由金融机构根据商业原则自主确定贷款利率水平。

5. 资产负债比例管理规则

商业银行的资产负债比例管理产生于20世纪70年代中期。其观点是商业银行要实现安全性、流动性和效益性的协调与均衡,就必须将银行资产和负债两个方面有机地联系起来,统筹协调两者的各个项目构成,通过对资产和负债比例的科学调节,从而在规避风险的基础上实现收益最大化,实现银行的经营目标。在一些西方商业银行成功实践的影响下,在巴塞尔委员会、各国政府和中央银行的高度重视和积极推动下,资产负债比例管理在全球银行界已越来越普及,并且还将得到进一步的发展。资产负债比例管理也是我国《商业银行法》的核心内容之一,我国《商业银行法》第39条规定,商业银行贷款,应当遵守下列资产负债比例管理的规定:

(1)资本充足率不得低于8%。资本充足率是商业银行持有的、符合规定的资本与商业银行风险加权资产之间的比率,用以衡量商业银行的资本充足程度。资本作为一种风险缓冲剂,具有承担风险、吸收损失、保护商业银行抵御意外冲击的作用,资本充足程度直接决定了商业银行的最终清偿能力和抵御各类风险的能力。因此《商业银行法》规定,商业银行的资本充足率不得低于8%,中国银行业监督管理委员会在此基础上有权进一步细化对商业银行资本监管的要求。根据中国银监会2012年6月7日发布、自2013年1月1日起施行的《商业银行资本管理办法(试行)》的规定,商业银行各级资本充足率不得低于如下最低要求:核心一级资本充足率不得低于5%;一级资本充足率不得低于6%;资本充足率不得低于8%。所谓核心一级资本包括:实收资本或普通股、资本公积、盈余公积、一般风险准备、未分配利润及少数股东资本可计入部分。其他一级资本包括:其他一级资本工具及其溢价及少数股东资本可计入部分。

(2)流动性资产余额与流动性负债余额的比例不得低于25%。这一指标集中体现了商业银行经营所应遵循的安全性与流动性原则的要求。所谓流动性资产是指1个月内(含1个月)可变现的资产,包括库存现金、在中国人民银行存款、存放同业款、国库券、1 个月内到期的同业净拆出款、1 个月内到期的贷款、1 个月内到期的银行承兑汇票、其他证券等。流动性负债则是指 1 个月内(含 1 个月)到期的存款、同业净拆入款。两者之比不得低于 25% 。

（3）对同一借款人的贷款余额与商业银行资本余额的比例不得超过 10% 。商业银行在经营过程中应适当分散风险,防止因风险过度集中而遭受重大损失,因此法律要求对同一借款人的贷款余额不得超过商业银行资本余额的 10% ,即银行不能"把全部鸡蛋放在同一个篮子里"。

（4）国务院银行业监督管理机构对资产负债比例管理的其他规定。除上述法律明确规定的指标外,商业银行还应遵守监管机构有关资产负债比例管理的其他规定。如对最大十家客户发放的贷款总额不得超过银行资本净额的 50% 等。

值得注意的是,我国《商业银行法》曾规定商业银行的贷款余额与存款余额的比例不得超过 75% ,即所谓"存贷比"限制。"存贷比"限制对控制银行贷款规模,保持银行流动性有其积极作用,但另一方面,"存贷比"限制的负面效应也日益显现。特别是近年来银行资产负债多元化,存贷比 75% 的硬性指标,在金融脱媒加速的背景下,被认为是银行高息揽储、存款冲时点、资产表外化的一个重要导火素,因此存贷比的删除也成为《商业银行法》修订过程中呼声最高的内容。2015 年 8 月 29 日,十二届全国人大常委会第十六次会议通过修改商业银行法的决定,将商业银行贷款余额与存款余额的比例不得超过 75% 这一存贷比指标要求予以删除。该决定已自 2015 年 10 月 1 日起正式施行。

6. 关系人贷款规则

许多国家的银行法都对银行向关系人发放贷款作出限制。各国银行法对关系人含义的界定虽然不尽相同,但总体上说,都是指那些与本行有特殊密切关系的人或机构。根据我国《商业银行法》,关系人包括:①商业银行的董事、监事、管理人员、信贷业务人员及其近亲属;②前项所列人员投资或者担任高级管理职务的公司、企业和其他经济组织。由于他们与银行有着密切的关系,银行对其发放贷款时,就可能会出现不严格贯彻各种贷款业务规则的情况,不仅对其他普通客户不公平,同时也会给银行的经营安全留下隐患,因此对商业银行的关系人贷款作出限制是十分必要的。这种限制具体体现在以下两方面:一是商业银行不得向关系人发放信用贷款,二是向关系人发放担保贷款的条件不得优于其他借款人同类贷款的条件。值得注意的是,上述关系人贷款规则,约束的是商业银行,而不是银行客户,因此商业银行违规向关系人发放贷款,应承担相应的行政责任乃至刑事责任,但并不因此导致贷款合同的无效。

在甲公司与乙银行的借款合同纠纷案中,甲公司在一审举证期间提供了1999年公司董事会记录一份,证明乙银行行长闫某又是甲公司的董事,因此甲公司系该行的"关系人"。乙银行向甲公司发放信用贷款,违反《商业银行法》,因而贷款合同应无效。一审法院黑龙江省高级人民法院认为,一次签名并不能证明闫某就是该公司的董事,由于甲公司提供不出能证明闫某是其公司董事的其他有效证据,对其主张不予支持,并认定合同有效,判令甲公司承担还本付息责任。甲公司不服一审判决,向最高人民法院提起上诉。最高人民法院经审理认为,《商业银行法》第四十条是对商业银行贷款业务基本规则的规定,体现了对商业银行业务审慎监管的要求,且《商业银行法》第七十四条明确规定,商业银行有向关系人发放信用贷款等行为的,由国务院银行业务监督管理机构采取责令改正、没收违法所得、罚款、停业整顿或吊销经营许可证等行政处罚措施,因此,甲公司关于向关系人发放信用贷款合同应当无效的主张没有法律依据,本院不予支持。最高人民法院据此判决驳回上诉人相应的上诉请求。

(案例来源:最高人民法院民事判决书(2004)民二终字第19号)

三、其他业务规则

(一) 投资业务

根据我国现阶段的金融发展状况和金融监管水平,为防范金融风险、维护金融稳定,我国目前总体上实行银行业、证券业、保险业、信托业"分业经营、分业监管"的原则,但从国际上看,金融业的混业经营是大势所趋,处于金融开放背景下的我国银行业也必将受此影响。因此《商业银行法》一方面对商业银行在现阶段从事投资业务进行严格限制,另一方面也为商业银行的混业经营留下了必要的空间和余地。具体规定如下:商业银行在中华人民共和国境内不得从事信托投资和证券经营业务,不得向非自用不动产投资或者向非银行金融机构和企业投资，但国家另有规定的除外(《商业银行法》第43条)。由此可见，法律对商业银行投资业务的限制留有较大的余地。表现在：第一，法律规定的商业银行不得从事的投资业务，仅指在中华人民共和国境内。至于在中华人民共和国境外，商业银行能否从事信托投资和证券经营业务，能否向非自用不动产投资或者向非银行金融机构和企业投资，法律未加以限制。第二，即使在中华人民共和国境内，商业银行依照国家的规定，也可以向非自用不动产投资或者向非银行金融机构和企业投资。例如，根据2005年2月20起施行的《商业银行设立基金管理公司试点管理办法》，商业银行可依法设立基金公司。根据2009年11月5日起施行的《商业银行投资保险公司股权试点管理办法》，每家商业银行可依法投资入股一家保险公司。但我们也应该看到，尽管有"国家另有规定的除外"这一但书规定，现行《商业银行法》第43条仍不能满足金融脱媒背景下商业银行综合化经营的需求，因此有必要进一步修改完善。

（二）结算业务

结算业务是商业银行的一项基本业务，也是银行利润的一个重要来源。《商业银行法》第44条规定："商业银行办理票据承兑、汇兑、委托收款等结算业务，应当按照规定的期限兑现，收付入账，不得压单、压票或者违反规定退票。有关兑现、收付入账期限的规定应当公布。"银行在接受客户委托为客户办理结算业务时，如果压单、压票或者违反规定退票，显然侵害了客户的合法权益，而且对银行来说，这种行为尽管可能使银行得以占用客户资金，但却损害了银行的形象和信誉，从长远来看，对银行的可持续发展也是不利的。因此，有必要严肃结算纪律，从法律上严格禁止压单、压票或者违反规定退票的违法行为。商业银行如有上述违法行为，应由国务院银行业监督管理机构责令改正，有违法所得的，没收违法所得，违法所得5万元以上的，并处违法所得1倍以上5倍以下罚款；没有违法所得或者违法所得不足5万元的，处5万元以上50万元以下罚款。对客户造成财产损害的，还应当承担支付迟延履行的利息以及其他民事责任。

结算业务的办理须遵循三项原则：①恪守合同，履约付款。这是《民法总则》"诚实信用"原则和《合同法》"当事人必须全面履行合同"的规定在银行结算中的具体表现。②谁的钱进谁的账，由谁支配。作为资金清算的中介，银行在办理结算时必须遵循委托人的意愿，将资金支付给委托人确定的收款人。③银行不垫款。银行办理结算时只对客户之间的资金转移负责,而不能为客户垫付资金,以防止客户借结算套取银行信用,从而维护银行资金的安全。

（三）同业拆借业务

同业拆借是银行之间利用资金融通过程中的时间差、空间差和行际差来调剂资金头寸的一种短期借贷行为,是商业银行短期借款的一种主要形式。通过同业拆借,头寸不足的银行可以拆入资金以弥补头寸不足,而头寸盈余的银行则可以拆出资金以获得利息收入。同业拆借应遵守中国人民银行的规定。拆出资金限于交足存款准备金、留足备付金和归还中国人民银行到期贷款之后的闲置资金。拆入资金用于弥补票据结算、联行汇差头寸的不足和解决临时性周转资金的需要,禁止利用拆入资金发放固定资产贷款或者用于投资。中国人民银行于 2007 年 7 月发布《同业拆借管理办法》,对同业拆借的市场准入、交易和清算、风险控制、信息披露、监督管理等作出了具体规定。根据规定,同业拆借利率由交易双方自行商定,同业拆借的期限亦由交易双方自行商定,但商业银行拆入资金的最长期限不得超过 1 年。

（四）银行卡业务

银行卡是指由银行发行的具有现金存取、消费信贷、转账结算等功能的新型服务工具,一般可分为借记卡和信用卡。借记卡是指发卡银行向持卡人签发的,没有信用额度,持卡人先存款、后使用的银行卡。信用卡是指记录持卡人账户相关信息,具备银行授信额度和透支功能,并为持卡人提供相关银行服务的各类介质,按是否向发卡银行交存备用金又可分为贷记卡和准贷记卡两类。贷记卡是指发卡银行给予持卡人一定的信用额度,持卡人可在信用额度内先消费、后还款的信用卡。准贷记卡是指持卡人须先按发卡银行要求交存一定金额的备用金,当备用金账户余额不足支付时,可在发卡银行规定的信用额度内透支的信用卡。银行卡的广泛使用不仅减少了现金和支票的流通,而且也成为银行业务的重要组成部分及银行利润的重要来源。

1. 银行卡当事人

银行卡的发行和使用主要涉及三方当事人:

（1）发行银行卡的银行,即发卡银行或发卡人。根据中国银监会 2011 年 1 月发布的《商业银行信用卡业务监督管理办法》,商业银行申请开办信用卡业务,应当满足以下基本条件:①公司治理良好,主要审慎监管指标符合中国银监会有关规定,具备与业务发展相适应的组织机构和规章制度,内部控制、风险管理和问责机制健全有效;②信誉良好,具有完善、有效的内控机制和案件防控体系,最近3年内无重大违法违规行为和重大恶性案件;③具备符合任职资格条件的董事、高级管理人员和合格从业人员。高级管理人员中应当具备有信用卡业务专业知识和管理经验的人员至少1名,具备开展信用卡业务必需的技术人员和管理人员,并全面实施分级授权管理;④具备与业务经营相适应的营业场所、相关设施和必备的信息技术资源;⑤已在境内建立符合法律法规和业务管理要求的业务系统,具有保障相关业务系统信息安全和运行质量的技术能力;⑥开办外币信用卡业务的,应当具有经国务院外汇管理部门批准的结汇、售汇业务资格和中国银监会批准的外汇业务资格(或外汇业务范围);⑦符合中国银监会规定的其他审慎性条件。

(2) 持卡人。持卡人可分单位与自然人。银行不得向未满十八周岁的客户核发信用卡(附属卡除外)。向符合条件的同一申请人核发学生信用卡的发卡银行不得超过两家(附属卡除外)。

(3) 特约商户。特约商户是指与收单机构签订银行卡受理协议、按约定受理银行卡并委托收单机构为其完成交易资金结算的企事业单位、个体工商户或其他组织。根据《商业银行信用卡业务监督管理办法》,收单银行签约的特约商户应当至少满足以下基本条件:①合法设立的法人机构或其他组织;②从事的业务和行业符合国家法律、法规和政策规定;③未成为本行或他行发卡业务服务机构;④商户、商户负责人(或法定代表人)未在征信系统、银行卡组织的风险信息共享系统、同业风险信息共享系统中留有可疑信息或风险信息。收单银行应当加强对特约商户资质的审核,实行商户实名制,不得设定虚假商户。

2. 银行卡法律关系

(1) 发卡银行与持卡人之间的法律关系。发卡银行与持卡人之间的关系是一种合同关系,合同的性质随银行卡性质及银行卡运用方式的不同而不同,一般有以下几种可能性:①储蓄关系。借记卡先存款后使用,借记卡持卡人与发卡银行之间显然存在储蓄关系。信用卡亦具有储蓄功能,持卡人持卡可在发卡银行指定的储蓄所存取款项,同时准贷记卡中的款项视同银行活期储蓄,按活期存款计付利息。②借贷关系。借记卡不允许透支,借记卡持卡人与发卡银行不形成借贷关系。而信用卡持卡人购物消费所支付的款项超过其存款账户余额时,发卡银行允许持卡人在规定的限额内善意透支,即向其提供一种消费信贷,此时持卡人与发卡银行之间就发生借贷关系。③委托关系。持卡人在购物消费中利用银行卡进行转账结算时,发卡银行与持卡人之间就形成委托关系,即持卡人自己不与有关的特约商户办理结算事宜,而是将结算事项委托发卡银行去处理。换言之,持卡人在特约商户购物消费后,特约商户通过其开户银行凭持卡人签字的凭证办理进账手续,发卡银行根据凭证将此款项从持卡人账户中划出。这样,在这种转账结算关系中,持卡人处于委托人的地位,而发卡银行则处于受托人的地位,发卡银行在持卡人授权范围内处理有关结算事务而产生的权利义务由持卡人承担,但发卡银行超越持卡人授权范围活动的法律后果则应由发卡银行自行承担,当然得到持卡人追认的情形可以例外。

(2) 发卡银行与特约商户之间的法律关系。发卡银行与特约商户之间的关系首先是一种委托合同关系,即发卡行委托特约商户按照合同约定受理信用卡,并审查持卡人签名是否真实。但委托合同关系仅是发卡银行与特约商户关系的一部分,双方之间应还存在独立担保关系,即发卡银行向特约商户担保,在收到符合规定使用的信用卡签账单后,一般即应付款予特约商户,而不问持卡人在发卡行是否存有资金,也不问特约商户提供的商品或服务是否存在瑕疵。发卡银行向特约商户偿还后,即有权向持卡人请求偿还,持卡人一般也不得以特约商户提供的商品或服务存在瑕疵作为抗辩。

(3) 持卡人与特约商户之间的法律关系。持卡人到特约商户处购物或消费,他们之间形成买卖合同关系或劳务合同关系,但他们并没有就使用信用卡直接达成协议。特约商户是发卡银行指定的,它只是发卡银行的代理人,它与持卡人之间不存在直接的代理合同关系。因此,如果特约商户无理拒收持卡人的信用卡,这并不是对持卡人的违约,而是对发卡银行的违约,因而只能由发卡银行来追究特约商户的违约责任。

2014 年 12 月 16 日,阿某持有的开户行为 G 银行的信用卡在另一银行签发的 POS 机上连续发生四笔刷卡交易,交易金额共计 31 600 元。其中三笔交易的签购单上签名均为"张强",另一笔交易无签购单。此后,因阿某未按期向银行归还该透支款项而产生争议,2015年3月双方对簿公堂。法院查明,讼争的四笔刷卡交易中除一笔金额为2 300元的支出交易因无签购单申请拒付成功外,另外三笔交易阿某申请拒付均未成功。法院一审认为,本案系因主张信用卡盗刷责任引起的信用卡纠纷。阿某在G银行办理信用卡,双方存在合法有效的合同关系并互负权利义务。G银行具有保障信用卡资金安全的义务,应具备鉴别信用卡及交易凭证真伪的技术能力,同时银行应为客户提供安全的交易场所,及时更新技术和设备以有效应对损害信用卡持卡人资金安全的犯罪手段。阿某作为信用卡持卡人,有妥善保管信用卡和正确使用密码的义务。本案中,涉案信用卡上预留的持卡人签名是"阿某",而有争议的四笔交易中有三笔签购单上的签名均是"张强",两者明显不一致。特约商户应具备基本的审核持卡人签名的能力,一般不可能在持卡人签名与信用卡预留签名完全不同的情况下允许讼争消费交易的发生,因此可以认定讼争的刷卡交易是使用伪卡进行的交易,G银行作为涉案信用卡的发卡行,应对本案讼争的四笔伪卡交易造成的资金损失承担相应的民事责任。法院判决阿某对2 300元以外的三笔信用卡透支共计29 300元不负偿还责任。一审判决后,G银行不服,向厦门中院提起上诉。厦门中院审理认为,一审判决事实认定清楚,适用法律准确,决定驳回上诉,维持原判。

(案例来源:人民法院报.信用卡被盗刷 持卡人一定要还款?法院:签名不符,银行未能识别伪卡自行担责[EB/OL].[2015/11/19])

3. 银行卡风险管理

银行卡业务在成为商业银行重要业务及重要利润来源的同时,也蕴含着诸多风险,因此商业银行必须强化银行卡业务的风险管理。借记卡不能透支,因此对商业银行而言,银行卡风险主要体现为信用卡风险。为强化风险管理,第一,商业银行应加强对持卡人资信的管理。银行应当对信用卡申请人开展资信调查,充分核实并完整记录申请人有效身份、财务状况、消费和信贷记录等信息,并确认申请人拥有固定工作、稳定的收入来源或可靠的还款保障。银行还应当根据持卡人资信状况、用卡情况和风险信息对信用卡授信额度进行动态管理,并及时按照约定方式通知持卡人,必要时可以要求持卡人落实第二还款来源或要求其提供担保。当银行从公安机关、司法机关、持卡人本人、亲属、交易监测或其他渠道获悉持卡人出现身份证件被盗用、家庭财务状况恶化、还款能力下降、预留联系方式失效、资信状况恶化、有非正常用卡行为等风险信息时,应当立即停止上调额度、超授信额度用卡服务授权、分期业务授权等可能扩大信用风险的操作,并视情况采取提高交易监测力度、调减授信额度、止付、冻结或落实第二还款来源等风险管理措施。第二,商业银行应建立健全信用卡业务内部控制、授权管理和风险管理体系、组织、制度、流程和岗位,明确分工和相关职责。第三,商业银行应当对信用卡风险资产实行分类管理并采取相应的风险控制措施。第四,商业银行应当建立健全信用卡业务操作风险的防控制度和应急预案,有效防范操作风险。第五,商业银行应当对单位卡实施单一客户授信集中风险管理,定期集中计算单位卡授信和垫款额度总和,持续监测单位卡合同签约方在本行所有贷款授信额度及其使用情况,并定期开展单位卡相关交易真实性和用途适用性的检查工作,防止出现以虚假交易套取流动资金贷款的行为。

第四节　商业银行的财务会计制度

一、商业银行财务会计制度的基本准则

　　商业银行应当建立、健全本行的财务会计制度。根据《商业银行法》第54条的规定:"商业银行应当依照法律和国家统一的会计制度以及国务院银行业监督管理机构的有关规定,建立、健全本行的财务会计制度。"

　　商业银行的财务管理是指商业银行在进行经济管理的过程中筹集、调拨、使用、偿还、分配资金的管理活动,它是商业银行管理工作的一个重要方面,其基本任务是组织各项业务收入,合理安排各项开支,保证银行业务的持续、健康发展。商业银行会计是将会计的一般原理和基本方法具有运用到商业银行这一特定部门的专业会计,其对象是商业银行业务活动和财务活动中用价值形式核算和监督的资金的筹集、分配和增减运动过程及其结果。商业银行会计与其他专业会计一样,有两个最基本的职能,一是核算,二是监督。核算就是对会计对象进行连续、系统、完整和全面的记录、计算并编制数据资料。监督就是依据法律、行政

法规和有关规定进行核算,对有关部门、单位的经济活动进行监督,防止非法的资金流转,使国家、集体和个人的财产不受损失。商业银行应当以《会计法》《企业会计准则》《企业财务通则》《金融企业财务规则》等有关法律法规、规章的规定为依据,建立、健全本行的会计制度、财务制度及实施细则,从而保证商业银行财务会计活动的正确组织,保证商业银行财务会计资料的完整统一。此外,《商业银行法》还规定:商业银行对其分支机构实行全国统一核算、统一调度资金、分级管理的财务制度。

二、商业银行的年度财务会计报告

财务会计报告是总括地反映某一单位经济活动情况及其成果的书面文件,也是及时提供合法、真实、准确、完整会计信息的法定形式,它是会计核算程序的最后环节,或者说是会计核算过程的最终成果。商业银行的年度财务会计报告是根据金融情况而形成的总结性财务报表,是金融工作的全面反映。商业银行年度财务会计报告的编制,应符合下列要求:

(1)内容必须完整。财务会计报告的编制,必须按照规定进行,认真填报,不得任意舍取,确保内容的完整,因为只有内容完整才能全面反映商业银行的业务活动和财务状况。

(2)数字必须正确、真实。正确与真实是对会计业务的基本要求,无论是因故意或过失造成财务会计报告的不真实,都会提供错误的数据,从而导致产生错误的结论。因此商业银行编制年度财务会计报告首先不能弄虚作假,其次必须以认真的态度从事此项工作,认真编制,反复核对,以确保提供报表的真实性。

(3)必须及时。财务状况必须及时反映才有意义。只有及时反映,才能及时了解金融企业的情况并及时作出决策。这就要求商业银行及时编制年度财务会计报告。根据《商业银行法》的规定,商业银行编制年度财务会计报告后,应当及时向国务院银行业监督管理机构、中国人民银行和财政部门报送。《商业银行法》还规定,商业银行应当于每一会计年度终了 3 个月内,按照国务院银行业监督管理机构的规定,公布其上一年度的经营业绩和审计报告。这些都要求商业银行必须及时编制年度财务会计报告。

三、商业银行的经营业绩报告和审计报告

商业银行的经营业绩报告是指商业银行在年度决算之后根据资产负债表、损益表以及财务状况变动表等财务会计报告制作的反映银行盈亏状况的报告。对外公布经营业绩，是为了让社会公众和银行股东了解商业银行的经营状况。商业银行的经营业绩报告制作完成后，应当根据国务院银行业监督管理机构的有关规定予以公布，并接受国务院银行业监督管理机构、中国人民银行、国家财政部门、审计部门及其他有关部门的监督。

商业银行审计报告是商业银行对财务报告进行审计以后得出的书面结论。财务报告可以作为审计报告的附件。商业银行的审计报告不同于国家审计机关作出的审计报告。商业银行审计报告的基本内容应当包括：被审计的商业银行的名称、实施审计的会计期间、审计的内容、审计所依据的法律、法规及审计标准、采用的审计方法、审计结论、审计机构、审计日期等。商业银行应当建立、健全内部审计机构和有关制度，对其财务会计进行审计监督，并按照商业银行法和国务院银行业监督管理机构的有关规定编制并公布其审计报告，接受国务院银行业监督管理机构、中国人民银行、审计部门和其他有关部门的监督。此外，有的商业银行已是上市公司，根据证券法的要求，上市的商业银行必须公布其年度经营业绩报告和审计报告，接受证券监督管理机构和股东的监督。

需要注意的是，商业银行公布其经营业绩报告和审计报告是有一定时间限制的，法律要求商业银行应当于每一会计年度终了3个月内公布其上一年度的经营业绩和审计报告。

四、商业银行呆账准备金的提取

呆账准备金，简称"准备金"又称"拨备"，是指为弥补和冲销呆账损失而建立的专门补偿基金。《商业银行法》第57条规定，商业银行应当按照国家有关规定，提取呆账准备金，冲销呆账。为防范金融风险，增强金融企业风险抵御能力，促进金融企业稳健经营和健康发展，2012年3月20日财政部发布《金融企业准备金计提管理办法》，对包括商业银行在内的金融企业准备金的计提和财务处理做了十分详细的规定。该管理办法自2012年7月1日起施行，原《金融

企业呆账准备提取管理办法》同时废止。

五、商业银行的会计年度

商业银行的会计年度自公历 1 月 1 日起至 12 月 31 日止。会计年度是划分会计期间的一种形式,有了会计期间,才得以区分本期与非本期,所以会计期间的划分对会计核算有重要影响。我国的商业银行和其他企业一样,都是以日历年度为一个会计期间,即会计年度。其和国家预算年度也相一致,有利于国家的财政管理及税收征管工作的进行。

第五节　商业银行的接管与终止

一、商业银行的接管

(一) 接管的概念、原因和目的

1. 接管的概念

所谓接管,是指金融监管机关在商业银行已经或可能发生信用危机,严重影响存款人利益时,对该银行采取整顿和改组等措施,以期恢复该银行正常的经营能力。在理解接管的概念时,应注意以下三点:①商业银行已经或可能发生信用危机,严重影响存款人利益时,监管机关可以决定对该银行实行接管,但对有问题商业银行实行接管并不是监管机关的法定义务,监管机关根据具体情况,也可以决定不实行接管而是采取其他措施。②接受接管并不是商业银行破产的必经程序。根据《商业银行法》第 71 条,商业银行不能支付到期债务,经国务院银行业监督管理机构同意,由人民法院依法宣告其破产。可见,商业银行被依法宣告破产,并不要求其曾经接受过接管。③接管不改变被接管商业银行的债权债务。被接管银行的债权债务仍由其自身承担,监管机关不因为对该银行的接管而承担该银行的债权债务。

2. 接管的原因

根据《商业银行法》第 64 条的规定,接管的原因有两点:一是商业银行已经或可能发生信用危机,二是严重影响存款人的利益。所谓信用危机是指商业银行在经营过程中,因经营管理不善而发生支付不能。如果商业银行已经出现支付不能的现象,严重影响存款人的利益,监管机关(中国银监会)可以决定对其实行接管。或者虽然商业银行现在尚未发生支付不能的现象,但有迹象表明可能要发生支付不能,如商业银行的信誉严重下降,存款人纷纷挤兑等,监管机关也有权接管。

3. 接管的目的

接管的目的在于对被接管的商业银行采取必要措施,以保护存款人的利益,恢复商业银行的正常经营能力。商业银行是负债经营的企业,其资产主要是通过负债(特别是吸收公众存款)筹得,因此如果商业银行发生信用危机不能向存款人兑付存款,就会严重影响存款人的利益,这样不仅会动摇银行本身的生存基础,还会造成社会的不稳定。所以,为了扭转商业银行已经发生的信用危机或者为了避免商业银行可能发生的信用危机,就有必要对该银行进行整治以恢复银行的正常经营能力,从而保护存款人的利益,保证商业银行的稳健经营,减少或避免因银行倒闭而引起的经济和社会的动荡。

(二) 接管程序

根据《商业银行法》第65条至第68条的规定,接管程序如下所示。

(1)作出接管决定。对商业银行实行接管,首先要作出接管决定,有权作出接管决定的机构是国务院银行业监督管理机构即中国银监会。依照法律规定,国务院银行业监督管理机构的接管决定应当载明下列内容:①被接管的商业银行名称;②接管理由;③接管组织;④接管期限。接管决定应予以公告。

(2)实施接管。接管由国务院银行业监督管理机构组织实施,自接管开始之日起,由接管组织行使商业银行的经营管理权力。也就是说,在接管期间,由接管组织全面控制被接管银行的业务,并以被接管银行的名义开展业务经营与管理活动。

(3)接管的终止。所谓接管的终止,是指基于一定法律事实的发生而消灭接管。根据《商业银行法》第68条的规定,有下列情形之一的,接管终止:①接管决定规定的期限届满或者国务院银行业监督管理机构决定的接管延期届满。

②接管期限届满前,该商业银行已恢复正常经营能力。③接管期限届满前,该商业银行被合并或者被依法宣告破产。

二、商业银行的终止

商业银行的终止,是指商业银行法人资格的消灭以及权利能力和行为能力的丧失。《商业银行法》第72条规定:"商业银行因解散、被撤销和被宣告破产而终止。"

(一)商业银行因解散而终止

商业银行的解散是指已经成立的商业银行因出现法律规定或银行章程规定的事由而停止经营活动,清理债权债务,消灭银行法人资格的法律行为和法律事实。解散又可分为分立解散、合并解散和因出现章程规定的事由而解散三种情况。

(1)分立解散。根据公司法理论,商业银行的分立可以有两种形式:一是存续分立,二是解散分立。存续分立是指商业银行将其一部分财产或业务分立出去,成立一个或几个新的商业银行,被分立的商业银行依然存在,继续保留法人资格,这种情况下不发生商业银行的终止。解散分立则是指一个具有法人资格的商业银行分立为两个或两个以上具有法人资格的新商业银行,被分立的商业银行法人资格消灭,这种情况下因消灭原商业银行的法人资格而引起商业银行的终止。

(2)合并解散。商业银行的合并有吸收合并与新设合并两种。吸收合并是指一个商业银行吸收其他商业银行,被吸收的商业银行解散,法人资格消灭;新设合并是指两个以上商业银行合并设立一个新的商业银行,合并各方均解散,法人资格均消灭。因此,吸收合并与新设合并都会造成商业银行解散的情形,引起商业银行终止的法律后果。

(3)因出现章程规定的事由而解散。商业银行的章程作为以书面形式规范商业银行行为的基本准则对商业银行本身、对银行的股东、董事、监事、高级管理人员均具有约束力。因此,当章程规定的解散事由出现时,商业银行的股东会或股东大会便可依法作出解散商业银行的决议。

应当注意的是,商业银行的解散并不仅仅是银行的内部事务,而且也关系到存款人及公众利益的保护,关系到金融与经济的稳定,因此法律要求商业银行的解散应当向国务院银行业监督管理机构提出申请,并附解散的理由和支付存款的本金和利息等债务清偿计划。经国务院银行业监督管理机构批准后,商业银行方可解散。商业银行解散的,应当依法成立清算组,进行清算,按照清偿计划及时偿还存款本金和利息等债务,清算过程由国务院银行业监督管理机构监督。

(二) 商业银行因被撤销而终止

所谓因被撤销而终止,是指商业银行因违反《商业银行法》而被国务院银行业监督管理机构吊销经营许可证,从而使其法人资格归于消灭,商业银行终止。

根据《商业银行法》第23条第2款的规定,商业银行及其分支机构自取得营业执照之日起无正当理由超过6个月未开业的,或者开业后自行停业连续6个月以上的,由国务院银行业监督管理机构吊销其经营许可证,并予以公告。同时,《商业银行法》对商业银行从事违法经营活动而吊销其经营许可证的情形作了具体规定。根据《商业银行法》第74条,商业银行有下列情形之一,且情节特别严重或者逾期不改正的,国务院银行业监督管理机构可以责令其停业整顿或者吊销其经营许可证:①未经批准设立分支机构的;②未经批准分立、合并或者违反规定对变更事项不报批的;③违反规定提高或降低利率以及采用其他不正当手段,吸收存款,发放贷款的;④出租、出借经营许可证的;⑤未经批准买卖、代理买卖外汇的;⑥未经批准买卖政府债券或者发行、买卖金融债券的;⑦违反国家规定从事信托投资和证券经营业务,向非自用不动产投资或者向非银行金融机构和企业投资的;⑧向关系人发放信用贷款或者发放担保贷款的条件优于其他借款人同类贷款的条件的。

我国实践中已有商业银行被撤销的例子,那就是海南发展银行被关闭案。1998年6月,中国人民银行发布公告称:鉴于海南发展银行不能及时支付到期债务,为了保护债权人的合法权益,根据有关法律的规定决定于1998年6月21日关闭海南发展银行,收缴其总行及其分支机构的《金融机构法人许可证》、《经营金融业务许可证》和《经营外汇业务许可证》,停止其一切业务活动;由中国人民银行依法组织清算组,对海南发展银行进行关闭清算;同时指定中国工商银行托管海南发展银行的债权债务,对境外债务和境内居民储蓄存款本金及合法利息保证支付,其余债务待组织清算后偿付。这里,中国人民银行的公告中使用的是"关闭"的表述,从法律含义上理解,关闭与撤销应是同一个意思。两者都是金融机构(包括商业银行)市场退出的行政程序,《商业银行法》使用"撤销"的表述,《公司法》则使用"关闭"。关闭与撤销的决定都是由有关主管机关作出的,都属于行政行为,其最终法律后果都是导致金融机构(包括商业银行)法人资格的消灭,因此两者具有同等的法律意义。

(三)商业银行因被宣告破产而终止

所谓破产,是指债务人不能清偿到期债务,并且资产不足以清偿全部债务或明显缺乏清偿能力时,经法院依破产法的规定清理其债务,使债权依法公平受偿,其余无力偿还的则不再清偿。破产是市场经济运行的一种必要机制,市场经济的庞大肌体正是通过基本组织细胞的"生老病死"不断地优胜劣汰,不断地向前发展的。

商业银行作为自主经营、自负盈亏的企业法人,与其他企业一样,如果不能清偿到期债务且资不抵债,就同样面临着破产的可能。但是,商业银行又有其特殊性,因此为保护存款人及其他公众的利益,维护金融与经济的稳定,《商业银行法》对商业银行的破产作出了特别规定,包括:①商业银行的破产,必须经国务院银行业监督管理机构同意,而其他企业无此要求。②商业银行被宣告破产的,由法院组织国务院银行业监督管理机构等有关部门和有关人员成立清算组,进行清算。③商业银行破产清算时,在支付清算费用、所欠职工工资和劳动保险费用后,应当优先支付个人储蓄存款的本金和利息。2007年6月1日起施行的《中华人民共和国企业破产法》(以下简称《企业破产法》)也对包括商业银行在内的金融机构的破产问题作出了一些特别规定。根据规定,商业银行、证券公司、保险公司等金融机构有破产法定情形的,除债务人或债权人外,国务院金融监督管理机构也可以向人民法院提出对该金融机构进行重整或者破产清算的申请。金融机构实施破产的,国务院可以依据《企业破产法》和其他有关法律的规定制定实施办法。

我国实践中已有金融机构被法院宣告破产的例子,但目前尚无商业银行被法院宣告破产的实例。伴随着金融开放,银行业的竞争也日趋激烈,因此不能排除会有银行在竞争中被淘汰而破产倒闭的可能,2014 年 10 月 29 日国务院第 67 次常务会议通过《存款保险条例》,自 2015 年 5 月 1 日起施行。《条例》规定,存款保险实行限额偿付,最高偿付限额为人民币 50 万元,标志着存款保险制度在我国的建立,从而为未来商业银行可能破产时保护存款人权益、防范和化解金融风险、维护金融稳定提供制度保障。目前,《金融机构破产条例》正处于研究制定的过程中,相信未来关于商业银行破产会有更为具体的法律依据。

案例分析

【案情】

2010 年 3 月,林某偏等人与贵州煤炭工业公司六盘水分公司签订煤炭销售合同,取得挂靠该公司资质后,密谋到六盘水实施诈骗。同年 7 月 7 日,刘某鸣在网上看到林某偏等人发布的虚假煤炭供应信息后,与林某偏等人签订煤炭购销合同,林某偏等人要求刘某鸣办理一张农业银行的银行卡存入 195 万元用于支付煤款。因刘某鸣身体不便,遂委托刘某云用刘某鸣身份证在农行开办了一张活期无折银行卡,并先后存入 170 余万元。林某偏等人提出要到银行查询煤炭款是否入账,刘某云遂将银行卡交给林某偏查看,并到银行 ATM 机上查询存款余额,查询过程中林某偏乘刘某云不备偷窥了刘某鸣的银行卡密码。7 月 13 日,刘某鸣又现金存入 25 万元。当天,林某偏等人逃离六盘水,并于 7 月 13 日晚 22 点 37 分利用伪造的银行卡,在澳门通过 POS 机将刘某鸣银行卡内 1 899 961.60 元的存款一次性消费。一审法院判决被告农行六盘水分行返还刘某鸣被盗刷资金 1 899 961.60 元的 70% 即 1 329 973 元。刘某鸣及农行均提出上诉。二审法院判决被告农行支付刘某鸣存款 1 899 961.60 元。农行不服二审判决,向最高人民法院申请再审。

【问题】

1. 案涉银行卡被盗刷的过错责任应如何认定?

2. 案涉银行卡被盗刷所造成的资金损失应如何承担?

【法律依据】

《商业银行法》第五条规定,商业银行与客户的业务往来,应当遵循平等、自愿、公平和诚实信用的原则。第六条规定,商业银行应当保证存款人的合法权益不受任何单位和个人的侵犯。第三十三条规定,商业银行应当保证存款本金和利息的支付,不得拖延、拒绝支付存款本金和利息。第七十一条第二款规定,商业银行破产清算时,在支付清算费用、所欠职工工资和劳动保险费用后,应当优先偿付个人储蓄存款的本金和利息。

【法律运用及处理结果】

本案中,刘某鸣在被告农行六盘水分行开户存款,与银行之间存在储蓄存款合同关系,该合同系双方真实意思表示,且内容合法,属有效合同,双方均应严格按照约定履行各自的合同义务。刘某鸣将存款存入银行,实际上是由银行对其所存入的款项享有占有、使用、收益、处分和支配的权利,也就意味着款项的所有权已转移到了银行,而此时刘某鸣因储蓄合同关系成立从原先对款项的所有权转化为了对银行的债权,即刘某鸣有权要求银行向其返还本金并向其收取利息。银行在与储户建立存款合同关系后,负有保护储户银行卡资金安全的义务。本案中,被告农行未能保证其发行的银行卡具有唯一性和不可复制性,导致案外人复制并使用伪卡刷卡成功。被告作为专业金融机构本应采取技术手段防范银行卡被复制或伪造,而其发行的案涉银行卡却具有技术缺陷,对此被告农行显然存在过错。关于刘某鸣的责任,本案中,刘某鸣不仅将银行卡交由第三人刘某云使用并告知其密码,而且刘某云在接受刘某鸣委托代办开卡及协助查询过程中,将银行卡交给犯罪分子查看,使犯罪分子有机会获取银行卡信息。后又与犯罪分子一起到 ATM 机上查询存款余额,使犯罪分子得以偷窥密码,其行为显然与储蓄存款合同项下所约定的储户应当妥善保管密码的义务相悖,亦存在过错。最高人民法院终审判决刘某鸣自行承担涉案银行卡被盗刷资金 1 899 961.60 元范围内 20% 的本金及利息损失。

(案例来源:最高人民法院民事判决书(2015)民提字第 181 号)

本章思考题

1. 商业银行可以从事哪些业务?

2. 商业银行的经营原则是什么？

3. 设立商业银行应符合哪些条件？

4. 商业银行应如何保护存款人的利益？

5. 商业银行贷款应遵循哪些基本规则？

6. 何谓接管？对商业银行实施接管的目的何在？程序如何？

7. 某全国性商业银行的发起人向银监会提交开业申请,其递交的有关文件资料中包含以下内容:①该全国性商业银行筹资 10 亿元人民币作为注册资本,成立时先筹满 8 亿元人民币,其余部分在成立后 6 个月内筹足。②该全国性商业银行欲在国内设立 3 个具有独立法人资格的分支机构,各分支机构实行独立核算,对各自的经营活动独立承担民事责任。③拟任银行董事长为王某,他长期从事金融工作,有丰富的金融专业知识和很强的管理能力,但曾因受贿罪被判处刑罚。试逐条分析上述三项内容是否合法并说明理由。

第四章　金融担保法律制度

教学要求

通过本章的学习,了解担保的概念和特征,重点掌握保证、抵押、质押这三种金融担保方式的特点及相关法律规定。

第一节　担 保 概 述

一、担保的概念

担保对银行贷款具有重要意义。《商业银行法》第36条规定:"商业银行贷款,借款人应当提供担保。商业银行应当对保证人的偿还能力,抵押物、质物的权属和价值以及实现抵押权、质权的可行性进行严格审查。经商业银行审查、评估,确认借款人资信良好,确能偿还贷款的,可以不提供担保。"由此可见,我国对银行贷款采取的是担保贷款为原则、信用贷款为例外的立法模式。正因为贷款担保与银行贷款紧密相关,因此有必要对担保法律制度作深入了解。

所谓担保,是指以第三人的信用或者在特定财产上设定的权利来确保特定债权人的债权得以实现的一种保障措施。《民法》上的担保有保证、抵押、质押、留置、定金等几种方式,根据贷款债权金钱性的特点,贷款担保只有保证、抵押、质押三种。这里所谓贷款担保即指通过第三人的信用(保证)或者通过在借款人或第三人的特定财产上设定权利(抵押或质押)来确保贷款人的债权得以实现。在贷款担保法律关系中,提供担保的一方为担保人,其可以是借款人本人,也可以是借款人以外的第三人;接受担保的一方为债权人,其也是借款合同中的债权人,如商业银行、小额贷款公司等。

调整贷款担保关系的法律规范有《中华人民共和国担保法》(以下简称《担保法》)、《中华人民共和国物权法》(以下简称《物权法》)、《民法》等法律以及最高人民法院的相关司法解释等。特别需要注意的是,2007 年 10 月 1 日起施行的《物权法》中有关担保物权的规定与《担保法》中有关抵押或质押的规定不尽一致。对此,《物权法》第 178 条明确规定:"担保法与本法的规定不一致的,适用本法。"有鉴于此,本章对抵押和质押的阐述将以《物权法》为准。

二、担保的特征

(1)从属性。担保是以一定的债权关系的存在为前提的,《担保法》和《物权法》都对担保的从属性进行了规定。《担保法》第 5 条第 1 款规定,担保合同是主合同的从合同,主合同无效,担保合同无效。担保合同另有约定的,按照约定。《物权法》第 172 条第 1 款规定,担保合同是主债权债务合同的从合同。主债权债务合同无效,担保合同无效,但法律另有规定的除外。

(2)补充性。所谓补充性,是指担保一经有效成立,就在主合同债权债务的基础上补充了某种权利义务关系。主合同债权人必须先行使其在主合同中的权利,只有在主合同债权不能正常实现时,才能行使其在担保合同中的权利,要求担保人承担责任。换言之,在主合同债权已经因债务人的适当履行而实现时,担保人就不必实际承担担保责任,由此可见担保对主债权的实现起的是补充作用。

(3)财产性。这是指担保关系本质上是一种财产关系,即使是所谓信用担保即保证,实际上也是由保证人以自己不特定的财产来担保债权实现的。至于那些"物的担保"如抵押、质押等,则是以担保人特定的财产来担保债权的实现。

三、有效担保与无效担保

(一)有效担保

担保一经有效成立,即对参与担保的有关当事人产生法律约束力。一般情况下,只有担保合同有效,担保才能有效成立,但担保合同有效并不意味着担保一定能成立。例如,不动产抵押合同虽已成立,但若没有办理不动产抵押登记,则抵押权不能成立。有效担保的法律后果即担保的效力具体体现在以下三方面：

（1）担保对于债权人的效力。担保对于债权人的效力体现为债权人取得担保权，成为担保权人。担保权的性质因担保方式的不同而不同。在保证担保中，担保权表现为对保证人的请求权，具有债权的性质；而在抵押担保和质押担保中，担保权表现为对抵押财产或质押财产的权利，具有物权的性质。

（2）担保对于担保人的效力。担保对于担保人的效力体现为担保人须承担担保责任以担保债权的实现。担保人的担保责任因担保方式的不同而不同。在保证担保中，担保人于一定条件下须以自己的全部财产向债权人清偿其债权；而在抵押担保和质押担保中，担保人于一定条件下仅以其提供的抵押或质押财产的价值清偿债权人的债权。

（3）担保对于被担保人的效力。担保对于被担保人的效力有两个：其一，担保并不减轻或者削弱被担保人的义务。担保是以确保债权实现为目的，是对主债权效力的加强和补充，因而在担保成立后，被担保人即主债务人的债务并不因担保的设定而减轻或削弱，被担保人仍应向债权人履行自己的债务。其二，如果担保人承担了担保责任，代被担保人向债权人清偿了债权，则被担保人对担保人代其清偿的债权额负有偿还的义务。

（二）无效担保

无效担保是指担保的设立不符合法律规定，不能在参与担保的有关当事人之间产生担保效力。但不产生担保效力并不意味着不产生任何法律后果。《担保法》第 5 条规定，担保合同被确认无效后，债务人、担保人、债权人有过错的，应当根据其过错各自承担相应的民事责任。根据《最高人民法院关于适用〈中华人民共和国担保法〉若干问题的解释》，主合同有效而担保合同无效，债权人无过错的，担保人与债务人对主合同债权人的经济损失，承担连带赔偿责任；债权人、担保人有过错的，担保人承担民事责任的部分，不应超过债务人不能清偿部分的二分之一。主合同无效而导致担保合同无效，担保人无过错的，担保人不承担民事责任；担保人有过错的，担保人承担民事责任的部分，不应超过债务人不能清偿部分的三分之一。

四、担保活动的原则

《担保法》第 3 条规定:"担保活动应当遵循平等、自愿、公平、诚实信用的原则。"所谓"平等"是指当事人在担保活动中的法律地位平等。所谓"自愿"是指担保活动应建立在各方当事人都自愿的基础上,一方不能采取欺诈、胁迫等手段使他方违背自己的真实意愿而参加担保活动。所谓"公平"是指担保活动中各方当事人的权利义务应对等,一方在取得自身权利和利益的同时,也承担相应的义务和责任。所谓"诚实信用"是指当事人在担保活动中应诚实守信,正确行使自己的权利,全面履行自己的义务。

五、反担保

所谓反担保,是指为债务人担保的第三人,为了保证其追偿权的实现,要求债务人提供的担保。在债务清偿期届满债务人未履行债务时,由第三人承担担保责任后,第三人即成为债务人的债权人,第三人对其代债务人清偿的债务,有向债务人追偿的权利。当第三人行使追偿权时,有可能因债务人无力偿还而使追偿权落空,为了保证追偿权的实现,第三人在为债务人作担保时,可以要求债务人为其提供担保,这种债务人反过来又为担保人提供的担保即为反担保。反担保的目的在于确保第三人追偿权的实现。根据《担保法》第 4 条第 1 款,第三人为债务人向债权人提供担保时,可以要求债务人提供反担保。

从本质上讲,反担保也是担保,故其同样具有保障债权实现、维护交易安全的作用。具体来说,反担保的作用与意义表现在:①维护担保人的利益,保障其将来可能发生的追偿权的实现。这是其最直接的作用;②反担保有助于本担保关系的设立。谨慎的第三人在为债务人向债权人提供担保时,往往会要求债务人提供反担保。这时,有无反担保措施,将直接影响到本担保的设定,若无反担保,第三人可能因顾虑自身利益得不到保障而拒绝为债务人提供担保。现实生活中,银行、担保公司等金融机构为债务人提供保证担保时,几乎无一例外地都要求有反担保,其他担保人为减免风险而要求债务人提供反担保的情况也日渐增多。

反担保的担保对象不同于本担保。本担保的担保对象是主合同债权人对债务人的债权,而反担保的担保对象则是担保人对被担保人(债务人)的追偿权。反担保的具体方式有保证、抵押和质押。根据《担保法》第4条第2款的规定,反担保适用《担保法》中有关担保的规定。

第二节 保 证 担 保

一、保证概述

(一)保证的概念

所谓保证,是指保证人和债权人约定,当债务人不履行债务时,保证人按照约定履行债务或者承担责任的行为。可见,保证是一种人的担保,即信用担保。保证人事先并不提供特定的财产来保障债权的实现,而是凭其信用作保,因此如果保证人不讲信用或缺乏代为清偿债务的能力,保证就不能真正起到保障债权实现的作用。

(二)保证人

保证人应当是具有代为清偿能力的法人、其他组织或者公民。国家机关不得为保证人,但是经国务院批准,为使用外国政府或国际经济组织贷款进行转贷的除外。企业法人的分支机构、职能部门不得为保证人,但企业法人的分支机构有法人书面授权的,可以在授权范围内提供保证,而企业法人的职能部门不能对外提供担保。学校、幼儿园、医院等以公益为目的的事业单位、社会团体也不得为保证人。银行在发放保证贷款时,必须对保证人的资格和偿还债务的能力进行严格审查,不得接受不具有保证资格的人所提供的保证,也不应接受缺乏偿债能力的人所提供的保证,以确保保证贷款能真正发挥担保作用,从而降低信贷风险。如果同一笔保证贷款有两个以上的保证人,则保证人应当按照保证合同约定的保证份额,承担保证责任。若没有约定保证份额,则保证人承担连带责任,银行可以要求任何一个保证人承担全部保证责任,保证人都负有担保全部债权实现的义务。已经承担保证责任的保证人,有权向借款人追偿,或者要求承担连带责任的其他保证人清偿其应当承担的份额。

二、保证合同

商业银行发放保证贷款,应当以书面形式与保证人订立保证合同。银行可以和保证人就单个借款合同分别订立保证合同,也可以协议在最高债权额限度内就一定期间连续发生的借款合同订立一个保证合同。保证合同应当包括下列内容。

(1)被保证的主债权种类、数额。即担保哪一笔债务,数额多少,这是确定保证责任范围的依据。

(2)债务人履行债务的期限。保证作为一种担保的形式同样具有补充性,只有在主债务履行期限届满而未依约清偿时,保证人才开始需要承担保证责任,所以保证合同中应当对债务人履行债务的期限加以明确规定。

(3)保证的方式。保证方式关系到保证人如何承担保证责任十分重要,因此,在订立保证合同时,应当对保证的方式作出明确规定。根据《担保法》,保证方式有一般保证和连带责任保证两种。保证合同中应当约定具体的保证方式,如果没有约定或者约定不明确的,法律规定保证人应当按照连带责任保证承担保证责任。

(4)保证担保的范围。保证担保的范围是指保证人对哪些债务承担保证责任,它直接关系到保证人责任的大小。当事人可以在保证合同中约定保证担保的范围,如果没有约定或者约定不明确的,法律规定保证人应当对全部债务承担责任,即保证担保的范围不仅包括主债权,还包括主债权的利息、违约金、损害赔偿金及实现债权的费用。

(5)保证的期间。保证期间是指保证人承担责任的起止时间,保证人只在保证期间内承担保证责任,过了保证期间,即使债务人未履行债务,保证人也不必再承担保证责任。保证期间可以由保证人和债权人在保证合同中加以约定。如果没有约定或约定不明,则需依法确定保证期间。

(6)双方认为需要约定的其他事项。这是兜底条款,当事人可以根据需要约定一些双方认为有必要明确的事项,如双方可就保证合同约定违约金等。

三、保证方式

保证方式可分为一般保证和连带责任保证。

（一）一般保证

一般保证是指当事人在保证合同中约定，债务人不能履行债务时，由保证人承担保证责任。一般保证的保证人享有"先诉抗辩权"，即一般保证的保证人在主合同纠纷未经审判或者仲裁，并就债务人财产依法强制执行仍不能履行债务前，对债权人可以拒绝承担保证责任，但下列情形除外：①债务人住所变更，致使债权人要求其履行债务发生重大困难的；②人民法院受理债务人破产案件，中止执行程序的；③保证人以书面形式放弃其"先诉抗辩权"的。

（二）连带责任保证

连带责任保证是指当事人在保证合同中约定保证人与债务人对债务承担连带责任。连带责任保证的保证人没有"先诉抗辩权"，即债务人在主合同规定的债务履行期届满没有履行债务的，债权人可以要求债务人履行债务，也可以要求保证人在其保证范围内承担保证责任。为了保护债权人的利益，法律还规定，当事人对保证方式没有约定或者约定不明确的，按照连带责任保证承担保证责任。

四、保证责任

（一）保证责任的范围

当事人可以在保证合同中约定保证担保的范围，如果没有约定或者约定不明确的，法律规定保证人应当对全部债务承担责任，即保证担保的范围包括主债权及利息、违约金、损害赔偿金及实现债权的费用。

（二）保证责任的期限

保证责任的期限即保证期间。根据《担保法》及最高人民法院的有关司法解释，保证期间可能有以下四种情况。

（1）保证合同的双方当事人（保证人与债权人）在保证合同中如果约定了保证期间，而且这种约定符合法律的规定，则以当事人的约定为准。

（2）如果当事人没有对保证期间作出约定，按照《担保法》，保证期间为主债务履行期届满之日起6个月。

（3）保证合同约定的保证期间早于或者等于主债务履行期限的，视为没有约定，保证期间为主债务履行期届满之日起6个月。

（4）保证合同约定保证人承担保证责任直至主债务本息还清时为止等类似内容的，视为约定不明，保证期间为主债务履行期届满之日起2年。

对于一般保证，如果债权人没有在上述约定的或法定的保证期间对债务人提起诉讼或者申请仲裁，则保证人免除保证责任；对于连带责任保证，如果债权人没有在上述约定的或法定的保证期间要求保证人承担保证责任，则保证人也免除保证责任。

2008年10月15日，张某向某银行贷款30 000元，李某为其担保，并与银行签订了相关合同，承诺：无论借款展期或已经逾期，或借款人出现任何情况，在贷款本息未还清前，银行有权从李某银行账户中直接扣收借款人所欠贷款本息。贷款合同到期后，张某未依约归还借款本息。2017年6月9日，银行将李某在该行开立的账户存款10 556元予以扣划，用来偿还张某的借款本金。李某认为保证期已过，银行不能擅自扣款并要求返还被扣款项，遭到拒绝后诉至法院。法院经审理认为，根据《最高院关于适用〈中华人民共和国担保法〉若干问题的解释》第三十二条关于"保证合同约定保证人承担责任直至主债务本息还清时为止等类似内容的，视为约定不明，保证期间为主债务履行期间届满之日起二年"的规定，本案中李某的保证期间应为主债务履行期间届满之日起两年，即2009年10月14日起至2011年10月14日止。鉴于庭审中银行未能提供证据证明在保证期间内向李某主张了权利，故李某的保证责任依法予以免除，银行扣划李某的存款用以偿还张某的借款，与法不符，应予纠正。法院判决银行返还擅自扣划的李某存款10 556元。

（案例来源：中国法院网.保证期间已过银行擅自扣划存款被判全额返还［EB/OL］.［2017/10/26］.http://www.chinacourt.org/article/detail/2017/10/id/3028918.shtml）

（三）主合同变更对保证责任的影响

保证作为一种担保具有担保的从属性，因此主合同变更就会对保证人承担的保证责任产生影响，具体可分为以下几种情况。

（1）主合同主体变更。主体变更又可以分为权利主体的变更和义务主体的变更。权利主体变更是指主债权人转让其债权,此时保证债权同时转让,保证人在原保证担保的范围内对受让人承担保证责任。但是保证人与债权人事先约定仅对特定的债权人承担保证责任或者禁止债权转让的,保证人不再承担保证责任。至于义务主体的变更,保证期间,债权人如果未经保证人书面同意许可债务人转让部分债务,则保证人对未经其同意转让部分的债务,不再承担保证责任。但是,保证人仍应当对未转让部分的债务承担保证责任。

（2）主合同内容变更。保证期间,债权人与债务人对主合同数量、价款、币种、利率等内容作了变动,未经保证人同意的,如果减轻债务人的债务的,保证人仍应当对变更后的合同承担保证责任;如果加重债务人的债务的,保证人对加重的部分不承担保证责任。债权人与债务人对主合同履行期限作了变动,未经保证人书面同意的,保证期间为原合同约定的或者法律规定的期间。

（四）保证责任与担保物权的关系

在贷款担保实践中,有时会出现保证与担保物权并存的情形,即同一债权不仅有保证人的保证担保,同时还有抵押、质押等物的担保。对于这种情况如何处理,《担保法》的规定不够明确,而《物权法》则规定了具体的处理规则,即被担保的债权既有物的担保又有人的担保的,债务人不履行到期债务或者发生当事人约定的实现担保物权的情形,债权人应当按照约定实现债权;没有约定或者约定不明确,债务人自己提供物的担保的,债权人应当先就该物的担保实现债权;第三人提供物的担保的,债权人可以就物的担保实现债权,也可以要求保证人承担保证责任。提供担保的第三人承担担保责任后,有权向债务人追偿。也就是说,对于人的担保（保证）与物的担保（担保物权）之间的关系,要区分三种情况:①在当事人就物保与人保的关系有约定的情况下,应当尊重当事人的意思自治,按照约定处理。②在没有约定或者约定不明确,债务人自己提供物的担保的情况下,债权人应当先就物的担保实现债权。因为在债务人自己提供物的担保的情况下,要求保证人先承担保证责任,对保证人来说不公平。而且如果此时债权人先追究保证人的责任,那么保证人在履行保证责任后,还需要向最终的还债义务人——债务人进行追索,等于是增加了债权实现的费用和成本。③在没有约定或者约定不明确,第三人提供物的担保的情况下,究竟是先实现担保物权,还是先追究保证人的责任,允许债权人进行选择。因为此时第三人与保证人都不是还债的最终义务人,债务人才是最终义务人。因此,债权人无论是先实现物的担保还是先实现人的担保,第三人或者保证人都存在向债务人追索的问题。为保障债权人的债权得以充分实现,应当尊重债权人的意愿,允许债权人在这种情况下享有选择权。

(五)保证人不承担民事责任的情形

根据《担保法》,下列两种情况下保证人无须承担民事责任:一是主合同当事人双方串通,骗取保证人提供保证的;二是主合同债权人采取欺诈、胁迫等手段,使保证人在违背真实意思的情况下提供保证的。这两种情况下保证人之所以不承担责任,是因为保证行为违背了保证人的真实意思,违背了自愿、诚实信用的担保原则,保证人在缔约时没有过错,因此不应承担责任。此外,根据最高人民法院关于《担保法》的司法解释,主合同当事人双方协议以新贷偿还旧贷,除保证人知道或者应当知道的外,保证人不承担民事责任,但新贷与旧贷系同一保证人的除外。

第三节　抵押与质押

一、抵押

(一)抵押的概念和特征

《担保法》第33条规定:"本法所称抵押,是指债务人或者第三人不转移对本法第34条所列财产的占有,将该财产作为债权的担保。债务人不履行债务时,债权人有权依照本法规定以该财产折价或者以拍卖、变卖该财产的价款优先受偿。"《物权法》第179条则对抵押权规定如下:"为担保债务的履行,债务人或者第三人不转移财产的占有,将该财产抵押给债权人的,债务人不履行到期债务或者发生当事人约定的实现抵押权的情形,债权人有权就该财产优先受偿。前款规定的债务人或者第三人为抵押人,债权人为抵押权人,提供担保的财产为抵押财产。"抵押是银行贷款的主要担保形式之一,与保证相比,抵押具有以下特征:

第一,保证是属于信用担保方式,而抵押则是属于财产担保方式;第二,保证只能由第三人提供,而抵押既可以由第三人提供,也可以由债务人自己提供;第三,保证人承担责任时,是以自己事先不确定的财产担保债权的实现,而抵押人承担责任时,则是以事先确定的抵押财产对担保债权承担责任。

(二)抵押权的设立

1. 抵押合同

设立抵押权,当事人应当采取书面形式订立抵押合同。抵押合同一般包括下列条款:

(1)被担保债权的种类和数额,即担保哪一笔债权,数额多少,应予以明确。

(2)债务人履行债务的期限。只有当履行期届满债务人未履行债务或未完全履行债务时,债权人才能行使抵押权,因此抵押合同应写明债务人履行债务的期限。

(3)抵押财产的名称、数量、质量、状况、所在地、所有权归属或者使用权归属。抵押财产情况如何直接关系到将来债权人能否顺利行使抵押权,因此,抵押合同应写明抵押财产的具体情况,包括名称、数量、权属等。

(4)担保的范围。担保范围的确定十分重要,因为抵押权人只能按照抵押担保的范围,从抵押财产的价值中优先受偿;超过担保范围的债权,即使抵押财产还有剩余的价值,抵押权人也不能从中优先受偿。抵押合同可以约定抵押担保的范围,如果没有约定,则抵押担保的范围依法应包括主债权及其利息、违约金、损害赔偿金和实现抵押权的费用。

对于抵押合同,《担保法》和《物权法》都禁止当事人在抵押合同中订立"流质条款"。所谓"流质条款"是指当事人在合同中约定贷款到期不还时,债权人取得抵押财产的所有权,这种"流质条款"可能损害抵押人及抵押人的其他债权人的利益,因而为法律所禁止。《物权法》第186条明确规定:"抵押权人在债务履行期届满前,不得与抵押人约定债务人不履行到期债务时抵押财产归债权人所有。"

这里特别需要注意的是,并非所有财产都可以成为抵押财产,《担保法》与《物权法》对抵押财产的范围都做了具体规定,但二者不尽一致。首先,抵押财产应是依法可以转让的财产。根据《物权法》第180条,抵押人有权处分的下列财产可以抵押：①建筑物和其他土地附着物；②建设用地使用权；③以招标、拍卖、公开协商等方式取得的荒地等土地承包经营权；④生产设备、原材料、半成品、产品；⑤正在建造的建筑物、船舶、航空器；⑥交通运输工具；⑦法律、行政法规未禁止抵押的其他财产。抵押人可以将上述财产单独抵押，也可以一并抵押。此外，《物权法》还对浮动抵押做出了规定，根据规定，经当事人书面协议，企业、个体工商户、农业生产经营者可以将现有的以及将有的生产设备、原材料、半成品、产品抵押，债务人不履行到期债务或者发生当事人约定的实现抵押权的情形，债权人有权就实现抵押权时的动产优先受偿。与传统的固定抵押相比，浮动抵押的特点在于：一是浮动抵押设定后，抵押的财产不断发生变化，直到约定或者法定的事由发生，抵押财产才确定。二是浮动抵押期间，抵押人处分抵押财产不必经抵押权人同意，抵押权人对抵押财产无追及的权利，只能就约定或者法定事由发生后确定的财产优先受偿。设立浮动抵押应当符合下列条件：①设立浮动抵押的主体限于企业、个体工商户、农业生产经营者；②设立浮动抵押的财产限于生产设备、原材料、半成品、产品。对除此以外的动产不得设立浮动抵押，对不动产也不得设立浮动抵押；③设立浮动抵押要有书面协议；④浮动抵押权实现的条件是债务人不履行到期债务或者发生当事人约定的实现抵押权的情形；⑤债权人有权就实现抵押权时的动产优先受偿。浮动抵押中，实现抵押权时确定的动产与设立抵押权时的动产往往不相同，对于抵押期间抵押人已处分的动产债权人不能追及，而抵押期间抵押人新增的动产则要作为抵押财产，债权人就实现抵押权时确定的动产享有优先受偿的权利。其次，法律还规定了不得抵押的财产。根据《物权法》第184条，下列财产不得抵押：①土地所有权；②耕地、宅基地、自留地、自留山等集体所有的土地使用权，但法律规定可以抵押的除外；③学校、幼儿园、医院等以公益为目的的事业单位、社会团体的教育设施、医疗卫生设施和其他社会公益设施；④所有权、使用权不明或者有争议的财产；⑤依法被查封、扣押、监管的财产；⑥法律、行政法规规定不得抵押的其他财产。

原告李某诉称，1997年8月3日，原告李某在被告某农商行所有的某信用社借款50 000元，原告提供位于其农村住房一套作抵押担保。现被告农商行的债权已超过诉讼时效，要求确认被告农商行对原告李某的抵押合同无效，并要求返还原告李某房产证一本。法院经审理认为,宅基地使用权依法不得抵押。原告李某以坐落在农村的与宅基地不能分离的地上附着物用于向被告贷款作抵押担保,并与被告签订抵押合同,该合同违反法律规定,应为无效。故判决被告农商行于本判决书生效之日起五日内返还原告李某用作抵押物的房产证一本。

(案例来源:重庆市铜梁县人民法院民事判决书(2011)铜法民初字第3544号)

2. 抵押财产的登记

设立抵押权,除依法订立抵押合同外,还与抵押财产的登记有着密切的关系。抵押由于不转移抵押财产的占有,不能以交付财产的方式来证明抵押的设立,因此办理抵押财产的登记就成为抵押权获取公信力的必要途径。对抵押权之登记效力的主张,有登记要件主义和登记对抗主义两种。登记要件主义是指设立抵押权除当事人之间存在抵押合同外,还必须进行登记,否则不能设立抵押权;登记对抗主义是指设立抵押权只需在当事人间达成抵押合意即可,但对第三人并不产生公信力,若要对抗善意第三人,则须进行抵押权登记。

关于登记的效力,我国《物权法》采取了以登记要件主义与登记对抗主义相结合的原则。具体规定如下:

(1) 以建筑物和其他土地附着物;建设用地使用权;以招标、拍卖、公开协商等方式取得的荒山、荒沟、荒丘、荒滩等土地承包经营权;正在建造的建筑物抵押的,应当办理抵押登记,抵押权自登记时设立。换言之,以上述财产抵押的,如果未经登记,则抵押权依法就不能成立,即使将来发生债务人不履行债务的情形,债权人也不能主张行使抵押权。

2007年8月29日,甲银行与陈某、乙房产公司签订《个人贷款合同》,约定陈某向甲银行借款37万元用于购房。陈某以所购预售房屋作为抵押物提供担保,乙房产公司作为阶段性连带保证人在《贷款合同》上盖章。《贷款合同》签订后,甲银行和陈某办理了预购商品房抵押预告登记手续,甲银行依约发放了贷款。后因陈某未归还借款,甲银行诉至法院,请求判令陈某和乙房产公司连带清偿借款本金及利息;甲银行在抵押物处分时享有优先受偿权。法院终审判决陈某偿还甲银行借款本金及利息,乙房产公司承担连带清偿责任,但驳回甲银行要求对系争房屋享有优先受偿权的诉讼请求。因为系争房屋仅办理了抵押权预告登记,并未办理抵押权登记,因此甲银行对系争房屋并不享有现实的抵押权。

(案例来源:上海市第二中级人民法院民事判决书(2012)沪二中民六(商)终字第138号)

(2)以生产设备、原材料、半成品、产品;交通运输工具或者正在建造的船舶、飞行器抵押的,抵押权自抵押合同生效时设立;未经登记,不得对抗善意第三人。换言之,此种情形下即使未登记,债权人仍可以主张行使抵押权,但不得以未登记的抵押权对抗善意第三人对抵押财产所享有的权利。例如,第三人已善意取得抵押财产的所有权,则债权人就无法对该抵押财产行使抵押权,只能要求抵押人重新提供担保,或者要求债务人及时偿还债务。

(3)企业、个体工商户、农业生产经营者以现有的以及将有的生产设备、原材料、半成品和产品进行动产抵押的,应当向动产所在地的工商行政管理部门办理登记。抵押权自抵押合同生效时设立;未经登记,不得对抗善意第三人。上述动产抵押不得对抗正常经营活动中已支付合理价款并取得抵押财产的买受人。

3. 抵押财产登记与抵押合同生效的关系

《担保法》将抵押物登记与抵押合同生效联系在一起,对于法律规定应当登记的抵押物,抵押合同自登记之日起生效,即以登记作为抵押合同生效的要件,未经登记的,抵押合同不能生效。但从法理上说,抵押权作为一种担保物权与合同债权是两种不同性质的财产权利,不宜混为一谈,因此《物权法》仅将登记作为设立抵押权的要件,而不是抵押合同生效的要件,登记与否,均不影响抵押合同本身的效力。例如,甲向乙借款并将其房屋抵押给乙,但又迟迟不办理房屋抵押登记手续,在这种情况下,尽管乙不能对甲的房屋主张抵押权,但却可以去追究甲不办理抵押登记的违约责任。

(三)抵押权的效力

抵押权依法设立后,其效力影响也是多方面的。

1. 对担保债权的效力

根据《担保法》第46条,抵押担保的范围包括主债权及利息、违约金,损害赔偿金和实现抵押权的费用。抵押合同另有约定的,按照约定。

2. 对抵押财产的效力

(1)对从物的效力。从物为依附于主物之物,两种以上的物相互配合,按一定的经济目的组合在一起时,起主要作用的物为主物,配合主物的使用而起辅助性作用的物为从物。根据《担保法》司法解释第 63 条,抵押权设定前为抵押物的从物的,抵押权的效力及于抵押物的从物。但是,抵押物与其从物为两个以上的人分别所有时,抵押权的效力不及于抵押物的从物。可见,抵押权效力及于从物须满足两个条件:①从物在抵押权设定前从属于抵押物;②从物与抵押物属于同一所有权人。

（2）对孳息的效力。孳息为原物之对称,系指由原物所产生的额外收益。《物权法》第 197 条规定,债务人不履行到期债务或者发生当事人约定的实现抵押权的情形,致使抵押财产被人民法院依法扣押的,自扣押之日起抵押权人有权收取该抵押财产的天然孳息或者法定孳息,但抵押权人未通知应当清偿法定孳息的义务人的除外。前款规定的孳息应当先充抵收取孳息的费用。可见,抵押权效力及于孳息须满足以下条件:①债务人不履行到期债务或者发生当事人约定的实现抵押权的情形,致使抵押财产被人民法院依法扣押。换言之,在抵押人占有抵押财产期间,抵押权效力不及于孳息;②抵押权人应当通知清偿义务人,否则抵押权效力不及于法定孳息;③应首先扣取收取孳息的费用,剩下的孳息才归抵押权人收取。

3. 对抵押人的效力

抵押权设立后,抵押人对其抵押财产依然享有占有、使用、收益和处分的权利。

（1）出租抵押财产。抵押权设立后,抵押人仍可依法将该抵押财产出租,但为维护抵押权人的利益及抵押登记的公信力,此种租赁关系不能对抗已登记的抵押权。实践中,在订立抵押合同前,有时抵押财产已出租给他人,如果因抵押而破坏租赁,则不利于保护承租人的合法权益,也不利于经济生活的稳定。因此,法律规定订立抵押合同前抵押财产已出租的,原租赁关系不受该抵押权的影响,即"抵押不破租赁"。

（2）转让抵押财产。抵押人一旦将其财产抵押,则在该抵押财产上,除了抵押人的所有权和处分权外,还同时存在抵押权人的抵押权,因此抵押人如欲转让抵押财产,就必须征得抵押权人的同意。根据《物权法》,抵押期间未经抵押权人同意,抵押人不得转让抵押财产,但受让人代为清偿债务消灭抵押权的除外。

如果抵押人经抵押权人同意转让了抵押财产,则该抵押财产就将归受让人所有,抵押权人就无法再行使抵押权,因此抵押人应当将转让抵押财产所得的价款向抵押权人提前清偿债务或者提存。一般来说,转让抵押财产的价款不会与其担保的债权数额完全一致,如果超过债权数额,超过部分仍归抵押人所有,如有不足,则不足部分应由债务人清偿。

4. 对抵押权人的效力

(1)抵押权的保全。抵押财产价值的减少将影响到抵押权人的利益,法律允许抵押权人行使如下权利以保全其抵押权:①抵押人的行为足以使抵押财产价值减少的,抵押权人有权要求抵押人停止其行为。②抵押财产价值减少的,抵押权人有权要求恢复抵押财产的价值,或者提供与减少的价值相应的担保。抵押人不恢复抵押财产的价值也不提供担保的,抵押权人有权要求债务人提前清偿债务。

(2)抵押财产的处分权。当债务人届期不履行债务时,抵押权人有权以合法方式拍卖、变卖抵押财产或者与抵押人协议以抵押财产折价抵充债务。

(3)优先受偿权。①拍卖、变卖抵押财产所得的价款,抵押权人优先于债务人的普通债权人而受清偿;②同一财产上设定两个以上的抵押权时,先次序之抵押权人优先于后次序抵押权人而受清偿;③抵押权人在债务人破产程序中享有别除权,即抵押财产应从债务人的破产财产中除去,抵押权人对此别除出来的抵押财产卖得的价款有优先受偿权。

(四)抵押权的消灭

抵押权可基于下列原因而消灭。

1)主债权消灭。抵押权作为一种担保物权,具有从债权的性质,因此如果主债权消灭,则抵押权作为从债权亦消灭。

2)抵押财产灭失。抵押财产是抵押权的客体,抵押财产灭失之后抵押权作为设定于抵押财产之上的物权,也随之消灭。《担保法》第58条规定:"抵押权因抵押物灭失而消灭。因灭失所得的赔偿金,应当作为抵押财产。"

3)抵押权实现。抵押权实现是指债务人到期不履行债务或发生当事人约定的实现抵押权的情形时,债权人与抵押人约定折价实现自己的债权或者拍卖、变卖抵押财产,以拍卖、变卖抵押财产所得的价款优先受偿。抵押权是为担保债权而设定的,抵押权既已实现,自然就归于消灭。即使债权尚未全部受到清偿,抵押权实现后亦归于消灭。对于未受清偿的债权,债权人可以继续要求债务人清偿,但这部分债权已无抵押担保。

(1)抵押权实现的条件。抵押权实现的条件有两个:一是债务履行期间届满,债务人不履行债务;二是发生了当事人约定的实现抵押权的情形。这两个条件只要满足其中任何一个条件,抵押权人就可以依法实现抵押权。其中第二个条件,即"发生当事人约定的实现抵押权的情形"是《物权法》新增加的规定。例如浮动抵押中,抵押期间抵押人仍可以处分其动产,如果只允许抵押权人在债务人到期不履行债务时才能实现抵押权,就可能发生由于抵押人的不当行为,造成抵押权实现时抵押财产大量减少,从而无法对抵押权人的债权起到担保作用,进而损害抵押权人的利益。因此法律允许抵押权人与抵押人约定提前实现抵押权的条件,以约束抵押人的行为。一旦抵押人从事了抵押合同中禁止的行为,抵押权人就可以依约定提前实现抵押权,以保障自己的合法权益。

(2)抵押权实现的方式。抵押权的实现方式有三种。当债务人不履行到期债务或者发生当事人约定的实现抵押权的情形时,抵押权人可以与抵押人协议实现抵押权,法律提供了三种抵押财产的处理方式供其选择。一是折价。所谓"折价",是指抵押权人与抵押人协商,将抵押财产折合成金钱直接用来清偿债权,抵押权人取得抵押财产的所有权,并将抵押财产价值高于所担保债权的部分返还给抵押人。二是拍卖。所谓"拍卖",是指在公开的拍卖市场上以公开竞价的方式,将抵押财产卖给出价最高的买者,抵押权人就拍卖所得的价款优先受偿。三是变卖。所谓"变卖",是指用一般的买卖方式,将抵押财产出卖给第三人,抵押权人就变卖所得的价款优先受偿。如果抵押权人与抵押人不能就抵押权实现方式达成协议,则抵押权人可以请求人民法院拍卖、变卖抵押财产。

(3)抵押权实现的顺序。同一财产向两个以上债权人抵押的,拍卖、变卖抵押财产所得的价款依照下列规定清偿:①抵押权已登记的,按照登记的先后顺序清偿;顺序相同的,按照债权比例清偿;②抵押权已登记的先于未登记的受偿;③抵押权未登记的,按照债权比例清偿。

4)抵押权存续期间届满。根据《物权法》第202条的规定,抵押权人应当在主债权诉讼时效期间行使抵押权;未行使的,人民法院不予保护。

2009 年 8 月 11 日,王某与李某签订协议书,约定:王某从李某处借款人民币50 万元,期限自 2009 年 8 月 11 日至 2009 年 9 月 10 日,期满一次性偿还全部借款;王某将位于北京市通州区的 A 号房屋抵押于李某处。8 月 12 日,王某和李某办理涉案房屋的抵押登记手续,李某被登记为上述房屋的他项权利人。借款到期后,李某直到 2014 年后才开始向王某主张还款。王某以主债权已过诉讼时效为由将李某诉至法院,要求李某协助解除 A 号房屋的抵押登记手续。北京市通州区人民法院经审理认为,协议中约定的还款期限为 2009 年 9 月 10 日,故李某请求保护民事权利的诉讼时效期间应为 2009 年 9 月 11 日至 2011 年 9 月 10日,然未有证据证明其在上述期间内向王某主张权利,亦未有证据证明王某向李某偿还过借款,故上述债权已过诉讼时效。李某作为抵押权人未在主债权诉讼时效期间内行使抵押权,其抵押权不再受法院保护。遂判决:王某与李某办理解除通州区 A 号房屋的抵押登记手续。李某不服,提起上诉,北京市第三中级人民法院审理后判决驳回上诉,维持原判。

(案例来源:北京市通州区人民法院民事判决书(2015)通民初字第 23906 号,北京市第三中级人民法院民事判决书(2016)京 03 民终字第 8680 号)

5)债权人放弃抵押权。这里的"放弃"是指债权人的明示放弃,明示放弃主要包括两种情形:一是债权人用书面的形式明确表示放弃抵押权。例如,债权人与抵押人以签订协议的方式同意放弃抵押权。二是债权人以行为放弃。例如,因债权人自己的行为导致抵押财产毁损、灭失的,视为债权人放弃了抵押权。

(五)最高额抵押

所谓最高额抵押,是指为担保债务的履行,债务人或者第三人对一定期间内将要连续发生的债权提供担保财产,债务人不履行到期债务或者发生当事人约定的实现抵押权的情形,抵押权人有权在最高债权额限度内就该担保财产优先受偿。最高额抵押具有以下特征:①最高额抵押是限额抵押,无论将来实际发生的债权如何增减变动,抵押权人只能在最高债权额范围内对抵押财产享有优先受偿的权利;②最高额抵押是为将来发生的债权提供担保。所谓"将来债权",是指设定抵押时尚未发生,在抵押期间将要发生的债权;③最高额抵押是对一定期间内连续发生的债权做担保。所谓连续发生的债权,是指债权发生的次数不确定,而且接连发生,但不论发生多少次,只要发生在担保期间内,只要债权总额仍处于约定的最高债权额限度内,债权人都可以就抵押财产优先受偿。

在银行抵押贷款中,最高额抵押与一般抵押相比有其优越性。例如,某公司向某银行连续多次借款,如果采用一般抵押的方法,那么,每次借款都需要签订一次抵押合同,对财产进行一次评估,进行一次抵押财产登记,十分繁琐不便,而签订一个最高额抵押合同,不论债权发生几次,只需要进行一次财产评估和抵押财产登记就可以了,省时、省事、省力,还可以加速资金的流通。最高额抵押是为将来发生的债权提供担保,债权人的债权在下列情形下确定:①约定的债权确定期间届满;②没有约定债权确定期间或者约定不明确,抵押权人或者抵押人自最高额抵押权设立之日起满2年后请求确定债权;③新的债权不可能发生;④抵押财产被查封、扣押;⑤债务人、抵押人被宣告破产或者被撤销;⑥法律规定债权确定的其他情形。

《担保法》第61条规定,最高额抵押的主合同债权不得转让,虽然可由此避免出现诸如主合同债权转让最高额抵押权是否随之转让以及对以后再发生的债权如何担保等问题,但也妨碍了最高额抵押担保机制作用的发挥。《物权法》完善了关于最高额抵押的规定,表现在:①放宽了最高额抵押担保的债权范围。《物权法》第203条第2款规定,最高额抵押权设立前已经存在的债权,经当事人同意,可以转入最高额抵押担保的债权范围。②更多地尊重当事人对于最高额抵押的意思自治。该法第204条规定,最高额抵押担保的债权确定前,部分债权转让的,最高额抵押权不得转让,但当事人另有约定的除外。第205条规定,最高额抵押担保的债权确定前,抵押权人与抵押人可以通过协议变更债权确定的期间、债权范围以及最高债权额,但变更的内容不得对其他抵押权人产生不利影响。

二、质押

(一)质押概述

1. 质押的概念

所谓质押,是指债务人或第三人将其动产或财产权利转移给债权人占有,以该动产或权利作为债权的担保。债务人不履行债务时,债权人有权以该动产或权利折价或以拍卖、变卖所得的价款优先受偿。这里的债务人或第三人即为出质人,债权人为质权人。

2. 质押的特征

质押与抵押同属物的担保,但与抵押相比,质押又有自己的特征:一是标的物不同。质押的标的物是动产及财产权利,不论是《担保法》还是《物权法》,均未规定不动产质押;而抵押的标的物往往是不动产,此外也包括部分动产。二是标的物的占有方式不同。在质押关系中要转移质押财产的占有,而在抵押关系中则不转移抵押财产的占有。三是同一标的物上可设立的权利数量不同。在质押关系中,同一质押财产上只允许设立一个质权,不存在按序清偿的问题,即"一物一质";而在抵押关系中,同一抵押财产上可设立数个抵押权,并依法按一定顺序清偿。

3. 质押的种类

《担保法》及《物权法》均将质押分为动产质押和权利质押。

(二)动产质押

1. 动产质押与动产质权

根据《物权法》,为担保债务的履行,债务人或者第三人将其动产出质给债权人占有的,债务人不履行到期债务或者发生当事人约定的实现质权的情形,债权人有权就该动产优先受偿,这种优先受偿权即为动产质权。这里交付动产的债务人或者第三人为出质人,债权人为质权人,交付的动产为质押财产,但法律、行政法规禁止转让的动产不得出质。质权与质押是两个既有联系又有区别的概念。质权是一种担保物权,而质押则是一种法律行为;质权是质押引起的法律后果,而质押则是质权产生的原因。

2. 动产质权合同

(1)质权合同

设立动产质权,当事人应当采取书面形式订立质权合同。质权合同的条款包括:被担保债权的种类和数额;债务人履行债务的期限;质押财产的名称、数量、质量、状况;担保的范围及质押财产交付的时间等。法律、行政法规禁止转让的动产不得作为质押财产。此外,质权人在债务履行期届满前,不得与出质人约定债务人不履行到期债务时质押财产归债权人所有,即与抵押合同相类似,质权合同同样禁止"流质条款"。

(2)质押财产的交付

设立动产质权,除依法订立质权合同外,还要求交付质押财产。质权自出质人交付质押财产时设立。但根据《物权法》,交付质押财产仅仅是设立动产质权的要件,而不是动产质权合同生效的要件。换言之,质押财产未交付,动产质权就不能设立,但并不意味着质权合同本身就无效。

3. 质权人的权利与义务

质权人的权利主要有:①收取孳息的权利。质权人有权收取质押财产的孳息,但合同另有约定的除外。②救济质权损失的权利。质押财产的损坏或价值的减少将影响到质权人的利益,为避免质权的损失,质权人可采取相应的救济措施。根据《物权法》,因不能归责于质权人的事由可能使质押财产毁损或者价值明显减少,足以危害质权人权利的,质权人有权要求出质人提供相应的担保;出质人不提供的,质权人可以拍卖、变卖质押财产,并与出质人通过协议将拍卖、变卖所得的价款提前清偿债务或者提存。③优先受偿的权利。债务人不履行到期债务或者发生当事人约定的实现质权的情形,质权人可以与出质人协议以质押财产折价,也可以就拍卖、变卖质押财产所得的价款优先受偿。这是质权效力的核心所在,也体现了设立动产质权的目的。

质权人的义务主要有:①妥善保管质押财产的义务,因保管不善致使质押财产毁损、灭失的,质权人应当承担赔偿责任。②返还质押财产的义务。债务人履行债务或者出质人提前清偿所担保的债权的,质权人应当返还质押财产。

4. 动产质权的实现

实现动产质权的条件有两个:一是债务履行期间届满,债务人不履行债务;二是发生了当事人约定的实现质权的情形。这两个条件只要满足其中任何一个条件,质权人就可以依法实现质权。质权实现的方式有三种,即折价、拍卖和变卖。折价是指经出质人与质权人协议,按照质押财产的品质,参考市场价格,把质押财产的所有权由出质人转移给质权人,从而实现质权。折价必须由出质人与质权人协商一致,否则只能拍卖或变卖。折价与流质不同:折价是发生在债务履行期届满,债务人不履行债务,质权人实现质权时;而流质则是指订立质权合同时即事先约定债务人不履行到期债务质押财产就归债权人所有。拍卖是指按照拍卖程序,以公开竞价的方式将质押财产卖给出价最高的竞买者。变卖则是指直接将质押财产变价卖出,变卖没有公开竞价等形式与程序上的限制。质权人应积极行使质权,质权人不行使的,出质人可以请求人民法院拍卖、变卖质押财产。出质人请求质权人及时行使质权,因质权人怠于行使权利造成损害的,由质权人承担赔偿责任。

(三) 权利质押

1. 可以出质的权利

《物权法》第 223 条列举了可以出质的权利,它们是:①汇票、支票、本票;②债券、存款单;③仓单、提单;④可以转让的基金份额、股权;⑤可以转让的注册商标专用权、专利权、著作权等知识产权中的财产权;⑥应收账款;⑦法律、行政法规规定可以出质的其他财产权利。

2. 质权设立的时间

质权设立的时间有以下几种情况:

(1) 以汇票、支票、本票、债券、存款单、仓单、提单出质的,当事人应当订立书面合同。质权自权利凭证交付质权人时设立;没有权利凭证的,质权自有关部门办理出质登记时设立。应当注意的是,上述债权或物权凭证的到期日与所担保债务的到期日可能并不一致。对此,《物权法》规定:汇票、支票、本票、债券、存款单、仓单、提单的兑现日期或者提货日期先于主债权到期的,质权人可以兑现或者提货,并与出质人协议将兑现的价款或者提取的货物提前清偿债务或者提存。

建行广州某支行与某能源公司于 2011 年 12 月签订了《贸易融资额度合同》及《关于开立信用证的特别约定》等相关附件,约定该行向能源公司提供不超过 5.5 亿元的贸易融资额度,包括开立等值额度的远期信用证。2012 年 11 月,能源公司向建行某支行申请开立 8 592 万元的远期信用证。信用证开立后,能源公司进口了 164 998 吨煤炭。建行某支行承兑了信用证并付款人民币 84 867 952.27 元,取得了包括案涉提单在内的全套单据。能源公司因经营状况恶化未能付款赎单,提单项下的煤炭亦因其他纠纷被法院查封。建行某支行向法院起诉,请求判令能源公司清偿信用证项下本金人民币 84 867 952.27 元及利息,确认银行对处置提单项下煤炭所获价款有优先受偿权。一审及二审法院判决支持建行某支行关于能源公司还本付息的诉讼请求,但驳回其关于请求确认煤炭优先受偿权的诉讼请求。建行某支行向最高人民法院申请再审。最高人民法院再审认为,提单具有债权凭证和所有权凭证双重属性。本案中双方约定能源公司违约时,建行某支行享有担保权利并有权处分信用证项下单据及货物,因此根据合同整体解释以及信用证交易的特点,表明当事人关于担保权利和处分权的真实意思表示包括设定提单质押的权利。本案符合权利质押设立所须具备的要件,建行某支行作为提单持有人,享有提单权利质权。据此,最高人民法院于2015年10月19日作出再审判决,改判确认建行某支行对案涉信用证项下提单对应货物处置所得价款享有优先受偿权。

(案例来源:最高人民法院民事判决书(2015)民提字第126号)

(2)以基金份额、股权出质的,当事人应当订立书面合同。以基金份额、证券登记结算机构登记的股权出质的,质权自证券登记结算机构办理出质登记时设立;以其他股权出质的,质权自工商行政管理部门办理出质登记时设立。基金份额、股权出质后,不得转让,但经出质人与质权人协商同意的除外。出质人转让基金份额、股权所得的价款,应当向质权人提前清偿债务或者提存。

(3)以注册商标专用权、专利权、著作权等知识产权中的财产权出质的,当事人应当订立书面合同。质权自有关主管部门办理出质登记时设立。知识产权中的财产权出质后,出质人不得转让或者许可他人使用,但经出质人与质权人协商同意的除外。出质人转让或者许可他人使用出质的知识产权中的财产权所得的价款,应当向质权人提前清偿债务或者提存。

(4)以应收账款出质的,当事人应当订立书面合同。质权自信贷征信机构办理出质登记时设立。应收账款出质后,不得转让,但经出质人与质权人协商同意的除外。出质人转让应收账款所得的价款,应当向质权人提前清偿债务或者提存。所谓应收账款是指权利人因提供一定的货物、服务或设施而获得的要求义务人付款的权利,包括现有的和未来的金钱债权及其产生的收益,但不包括因票据或其他有价证券而产生的付款请求权。具体包括:①销售产生的债权,包括销售货物,供应水、电、气、暖,知识产权的许可使用等;②出租产生的债权,包括出租动产或不动产;③提供服务产生的债权;④公路、桥梁、隧道、渡口等不动产收费权;⑤提供贷款或其他信用产生的债权。

案例分析

【案情】

2006年1月19日，借款人陈某，抵押人郑某与某银行签订两份《个人担保贷款合同》，约定：借款人陈某向银行分别借款人民币30万元及55万元，贷款期限均为10年，借款人陈某、抵押人郑某以名下位于××号××室为银行债权提供抵押。同日，甲公司、乙公司及陈×分别与银行签订《保证担保合同》，约定保证范围为主合同项下债务人所应承担的全部债务本金85万元、利息及罚息、实现债权的费用，保证人对保证范围内的全部债务承担连带保证责任。其中甲公司与银行签订的《保证担保合同》约定，保证期间从合同生效日起直至主合同履行届满日另加两年。乙公司、陈×与银行签订的《保证担保合同》第十条约定，将合同第二条修改为"本合同保证期限从合同生效日起至主合同履行满一年止"，将合同第三条修改为"乙公司、陈×不可撤销地授权银行，当债务人连续三个月或累计六个月未能按时、按期如数还款时，银行可直接从乙公司、陈×的银行账户上扣收欠息和已到期债务本金，银行同时应立即宣布主合同项下的贷款到期，并在此后一个月内行使抵押权。"银行于2006年2月6日按约发放了贷款，但借款人陈某未按约履行还款义务，甲公司、乙公司、陈×也未履行担保责任。银行诉至法院，法院一审判决三保证人对借款人陈某欠银行的借款本金308 139.68元及相关利息承担连带清偿责任。乙公司、陈×不服一审判决，提起上诉：首先，《保证担保合同》第十条明确对于第二条保证期间进行了修改。根据合同第十条的规定，上诉人的担保期间为主合同履行满一年止，即2006年1月19日至2007年1月18日，故担保期间结束，上诉人的担保义务已经完成。其次，银行未起诉主债务人陈某，致使上诉人无法确认担保债务是否已经归还，或者是否改变了借款金额、还款方式、时间等，故请求二审法院撤销原审判决，驳回银行全部诉讼请求。

【问题】

1. 上诉人承担保证责任的期限如何确定？

2. 银行未起诉主债务人陈某是否影响其追究上诉人的保证责任？

3. 银行是否有权先于抵押物处置即要求上诉人承担保证责任？

【法律依据】

《担保法》第 18 条规定,当事人在保证合同中约定保证人与债务人对债务承担连带责任的,为连带责任保证。连带责任保证的债务人在主合同规定的债务履行期届满没有履行债务的,债权人可以要求债务人履行债务,也可以要求保证人在其保证范围内承担保证责任。最高人民法院《关于适用〈中华人民共和国担保法〉若干问题的解释》第 32 条规定,保证合同约定的保证期间早于或者等于主债务履行期限的,视为没有约定,保证期间为主债务履行期届满之日起六个月。《物权法》第 176 规定,被担保的债权既有物的担保又有人的担保的,债务人不履行到期债务或者发生当事人约定的实现担保物权的情形,债权人应当按照约定实现债权⋯⋯

【法律运用及处理结果】

本案中,《保证担保合同》经上诉人与银行约定将保证期限修改为从主合同生效日起至主合同履行满一年止。所谓"履行满一年",并非是指从合同开始履行满一年。因为从保证的实质来看,保证期限不应早于主合同的履行期限,否则就失去了保证的意义。根据最高人民法院的相关司法解释,保证合同约定的保证期限早于或者等于主债务履行期限的,视为没有约定,保证期间为主债务履行期满之日起六个月。因此,上诉人称其担保期间为 2006 年 1 月 19 日至 2007 年 1 月 18 日的主张不能成立。上诉人的保证方式是连带责任保证,因此银行有权直接要求上诉人履行保证责任。根据上诉人与银行所签《保证担保合同》的约定,只要债务人连续三个月或累计六个月未按时还款,银行可直接从上诉人账户扣划资金,银行处理抵押物的时间为宣布贷款到期一个月内,晚于扣划欠息及到期本金,因此银行有权先于抵押物处置即要求上诉人承担保证责任。法院二审判决驳回上诉,维持原判。

(案例来源:上海市第一中级人民法院民事判决书(2014)沪一中民六(商)终字第 358 号)

本章思考题

1. 简述担保的特征。

2. 保证方式有几种？各有什么特点？

3. 哪些财产可以抵押？哪些财产不能抵押？

4. 简述抵押登记的效力。

5. 质押与抵押有何区别？动产质押中,质权人有哪些权利义务？

6. 2016 年 4 月,甲公司因欠乙银行贷款 100 万元不能按时偿还,向乙银行请求延期至 2017 年 2 月 1 日还款,并愿意以本公司所有的 3 台大型设备进行抵押和 1 辆轿车进行质押,为其履行还款义务提供担保。乙银行同意了甲公司的请求,并与甲公司订立了书面抵押和质押合同。甲公司将用于质押的轿车的机动车登记证书交乙银行保管,但未就抵押和质押办理任何登记手续,也未向乙银行交付用于抵押的设备和质押的轿车。2016 年 5 月,甲公司将用于抵押的 3 台设备出租给丙公司。2016 年 8 月,甲公司隐瞒有关事实,与戊公司订立合同出售其用于抵押的 3 台设备。随后,甲公司通知丙公司:本公司已将出租的 3 台设备卖给戊公司,要求解除租赁合同,丙公司可不再支付剩余 9 个月的租金,并请其将这 3 台设备交付给戊公司。丙公司表示同意,且立即向戊公司交付了这 3 台设备。请分析:

(1) 本案抵押合同是否有效？抵押权是否成立？并说明理由；

(2) 甲公司是否有权将用于抵押的 3 台设备出租给丙公司并说明理由；

(3) 乙银行是否有权就用于抵押的 3 台设备向戊公司行使抵押权并说明理由；

(4) 乙银行是否对该轿车享有质权并说明理由。

第五章　票据法律制度

教学要求

通过本章的学习,应熟悉我国《票据法》的各项基本规定,着重掌握票据特征、票据关系与非票据关系、票据行为、票据权利、票据伪造与变造、票据抗辩、汇票与支票等内容。

第一节　票据法概述

票据是银行结算中常见的结算工具,《中华人民共和国票据法》(以下简称《票据法》)全面规范了票据活动中当事人的权利义务,为促进票据的正常使用和流通提供了法律保障,本章对我国《票据法》做具体介绍。

一、票据概述

(一) 票据的概念和种类

票据有广义和狭义之分。广义的票据是指一切商业上的权利凭证,如提单、保单、仓单、债券等,广义上都可以看成是票据;狭义的票据仅指《票据法》上规定的票据,即指由出票人依法签发的、由自己无条件支付或委托他人无条件支付一定金额的有价证券。本章所指的票据是指狭义的票据,即《票据法》上的票据。根据我国《票据法》的规定,票据可分为汇票、本票和支票三种。

1. 汇票

汇票是出票人签发的,委托付款人在见票时或者在指定日期无条件支付确定的金额给收款人或者持票人的票据。从以上定义可知,汇票是一种无条件支付的委托,有三个基本当事人:即出票人、付款人和收款人。

2. 本票

本票是出票人签发的,承诺自己在见票时无条件支付确定的金额给收款人或者持票人的票据。我国《票据法》所称的本票仅指银行本票。

3. 支票

支票是以银行为付款人的即期支付一定金额的票据。与本票相比,支票有三个基本当事人,即出票人、付款人和收款人,因此支票可以看成是一种特殊的汇票。

(二)票据的特征

不论是汇票、本票还是支票,《票据法》上的票据都有一些共同的法律特征,主要体现在以下几方面。

(1)票据是设权证券。根据证券上权利的发生与证券关系的不同,证券可以分为证权证券和设权证券两种。证权证券上的权利在证券做成之前就已经存在,做成证券仅是证明了这种本已存在的权利,因此当证券灭失、毁损而无法提示时,只要通过其他途径能够证明这种权利的存在,则该权利仍可行使,如股票、债券、提单等即为证权证券。而设权证券上的权利在证券做成之前并不存在,证券权利是由做成证券而创设的,因此当证券灭失或毁损无法提示时,该证券权利也随之无法行使。票据就属于典型的设权证券。

(2)票据是完全有价证券。根据权利是否完全证券化,证券可分为不完全有价证券和完全有价证券。不完全有价证券又称相对证券,是指行使或转让证券权利不以持有证券为必要条件的证券,如股票、提单、仓单、公司债券等。完全有价证券又称绝对证券,是指权利完全证券化,权利与证券融为一体不可分离的证券。票据即为完全有价证券。票据权利的产生,必须作成票据;票据权利的转移,必须交付票据;票据权利的行使,必须持有票据。

(3)票据是债权证券。就证券上的权利所表示的法律性质不同,证券可分为物权证券、债权证券和社员权证券三种。物权证券是用以证明物权的证券,如提单、仓单等;社员权证券是用以证明社员权利的证券,如公司的股东权即为社员权,股票就属此类证券。票据上所示之权利,是一种以一定的金额为请求权的债权。票据权利人(即受款人或持票人)对票据义务人(即付款人、承兑人及其保证人或被追索人)可行使付款请求权和追索权。

(4)票据是金钱证券。债权证券,就其表彰的权利的经济内容不同,可分为两种:一种是以请求支付金钱为内容的金钱证券,另一种是以请求支付物品为内容的物品证券。票据是以一定的金钱为支付标的的,支付"票据金额"是发行票据的唯一目的,因此票据是金钱证券。

(5)票据是流通证券。票据贵在流通,如果不能流通,则票据也就失去了其存在的意义。具体来说,票据的流通性体现在:①票据经交付或经背书和交付即可转让,既不必征得原债务人的同意,也不必通知原债务人;②受票人取得票据后,即取得票据的全部权利,他可以以自己的名义对票据上的出票人、承兑人或前手背书人起诉。

(6)票据是无因证券。票据的无因性是其流通性的保障。票据关系的产生总是基于一定的原因,但票据关系的成立,却不以这种原因关系的成立和有根据为前提。票据关系和原因关系各自独立。只要符合《票据法》上的形式要件,持票人不必证明自己取得票据的原因就有权请求票据付款人支付票据上的金额;付款人也不必过问持票人取得票据的原因,只要票据要式具备,背书连续即须无条件付款。这里需要注意的是,我国《票据法》第10条规定:"票据的签发、取得和转让,应当遵循诚实信用的原则,具有真实的交易关系和债权债务关系。"这实际上是把票据规定为有因证券,不符合票据作为无因证券的一般特征。最高人民法院《关于审理票据纠纷案件若干问题的规定》对此进行了修正。根据该规定,票据债务人以《票据法》第10条的规定为由,对业经背书转让票据的持票人进行抗辩的,人民法院不予支持。票据的无因性在此得到了承认。

(7)票据是要式证券。所谓"要式"是指票据的作成必须符合法律规定的格式,否则就不能产生票据的效力。这是因为,票据作为一种流通证券,其权利和义务完全凭票据上的文义来确定,如果票据上的记载事项不统一,或者对其中某些重要事项没有载明或记载不清,则当事人间的权利义务就难以确定,票据的流通性也会因此受到影响。

(8)票据是文义证券。票据上所创设的权利和义务,均依票据上记载的文字内容来确定,不受票据上文字以外事项的影响。在票据上签名的人,均应依签名时的票据文义对票据负责,不得以票据以外的证据来变更或补充其文义。票据的文义性维护了善意持票人的正当权益,有利于保障和促进票据的流通。

2009年6月27日,某勘探局为某工程公司开具银行承兑汇票一张,出票人为勘探局,收款人为工程公司,承兑人为建行某支行,出票金额为330万元,从该票据背书人处填写的名称及加盖的公章来看,此票据先后经工程公司、A公司、B公司背书。2009年7月2日,工程公司与某电气公司签订采购协议,约定工程公司将案涉银行承兑汇票转给电气公司以支付货款。2009年7月6日,广发银行某支行根据B公司申请办理票据贴现,后又将该案涉票据转贴现给农行某支行,农行某支行于票据到期后要求建行某支行付款,建行某支行履行了付款义务。工程公司和电气公司向辽宁某中院起诉,请求判令广发银行某支行和农行某支行返还已被兑支的票据金额330万元给电气公司并赔偿利息损失。一审法院判决驳回工程公司和电气公司的诉讼请求。电气公司不服,上诉至辽宁省高级人民法院。二审法院判决驳回上诉,维持原判。电气公司向最高人民法院申请再审。最高人民法院认为,根据票据的文义性特征,票据上所创设的权利和义务,均应依据票据上记载的文字内容来确定。本案中涉案票据票面记载的内容没有电气公司,说明电气公司没有经过背书转让取得票据。至于工程公司的陈述以及电气公司与工程公司签订的协议书,最多能够说明电气公司与工程公司之间有合同关系,双方曾约定用涉案票据支付货款,同样不能认定电气公司是票据权利人。最高人民法院裁定驳回电气公司的再审申请。

(案例来源:辽宁省最高人民法院民事判决书(2014)辽民二终字第00204号;最高人民法院民事裁定书(2015)民申字第1830号)

(9) 票据是返还证券。持票人获得票据金额后,必须将票据返还给付款人。付款人是主债务人时,付款后票据关系消灭;付款人是次债务人时,付款后可持该票据向其前手追索。

(三) 票据的功能

(1) 汇兑功能。票据最初的功能是汇兑,即作为异地输送现金和兑换货币的工具,以克服使用现金的空间困难。

(2) 支付功能。由于票据有汇兑功能,可异地兑换现金,是一种金钱给付的债权凭证,因而它逐渐发展为具有支付功能,即可以代替现金在交易中进行支付。以票据代替现金作为支付工具,例如使用支票方式支付,具有便携、快捷、安全等优点。因此,在现代经济中,票据支付在货币支付中占有越来越大的比重。

(3)结算功能。这是指在同城或异地的经济往来中,可以通过票据抵销不同当事人之间相互的收款、欠款或相互的支付关系,即通过票据交换,使各方收付相抵,相互债务冲减。票据结算是目前银行结算的主要方式。

(4)流通功能。票据可以通过背书转让,在市场上广泛地流通,这样,就逐步变成一种流通工具,从而扩大了流通手段。

(5)信用功能。这是指在商品交易中,票据可作为预付货款或延期付款的工具,发挥商业信用功能。例如,甲公司向乙公司交货,乙公司签发一张3个月后到期的远期汇票用以支付货款,这就相当于甲公司向乙公司提供了3个月的商业信用。

(6)融资功能。这是指票据权利人可将尚未到期的票据向银行申请办理贴现,以从银行获得资金,这时票据就作为一种短期融资工具发挥其融资功能。

二、票据法概述

(一)票据法的概念

票据法是指调整因票据活动而发生的各种社会关系的法律规范的总称。票据法有广义和狭义之分。狭义的票据法,也被称为"形式票据法",是指有关票据的专门立法,而广义的票据法则是"实质票据法",除了包括票据的专门立法,还包括《民法》、《中华人民共和国刑法》(以下简称《刑法》)、《中华人民共和国税法》等其他法律、法规中有关票据的一切规定。本章所指票据法为狭义票据法,即《中华人民共和国票据法》。该法于1995年5月10日第八届全国人民代表大会常务委员会第十三次会议通过,自1996年1月1日起施行。2004年8月28日第十届全国人民代表大会常务委员会第十一次会议决定对《票据法》进行修改,删去原《票据法》第75条"本票出票人的资格由中国人民银行审定,具体管理办法由中国人民银行规定"的条款。

(二)票据法的特征

(1)票据法具有强制性。首先,《票据法》规定票据的种类只有三种,即汇票、本票和支票,除此之外,任何单位或个人都不得创设新的票据种类;其次,票据是严格的要式证券,票据行为也是严格的要式行为。当事人必须按照《票据法》规定的方式进行票据行为,一般不承认当事人另行约定的优先效力。《票据法》的这种强制性,不仅是保障票据当事人合法权益的需要,同时也是促进票据流通、发挥票据功能的需要。

(2) 票据法具有技术性。《票据法》中的许多规定,如票据形式的严格规定、关于票据行为无因性的规定、背书连续的规定、抗辩切断的规定以及付款责任的规定等,都是为了保证票据使用的安全,确保票据的流通与付款,从方便合理的角度出发,由立法者专门设计出来的。这些规定无关道德上的"善"或"恶",仅具有技术上的意义。从这个角度来看,《票据法》比较类似于交通法规,具有较强的技术性。

(3) 票据法是国内法,但具有国际统一性。一国的票据法是由本国立法机关制定的,因而是国内法。但票据的产生,最初就始于国际贸易,而国际贸易的不断发展则要求各国票据法的不断统一。票据法发展到今天,不仅在参加日内瓦公约的国家之间,票据法是统一的,而且未参加公约的国家也力求使自己的票据法与其他多数国家的票据法统一起来。票据法是国际上统一程度最高的一种法律,这是票据法的一大特点。

三、票据法律关系

票据法律关系是指当事人之间因票据行为而产生的权利义务关系以及与票据相关的其他法律关系,可分为票据关系与非票据关系两大类。

(一) 票据关系

票据关系是指当事人之间基于票据行为而发生的权利义务关系。票据行为主要有出票、背书、承兑、票据保证等,当事人之间基于这些行为所产生的债权债务关系即为票据关系。与其他法律关系一样,票据关系也是由主体、客体、内容三个要素构成的。票据关系的主体是指在票据关系中,享有票据权利、承担票据责任的人,即票据当事人,如出票人、收款人、付款人、背书人、承兑人、保证人、持票人等都是票据当事人。在票据当事人中,在票据上签名在前的称前手,签名在后的称后手,签名相邻的两当事人称直接前后手。在票据当事人中,享有票据权利的人是票据权利人,或称票据债权人,承担票据责任的人是票据义务人,也称票据债务人。票据关系的客体就是票据当事人的票据权利义务所指向的对象,也就是票载金额。票据关系的内容就是票据当事人所享有的票据权利和所承担的票据义务,可分为两类,一是票据债权人的付款请求权与票据债务人的付款义务;二是票据债权人的追索权与票据债务人的偿付义务。

(二)非票据关系

1. 非票据关系概述

非票据关系是相对于票据关系而言的一种法律关系,这种关系与票据有联系,但又不是直接基于票据行为而产生的,因而被称为非票据关系。根据产生的法律基础不同,非票据关系可分为《票据法》上的非票据关系与《民法》上的非票据关系。

2. 票据法上的非票据关系

所谓《票据法》上的非票据关系,是指这种关系虽然由《票据法》规定,但却不是由当事人的票据行为所引起的,而是直接根据法律规定而产生的。我国《票据法》上的非票据关系主要有:

(1)利益返还关系。所谓利益返还关系是指持票人因故未能实现票据权利时,要求出票人或承兑人返还因此所获得的利益而形成的法律关系。我国《票据法》规定了票据权利的消灭时效,并对票据权利的行使规定了严格的形式要件。因此,持票人超过票据权利时效或手续欠缺,就会丧失票据上的权利。而另一方面,票据为有价证券,票据的取得通常需要给付对价。当票据由于法定原因而未能实现票据债权或丧失票据权利时,为避免产生因票据发行而无偿取得利益的不公平现象,通过票据发行而取得的对价应当予以返还。为此,《票据法》第18条规定:"持票人因超过票据权利时效或者因票据记载事项欠缺而丧失票据权利的,仍享有民事权利,可以请求出票人或者承兑人返还其与未支付的票据金额相当的利益。"这就在持票人与出票人或承兑人之间形成了一种利益返还关系。利益返还制度旨在救济因法律的直接规定而丧失票据权利的持票人,使持票人获得最后的补救机会,有利于不同利益主体之间的利益平衡。利益返还请求权不是票据权利,而是"票据法上的权利",是票据法给予因为法律规定较短的权利时效和较严格的保全手续致使票据权利消灭的持票人的一种救济性权利。由于它不是票据权利,所以不受票据法关于票据权利消灭时效规定的限制,而是适用民法上关于时效的规定。

乙公司向案外人孙某出具一张中国建设银行上海市分行支票,出票日期记载为 2011 年 2 月 25 日、金额为 20 万元,收款人及用途栏为空白。后孙某为归还所欠甲公司债务,将系争支票交付甲公司,并在支票收款人一栏填写"上海某某投咨询有限公司",与甲公司名称"上海某某投资咨询有限公司"存在"一字之差"。2011 年 3 月 4 日,甲公司将系争支票介入银行,同月 7 日,中国建设银行出具退票通知书,退票理由为账户存款不足。甲公司遂诉至法院要求乙公司支付票据款 20 万元。上海市第二中级人民法院终审判决驳回甲公司原审诉讼请求。法院认为:尽管本案中甲公司提交的证据足以证明其为从孙某处取得票据已经支付了相应对价,但系争支票收款人名称与甲公司存在一字之差,根据票据的文义性,甲公司不享有票据权利,亦不能基于《票据法》第 18 条之规定享有票据利益返还请求权,即不能请求出票人返还其与未支付的票据金额相当的利益。至于甲公司就取得系争票据已经支付的对价,可以基于其与孙某之间的民事权利义务关系向其追偿。

(案例来源:上海市第二中级人民法院民事判决书(2012)沪二中民六(商)终字第 130 号)

(2)票据返还关系。所谓票据返还关系是指票据的正当权利人对于票据的不当持有人要求返还票据而形成的法律关系。票据是一种完全有价证券,票据权利与票据本身不可分离,通常情况下,谁持有票据谁就享有票据权利。但在某些情况下,持票人尽管持有票据,却仍不能享有票据权利。如以欺诈、偷盗或者胁迫等手段取得票据的,或者明知有前列情形,出于恶意取得票据的,不得享有票据权利。持票人因重大过失取得不符合《票据法》规定的票据的,也不得享有票据权利,此时票据的正当权利人与票据的实际持有人之间就存在着票据返还关系,即正当权利人有权要求不当持有票据者返还票据。此外,已获付款或者清偿的票据的付款人或清偿人与票据的持票人之间也存在票据返还关系。

(3)损害赔偿关系。所谓损害赔偿关系是指未按照法律规定行使票据权利或实施票据行为给他人造成损害的,侵害人应当对其造成的损害进行赔偿而形成的法律关系。我国《票据法》规定了三种损害赔偿责任情形:一是对实施伪造、变造票据的人,虽然可以根据票据文义性的特点不承担票据责任,但应承担因伪造、变造票据而产生的损害赔偿责任(《票据法》14 条);二是当承兑人或付款人在拒绝承兑或拒绝付款时,未出具拒绝证明或退票理由书的,该承兑人或付款人应承担由此产生的损害赔偿责任(《票据法》62 条);三是在发生票据追索权时,追索权人没有在规定期间内及时将追索一事通知其前手而给前手造成损害的,追索权人应当承担损害赔偿责任(《票据法》66 条)。

3. 民法上的非票据关系

票据关系是由当事人的票据行为引起的,而票据当事人之所以作出一定的票据行为必有一定的原因或前提,这种原因或前提关系本身并不受《票据法》调整,而是由《民法》来调整,因而被称为《民法》上的非票据关系。由于它们是产生票据关系的基础,故又被称为票据的基础关系。具体而言,主要包括以下三种关系。

(1)票据原因关系。票据原因是指当事人之间授受票据的原因。票据原因主要包括:支付价金或劳务费或者其他费用、借贷、票据本身的买卖、债权担保、赠与、委托取款等。当事人之间授受票据的原因所形成的权利义务关系,就是票据原因关系。由于票据是无因证券,因此一般情况下票据关系与票据原因关系相分离,即使其原因关系存在瑕疵或被确认为无效,也不影响已作成并流通的票据的效力。但需要注意的是,票据关系与其原因关系的分离不是绝对的,在法律规定的某些特殊情况下,原因关系也可以对票据关系产生一定的影响,具体体现在:①票据关系的当事人在原因关系中为当事人的,票据债务人可根据原因关系,对票据债权人进行抗辩。我国《票据法》第 13 条第 2 款规定:"票据债务人可以对不履行约定义务的与自己有直接债权债务关系的持票人,进行抗辩"。例如:买方向卖方签发票据用以付款,卖方受票后不予交货反持票请求付款,此时票据债务人(买方)即可以票据债权人(卖方)不履行原因关系中的债务为抗辩事由,对票据债权人进行抗辩。②以欺诈、偷盗或者胁迫等手段取得票据的,或者明知有前列情形,出于恶意取得票据的,不得享有票据权利;持票人因重大过失取得不符合《票据法》规定的票据的,也不得享有票据权利。③在原因关系中无对价或无相当对价取得票据的,其票据权利不能优于其前手。例如,甲签发汇票给乙,乙将汇票赠与丙,则丙的票据权利就不比乙多,甲可以对乙的抗辩事由均可用来对抗丙。

(2)票据资金关系。这是指汇票与支票的付款人与出票人之间的关系。汇票与支票的付款人是由出票人在签发票据时指定的,而付款人并无承兑或付款的义务,付款人之所以愿意承兑或付款,是因为他与出票人之间存在金钱、实物、信用等关系。如出票人在付款人处存有资金,或付款人欠出票人债务,或出票人与付款人订有信用合同等。本票是自付票据,不存在资金关系。

(3)票据预约关系。这是指票据当事人之间就授受票据而达成协议的关系。票据当事人之间有了票据原因关系之后,在授受票据之前,还必须就票据的种类、金额、到期日、付款地等事项达成协议,从而形成票据预约关系。

四、票据行为

(一)票据行为的概念和特征

1. 票据行为的概念

票据行为有广义和狭义之分。狭义的票据行为是指能产生票据债权债务关系的法律行为,我国《票据法》规定的狭义票据行为有出票、背书、承兑和保证。广义的票据行为是指以发生、变更或消灭票据关系为目的的法律行为,它除了上述狭义票据行为外,还包括付款、参加付款、涂销等。

狭义票据行为又可分为两类,一类是出票行为,出票行为是创设票据的行为,没有出票行为,其他票据行为都不可能产生,因此出票行为被称为基本的票据行为。其他的票据行为都是在基本票据行为的基础上作出的,因此其他票据行为又称附属的票据行为。

2. 票据行为的特征

(1)要式性。要式性是指票据行为是一种严格的书面行为。行为人应当依据《票据法》的规定,在票据上记载法定事项,同时还必须在票据上签章,其票据行为才能产生法律效力。根据《票据法》,票据上的签章为签名、盖章或签名加盖章。法人和其他使用票据的单位在票据上的签章,为该法人或者该单位的盖章加其法定代表人或者其授权代理人的签章;在票据上签名,应当为该当事人的本名,而不能是化名、笔名、艺名等。

（2）无因性。票据为无因证券，票据行为具有无因性，具体包括票据行为的外在无因性和票据行为的内在无因性。所谓票据行为的外在无因性是指持票人只要能够证明票据关系的真实成立与存续，无须证明自己及前手取得票据的原因，即可对票据债务人行使票据权利。所谓票据行为的内在无因性是指产生票据关系、引起票据行为的实质原因从票据行为中抽离，其不构成票据行为的自身内容，当形成票据债权债务关系时，原则上票据债务人不得以基础关系所生之抗辩事由对抗票据债权的行使。

（3）文义性。文义性是指票据行为的内容只能以票据上记载的文字为准，不得以票据以外的证据对票据所载文义进行更正或补充。

（4）独立性。独立性是指在同一票据上所作的各种票据行为互不影响，各自独立发生其法律效力，某一票据行为无效或有瑕疵，不影响其他行为的效力。具体体现在以下几方面：①票据上如有无行为能力人或限制行为能力人的签章，该签章的无效不影响其他签章的效力。②无代理权而以代理人名义在票据上签章的，应由签章人自己负担票据上责任；代理人逾越代理权限时，就逾越的部分，也应由签章人自负责任。③票据上有伪造、变造的签章的，不影响票据上其他真实签章的效力。

（二）票据行为的构成要件

票据行为的构成要件是指票据行为有效成立的必要条件，一般可分为实质要件和形式要件。

1. 实质要件

所谓实质要件，是指票据行为作为一种民事法律行为，必须具备一般民事法律行为的构成要件，即行为人具有相应的行为能力，行为人意思表示真实。为了保护善意第三人，促进票据的使用和流通，《票据法》对票据行为人的意思表示采取"外观解释原则"，即将票据上记载的事项视为行为人的真实意思。根据《票据法》第4条的规定，出票人及其他票据债务人在票据上签章的，均应按照票据所记载的事项承担票据责任。

2. 形式要件

所谓形式要件是指票据行为作为一种特殊的民事法律行为，除应当具备一般民事法律行为的构成要件外，还必须符合《票据法》所规定的形式要求。票据行为是一种要式法律行为,欠缺形式要件将导致票据行为无效。具体而言,形式要件包括书面作成、签章、记载事项和交付四项。

（1）书面作成。各种票据行为都必须书面进行,即行为人将其意思表示记载于专用的票据用纸上。没有一种票据行为是口头表示的。

（2）签章。票据行为必须由行为人签章,未经行为人签章,即使其他记载事项都很完备,该票据行为仍不产生效力。

（3）记载事项。票据上的记载事项,依效力的不同,可分为绝对应记载事项、相对应记载事项、任意记载事项、不发生《票据法》上效力的记载事项和不得记载事项。

绝对应记载事项,是指《票据法》明文规定票据上必须记载的事项,如无记载,票据即无效。我国《票据法》第 22 条、第 76 条、第 85 条分别规定了汇票、本票和支票的绝对应记载事项。

相对应记载事项,是指《票据法》规定应当记载,如果不记载,应依《票据法》有关规定执行,票据并不因此项记载缺乏而无效的记载事项。如汇票上未记载付款日期,《票据法》规定作见票即付处理。我国《票据法》第 23 条、第 47 条、第 77 条、第 87 条分别规定了汇票、本票和支票的相对应记载事项以及未记载时的处理。

任意记载事项,是指《票据法》规定有些事项可以由当事人任意记载,但一经记载,则产生《票据法》上的效力。我国《票据法》第 27 条第 2 款、第 34 条的规定即属此类。

不发生《票据法》上效力的记载事项,指《票据法》没有规定有此事项应记载,也未规定可以任意记载,只规定"记载后不发生《票据法》上的效力"。如《票据法》第 24 条规定:"汇票上可以记载本法规定事项以外的其他出票事项,但是该记载事项不具有汇票上的效力。"

不得记载事项。指《票据法》规定不得在票据上记载的事项,如有记载,或者记载本身无效,或者导致票据无效。例如,支票限于见票即付,因而支票上另行记载付款日期的,该记载无效。又如,票据是无条件支付证券,如在票据上记载了诸如"货到后付款"之类的支付条件,那么此项记载即会导致整个票据无效。

（4）交付，指票据行为人有意识地将票据转移给他人占有。票据依法记载后，还必须由票据行为人将票据交付给相对人，票据行为才算完成。

（三）票据行为的代理

票据行为是一种民事法律行为，也可以由他人代理，《民法》上关于代理的规定，一般都可以适用于票据行为。但票据注重流通，侧重保护持票人的权益以维护社会交易安全，因此对票据行为的代理有两项特别的规定。

（1）实行严格的显名主义。即要求代理人必须在票据上记载本人（被代理人）的姓名或名称，并应当在票据上表明其代理关系，否则，由代理人自己承担票据上的责任。我国《票据法》第5条第1款规定："票据当事人可以委托其代理人在票据上签章，并应当在票据上表明其代理关系。"由此可见，票据代理的成立必须具备以下条件：①须经本人授权，这是票据代理成立的基础；②票据上应有表示本人身份的记载，否则即使代理人已取得本人授权，本人亦可不负票据责任；③票据上应有表示"代理目的"的记载，即在票据上表明其代理关系；④票据代理人应签名或盖章。

（2）无权代理和越权代理的后果。依照《民法》一般原理，发生无权代理和越权代理时，被代理人可以在事后以追认方法使代理行为有效，在追认之前，代理行为是否有效处于未确定的状态。这一原理如适用于票据，将影响票据的流通和安全，所以为票据法所不取。我国《票据法》第5条第2款规定："没有代理权而以代理人名义在票据上签章的，应当由签章人承担票据责任；代理人超越代理权限的，应当就其超越权限的部分承担票据责任。"

（四）几种重要的票据行为

（1）出票。所谓出票，是指出票人签发票据并将其交付给收款人的票据行为，包括制作票据和交付票据两个方面。出票是创设票据的基本票据行为，所以汇票、本票和支票都必须有出票行为。出票行为一旦完成，出票人就要承担相应的票据责任。具体来说，汇票的出票人承担保证付款人承兑与付款的责任，本票的出票人承担自己付款的责任，支票的出票人承担保证银行见票即付的责任。收款人或持票人如果得不到承兑或付款，有权向出票人追索。

（2）背书。所谓背书，是指在票据背面或粘单上记载有关事项并签章的票据行为。背书的行为人称为背书人，接受其交付的人称为被背书人。

根据背书的目的,背书可分为两种:一种是转让背书,它以转让票据权利为目的,是实现票据流通的重要手段;另一种是非转让背书,它包括委托收款背书(即不以转让票据权利为目的,只是委托他人代理行使票据收款权利,受委托人有权凭票据向付款人收取票据所载金额,但没有处分票据的权利)和设质背书(即背书的目的在于设定质权,只有在背书人不能履行所担保的债务时,被背书人才有权依法行使票据权利,如果背书人履行了债务,则票据权利仍归背书人)。

（3）承兑。所谓承兑,是指汇票付款人承诺在汇票到期日支付汇票金额的票据行为。由此可见,承兑是汇票所特有的一种票据行为,本票、支票均无承兑。

（4）保证。所谓保证,是指票据债务人以外的人为担保票据债务的履行,承诺愿意与票据债务人负相同票据责任的票据行为。保证具有增强票据信用、促进交易安全的作用。

五、票据权利

（一）票据权利的概念和特征

所谓票据权利,是指持票人向票据债务人请求支付票据金额的权利,包括付款请求权和追索权。

票据权利就其本质来说,属于债权,但与普通的《民法》债权相比,有其自己的特点,即:①票据权利是一种金钱债权,持票人仅得请求票据债务人给付票面金额,不得为其他请求。②票据权利的行使与票据不可分离。票据是设权证券,票据权利在做成票据之前并不存在,因此行使票据权利必须持有票据。③票据权利只能对票据债务人行使。所谓票据债务人就是在票据上签章的人,票据是文义证券,只有在票据上签章的人才需要承担票据责任。④票据权利是包含两次请求权的权利。普通金钱债权是一种简单的一次性的请求权,而票据权利则包含两次请求权。第一次请求权是付款请求权,如第一次请求权不能实现,持票人还可以行使第二次请求权,即追索权。

原告甲公司诉称:2010 年 10 月 8 日,甲公司与被告乙公司达成货物买卖合同,约定由甲公司向乙公司供应各类型号螺栓,货物价款共计 32 677.6 元整,2010 年 10 月 8 日,乙公司先行给付定金 5 000 元,余款 27 677.6 元由乙公司以转账支票方式支付,2010 年 10 月 15 日,乙交付甲公司转账支票 1 张,面额为 27 677.6元。2010 年 10 月 18 日甲公司持上述转账支票到银行提请付款,因支票密码填写错误而被银行退票。甲公司向乙公司追索票据款未果,故诉至法院,请求判令乙公司给付支票金额并赔偿利息损失。法院经审理认为:乙公司向甲公司出具的转账支票上的出票日期、票面金额等项目已填写完整,并加盖了本单位财务专用章及法定代表人签章,该支票应属有效票据。甲公司通过真实的交易关系给付了对价,合法取得乙公司的支票成为持票人后,即享有取得该票据票面金额的权利。现因乙公司出具的支票密码填写错误,造成银行退票,致使持票人甲公司未能实现付款请求权。甲公司在票据权利时效期间内提起诉讼,行使票据追索权,要求乙公司支付票面款项,并支付自其向银行提示付款之日起至乙公司实际给付票面款项之日止的利息损失的诉讼请求,事实及法律依据充分,本院予以支持。

(案例来源:北京市石景山区人民法院民事判决书(2011)石民初字第 398 号)

(二) 票据权利的种类

由票据权利的定义可知,票据权利可分为两种,即付款请求权和追索权。

(1) 付款请求权。所谓付款请求权是指持票人请求票据主债务人或其他付款义务人支付票据所载金额的权利。付款请求权是票据的第一次权利,故常被称为主票据权利。持票人行使付款请求权,须符合下列条件:①持票人持有处在有效期内的票据,如果票据时效届满,则票据权利归于消灭,持票人自无法行使付款请求权。②持票人须将原票据向付款人提示付款,如果不能提供票据原件的,不能请求付款,付款人也不得付款。③持票人只能请求付款人支付票据上确定的金额,付款人须一次性将债务履行完毕,因此,持票人也不得向付款人请求少于票据确定的金额付款。④持票人得到付款后,必须将票据移交给付款人,原票据上的权利可能由付款人承受,向其他债务人请求付款,从而使付款请求权呈持续状态。⑤付款人支付票据金额后,如果发现该票据有伪造、变造情况的,有权向持票人(接受付款人)请求返还所给付的金额。

(2) 追索权。所谓追索权是指在付款请求权未能实现时发生的、持票人对其前手所享有的、请求偿还票据金额、利息及有关费用的权利。追索权是票据的第二次权利,也称第二次请求权,只有在付款请求权依法不能行使或得不到实现时,持票人才能行使追索权。

（三）票据权利的取得与行使

1. 票据权利的取得

票据权利的取得可分为原始取得与继受取得两种情形。

（1）原始取得。原始取得是指持票人不经其他任何前手权利人而最初取得票据权利，包括发行取得和善意取得。

① 发行取得。是指持票人依出票人的出票行为而原始取得票据权利。它是票据权利最主要的原始取得方式，也是其他取得方式的基础，没有票据权利的发行取得，其他取得方式也就无从谈起。

② 善意取得。是指票据受让人依票据法规定的转让方法，善意且无重大过失从无处分权人处取得票据，即取得票据权利。法律之所以承认票据的善意取得，目的在于促进票据流通，保障交易安全，充分发挥票据的功能。票据的特点在于流通，票据流通的基础又在于票据能够频繁转让。在票据转让流通的过程中，由于种种原因，票据受让人可能并不知道票据转让人是否真正有权处分票据。如果不论受让人是否善意，对于从无处分权人处取得票据的，一概不予承认与保护，则必然会使受让人产生不安全感，并因担心交易安全以致不敢接受票据，票据流通必然因此受阻，票据功能也势必难以发挥。因此各国票据法一般均承认与保护票据的善意取得。但另一方面，票据的善意取得又是以牺牲原票据持有人的利益为代价的，因而对于构成善意取得的要件应严格加以限制，以避免善意取得的滥用，违背法律实行善意取得制度的初衷。一般认为构成票据的善意取得需要具备下列要件：第一，必须是从无权利人处取得票据；第二，必须是依票据法规定的票据转让方式取得票据；第三，受让人必须是善意，即无恶意或重大过失。所谓恶意是指以欺诈、偷盗、胁迫等不正当手段取得票据，或明知票据转让人为无处分权人却依然接受其票据转让。所谓重大过失，是指只要尽到一般注意义务即可推知票据转让人的权利有瑕疵，但却因疏忽未予注意；第四，必须是给付了相应的对价。

（2）继受取得。继受取得是指持票人从有正当处分权的人手中，依背书或交付转让或其他合法方式取得票据权利。它也可以分为两种，即《票据法》上的继受取得和非《票据法》上的继受取得。《票据法》上的继受取得，是指依背书或交付的方式从有正当处分权人手中取得有关票据权利。这种取得方式,一般要求有相当的对价。我国《票据法》第 10 条第 2 款规定:"票据的取得,必须给付对价,即应当给付票据双方当事人认可的相对应的代价。"非《票据法》上的继受取得,是指依一般民商事立法上有关普通债权的转让、继承、赠与、公司合并等取得票据权利。对于这种取得方式,是否给付对价的问题,我国《票据法》第 11 条第 1 款仅规定:"因税收、继承、赠与可以依法无偿取得票据的,不受给付对价的限制。但是,所享有的票据权利不得优于其前手的权利。"

陈某从案外人钱某处取得支票一张,该支票的出票人为甲公司、出票日期为 2011 年 10 月 31 日、金额为 175 000 元、收款人为陈某。2011 年 11 月 1 日,陈某将系争支票解入银行,但因"无密码"而遭银行退票。陈某向法院提起票据追索权纠纷,要求甲公司支付票据款及相应利息。诉讼中,陈某称其与案外人钱某之间存在借款关系,2011 年 10 月 29 日,陈某曾电汇给钱某的妻子俞某 16 万元借款,并给付现金 1.5 万元。钱某系从甲公司处取得系争支票。钱某将系争支票给付陈某。甲公司则认为,钱某与甲公司之间存在未结货款,所以给付钱某一张空白支票用作担保,且并告知钱某该支票设有密码,故陈某系出于恶意或重大过失取得支票,不应享有票据权利。一审法院经审理认为:①陈某向钱某支付借款,钱某将系争支票交付陈某,故陈某基于同钱某之间的借款关系而取得系争支票,且其已支付相应的对价,陈某可享有票据权利。②支票设有密码是基于出票人与付款银行之间的约定,我国《票据法》规定的支票必要记载事项中并无密码事项的规定,故陈某作为持票人无义务审查其取得的支票是否设有密码,甲公司以支票未记载密码为由推断陈某系恶意取得票据于法无据。法院判决甲公司给付陈某票据款 175 000 元及相应利息。甲公司提起上诉。二审法院判决:驳回上诉,维持原判。

(案例来源:上海市奉贤区人民法院民事判决书(2012)奉民二(商)初字第 2263 号,上海市第一中级人民法院民事判决书(2013)沪一中民六(商)终字第 168 号)

2. 票据权利的行使

票据权利的行使,是指票据权利人向票据债务人提示票据,请求其履行票据债务的行为。不同情况下,票据权利的行使可能有不同的程序,具体可包括票据的提示承兑、提示付款、行使追索权等。

（1）提示承兑。所谓提示承兑是指持票人向付款人出示汇票，并要求付款人承诺付款的行为。根据《票据法》，定日付款或出票后定期付款的汇票持票人，应当在汇票到期日前向付款人提示承兑，见票后定期付款的汇票，持票人应当自出票日起1个月内向付款人提示承兑。提示承兑是远期汇票持票人行使票据权利的一个必经程序，见票即付的汇票（即期汇票）无需提示承兑，本票和支票也无需提示承兑。

（2）提示付款。所谓提示付款是指持票人在法定期限内，向付款人提示票据请求付款的行为。提示付款应在法定期限内进行：①见票即付的汇票，持票人应自出票日起1个月内向付款人提示付款；定日付款、出票后定期付款或者见票后定期付款的汇票，持票人应自到期日起10日内向承兑人提示付款。②本票，持票人应自出票日起2个月内向付款人提示付款。③支票，持票人应在出票日起10日内向付款人提示付款。

（3）行使追索权。票据到期被拒绝付款的，持票人可以对背书人、出票人以及票据的其他债务人行使追索权，在票据到期日前，如汇票被拒绝承兑的，承兑人付款人死亡、逃匿的，承兑人付款人被依法宣告破产的，以及因违法被责令终止业务活动的，持票人也可以行使追索权。

3. 票据权利的保全

所谓票据权利的保全，是指票据权利人为了防止票据权利的丧失所进行的行为。持票人在法定期间内提示票据行使票据权利，本身就是保全票据权利的方式之一。除此之外，票据权利保全的方式还包括作成拒绝证书、向法院提起诉讼中断时效等。票据权利的行使或保全，都涉及在何地进行的问题，对此，我国《票据法》第16条规定，持票人对票据债务人行使票据权利，或者保全票据权利，应当在票据当事人的营业场所和营业时间内进行，票据当事人无营业场所的，应当在其住所进行。

（四）票据权利的补救

票据是设权证券，票据权利的行使离不开对票据本身的占有，因此如果发生票据丧失，则持票人将难以行使票据权利。所谓票据丧失，是指持票人并非出于自己的本意而丧失对票据的占有，包括：①绝对丧失，即票据的物质性毁灭（如被焚、毁损等);②相对丧失,即因遗失、盗窃等外来原因而失去对票据的占有。为保护持票人利益,《票据法》规定,票据丧失后持票人可采取三种补救方法来保障自身的权益,这三种方法分别是:挂失止付、公示催告以及向人民法院起诉。

1. 挂失止付

所谓挂失止付,是指票据丧失后,失票人将票据丧失的事实通知付款人,并指示付款人停止支付票据金额。

挂失止付必须具备一定的条件:①发出挂失止付通知的主体只能是真正的票据权利人;②票据权利人必须丧失票据,此处所指的"丧失"为相对丧失;③丧失的票据必须为有效票据;④丧失的票据不属于"未记载付款人或者无法确定付款人及其代理付款人的票据";⑤失票人应当在通知挂失止付后3日内向人民法院申请公示催告或者向法院提起诉讼。

挂失止付后产生的法律效力如下:①对付款人的效力。根据《票据法》第15条第2款的规定,收到挂失止付通知的付款人,应当暂停支付。付款人如果违反暂停支付的义务而向提示票据的人付款,付款人应对失票人负损害赔偿之责。②对失票人的效力。失票人应在挂失止付后3日内向法院申请公示催告或向法院提起诉讼,否则挂失止付不再发生法律效力。

挂失止付虽然是票据丧失后的一种救济方法,但并不是票据丧失后进行票据权利补救的必经程序,失票人在票据丧失后既可以先挂失止付,再紧接着申请公示催告或提起诉讼,也可以直接申请公示催告并由法院受理后发出止付通知,或者还可以直接向法院提起诉讼。挂失止付的作用有局限性,主要表现在:①它只起到防止他人冒领票据金额的作用,却不发生禁止票据流通转让的效力,因而不能阻止票据的善意取得;②不能使失票人真正恢复并行使票据权利;③有效期较短,根据《支付结算办法》的规定,付款人或者代理付款人自收到挂失止付通知书之日起12日内没有收到人民法院的止付通知书的,自第13日起,持票人提示付款并依法向持票人付款的,不再承担责任。

2. 公示催告

所谓公示催告,是指法院依票据失票人的申请,以公示方法,催告利害关系人于一定期限内,向法院申报权利;到期无人申报,法院即作出所失票据无效的判决,失票人得依判决请求付款人支付原票载金额的制度。根据《票据法》第15

条第 3 款的规定,失票人应当在通知挂失止付后 3 日内,也可以在票据丧失后,依法向人民法院申请公示催告,《民事诉讼法》中具体规定了公示催告程序。根据《民事诉讼法》第 195 条,按照规定可以背书转让的票据持有人,因票据被盗、遗失或者灭失,可以向票据支付地的基层人民法院申请公示催告。

公示催告的法律效力如下:①防止发生第三人善意取得。根据《民事诉讼法》第 197 条第 2 款的规定,在公示催告期间,转让票据权利的行为无效,这样就能有效防止善意取得的发生,充分保护失票人的合法利益。②使付款人停止支付,防止他人冒领票据金额。根据《民事诉讼法》第 196 条及第 197 条,人民法院受理公示催告申请时,应同时通知支付人停止支付,支付人收到法院停止支付的通知,应当停止支付,至公示催告程序终结。③催促利害关系人向法院申报权利。利害关系人应当在公示催告期间向法院申报权利,法院收到利害关系人的申报后,应当裁定终结公示催告程序,并通知申请人和支付人。申请人或者申报人可以向法院起诉。超过法定期限未申报的,法院便作出判决,宣告所失票据无效。④失票人得依法院的除权判决,不必提示票据而请求付款人付款,付款人应当付款。公示催告期间届满而无利害关系人申报权利的,法院依失票人的申请作出除权判决,判决所失票据无效。除权判决使得票据权利和票据相分离,失票人凭除权判决得以再行票据权利,请求付款人付款,而付款人不得拒绝。除权判决并非创设新的实质权利,仅是对原权利的重新确认,除权判决所确认的票据权利不能优于票面所记载的事项。在我国,对于除权判决不得提起上诉和申请再审,但公示催告申请人可能并非是票据在丧失占有以前的最后合法持票人,由此可能造成利害关系人的损失。对此《民事诉讼法》第 223 条规定了相应的补救性程序,即利害关系人因正当理由不能在判决前向人民法院申报的,自知道或者应当知道判决公告之日起一年内,可以向作出判决的人民法院起诉。

申请人长春市某物资经销有限公司以不慎遗失银行承兑汇票(票面金额 20 万,票号 3130005130211971,出票人永城市某纺织有限公司,收款人河南某实业有限公司,最后背书人中国石油化工股份有限公司东北油气分公司,被背书人长春市某物资经销有限公司)为由于 2013 年 10 月 23 日向河南省商丘市睢阳区法院申请公示催告,利害关系人(长春)光复路某百货商行在公示催告期间以申请人与其存在合同贸易关系,申请人已将该票据作为支付手段背书给利害关系人(长春)光复路某百货商行为由向商丘市睢阳区法院申报权利,并向法院出示本案汇票原件一张,经审查,申请人长春市某物资经销公司申请公示催告的票据与利害关系人(长春市)光复路某百货商行出示的票据一致,且已通知申请人长春市某物资经销有限公司查看该票据。商丘市睢阳区人民法院于2013年11月20日裁定终结公示催告程序。

（案例来源:中国法院网.申请人谎称汇票丢失申请公示催告如何处理[EB/OL].[2014/01/24]. http://www. chinacourt. org/article/detail/2014/01/id/1206967. shtml)

3. 普通诉讼

失票人可以在通知挂失止付后3日内,也可以在票据丧失后,依法向人民法院起诉,要求法院判令付款人或其他票据债务人向其支付票据金额。失票人一般应将付款人(或承兑人)列为被告,但在找不到付款人或付款人不能付款时,也可将其他票据债务人如出票人、背书人、保证人等列为被告。这一票据丧失的救济方法属一般民事诉讼范畴,所以被称为普通诉讼。

(五) 票据权利的消灭

票据权利的消灭,是指因发生一定的法律事实而使票据权利不复存在。这些法律事实,主要由《票据法》规定,《民法》上的某些法律事实也有相同效力。具体包括:

（1）付款。付款人依法足额付款后,全休票据债务人的责任解除,持票人的票据权利也随之消灭。

（2）票据时效届满。根据《票据法》,票据权利在下列期限内不行使即告消灭:①持票人对票据的出票人和承兑人的权利,自票据到期日起2年。见票即付的汇票、本票,自出票日起2年。②持票人对支票出票人的权利,自出票日起6个月。③持票人对前手的追索权,自被拒绝承兑或者被拒绝付款之日起6个月。④持票人对前手的再追索权,自清偿日或者被提起诉讼之日起3个月。

（3）票据记载事项欠缺。根据《票据法》第18条的规定,持票人因票据记载事项欠缺而丧失票据权利的,仍享有民事权利,可以请求出票人或者承兑人返还其与未支付的票据金额相当的利益。此处所称票据记载事项,应为票据绝对应记载事项。

此外,《民法》上一般债权的消灭事由如抵销、混同、提存、免除等也可以使票据权利消灭。

六、票据瑕疵

票据瑕疵是指票据上的某一个或几个票据行为存在缺陷,对票据的效力产生一定的影响。它与票据形式上的欠缺不同,票据形式上的欠缺是指票据形式不完备,欠缺《票据法》所规定的必要记载事项。票据形式上的欠缺将导致票据无效,而票据瑕疵并不会导致票据无效,因为票据瑕疵在表面上具备了《票据法》规定的形式要件,因此只可能成为票据债务人的抗辩理由。票据瑕疵有三种:票据伪造、变造和涂销。

(一) 票据伪造

1. 票据伪造的概念

票据伪造是指假冒他人名义而进行票据行为,有狭义与广义之分。狭义的票据伪造,是指假冒他人名义为出票行为,也称票据本身的伪造;广义的票据伪造,是指假冒他人名义为出票以外的票据行为,如假冒他人名义背书、承兑、保证等,也称票据签名的伪造。票据伪造不同于票据的无权代理。票据伪造是行为人假冒他人名义签章;而票据的无权代理则在票据上表明了代理关系,在未经授权的情况下将被代理人的姓名或名称记载在票据上并由行为人自己签章,因此两者不能等同。

2. 票据伪造的构成要件

构成票据伪造,须符合下列要件:①行为人实施了假冒行为。假冒他人名义出票或在票据上签章,是票据伪造的前提条件。伪造的具体做法,可以是盗用他人印章,仿制他人印章或制作并无其人之印章而签章等各种假冒手段。②伪造行为符合票据行为的形式要件。伪造行为须在外观上符合票据行为的形式要件,因为如果形式要件欠缺,就不能构成票据行为,从而也就不会形成票据伪造。③行为人的目的是骗取他人财物。票据是金钱证券,伪造票据者可以从付款人处骗取金钱;票据是流通证券,伪造票据者可以通过票据转让从受让人处骗取对价;票据还是一种支付工具,伪造票据者还可以持伪造票据作为购物之付款,骗取他人财物。总之,行为人实施伪造行为,主观目的就是为了骗取他人财物。

④行为人须将伪造的票据转手。如果不转手,行为人伪造票据的目的就无从实现,也难以认定其有无伪造行为。

3. 票据伪造的效力

票据伪造是一种不法行为,对被伪造人、伪造人、在票据上真实签章的人以及善意持票人发生各不相同的效力。①对被伪造人而言,尽管形式上看票据上有其签章,但由于系他人假冒而非被伪造人自己的真正签章,所以被伪造人对此不负任何票据责任。此外,被伪造人可依《票据法》第106条的规定,要求伪造人对自己承担赔偿损失等民事责任。②对伪造人而言,由于伪造人在票据上没有签章,所以他也不负票据上的责任。但是,伪造人要承担《民法》上规定的因民事侵权而导致的民事责任,以及《刑法》上规定的因构成欺诈罪或伪造有价证券罪而导致的刑事责任。③对于其他在票据上真实签章的人而言,由于票据行为具有独立性,所以在票据上有真实签章的人仍对自己的票据行为负责。例如,A假冒B的名义签发一张本票给C,C以背书转让于D,D又以背书转让给E。E持本票向B请求付款,B当然拒绝,但E可以向D、C行使追索权,D、C应负票据责任,因为D、C在票据上的签名都是真实的。当然,D、C因此而受到的损失可以依《民法》规定向A请求赔偿。④对于善意持票人而言,如果是直接从伪造人手中取得伪造的票据的,则对伪造人有《民法》上的赔偿请求权;如果是间接取得伪造的票据的,即从真实签章人手中取得票据的,则对真实签章的直接前手以及其他真实签章的前手,可以行使追索权。而直接从伪造人手中取得伪造票据的真实签章人,在被追索而清偿票据债务后,有权要求伪造人赔偿损失。

(二) 票据变造

1. 票据变造的概念

票据的变造,是指没有变更权的人,在有效成立的票据上变更除签章以外的其他记载事项,从而使票据上的权利义务内容发生变化的行为。这里的其他记载事项主要是指票据金额、付款地、到期日、提示期限等。

2. 票据变造的构成要件

构成票据变造,须符合下列要件:①行为人是没有票据更改权限的人,这是票据变造与票据更改的区别所在。根据《票据法》,只有原记载人才有权对票据上自己记载的有关事项进行变更,因此原记载人以外的人擅自更改票据上记载事项的,均属无权行为,构成票据的变造。②行为人改变的是票据上除签章以外的事项,这是票据变造与票据伪造的区别所在。行为人的目的不是为了假冒他人名义,而是为了改变票据上所载的权利义务,如将票据金额提高、票据到期日提前等。

3. 票据变造的效力

根据我国《票据法》的规定,票据上其他记载事项被变造时,在变造之前签章的人,对原记载事项负责;在变造之后签章的人,对变造之后的记载事项负责;不能辨别是在票据被变造之前或者之后签章的,视同在变造之前签章。例如,A签发一张本票交给B,票据金额为10万元,B经背书将票据转让给C,C取得本票后将金额改为100万元,然后经背书将票据转让给D,D又经背书将票据转让给了E。在这种情况下,A和B的签名发生在变造之前,他们所承担的票据责任是10万元,而D的签名发生在变造之后,他所负的票据责任为100万元。C是变造人,当然按变造文义负100万元的票据责任。

（三）票据涂销

票据的涂销,指的是对票据上的签章或其他记载事项予以涂抹或以其他方式予以消除的行为。票据涂销与票据变造虽然都要改变票据上的记载事项,但两者有明显区别:首先,票据的涂销必须由有涂销权的人所为,而票据的变造则是由没有变更权的人所为;其次,票据的涂销仅仅是对票据记载事项的消除,不增加新的内容,而票据的变造既可以消除原来的记载事项,又可以增加新的记载事项。我国《票据法》没有关于票据涂销的规定,但在票据实务中经常有票据涂销出现,从稳定票据关系、维护票据信用的角度出发,应当承认票据涂销的法律效力。

七、票据抗辩

（一）票据抗辩的概念

所谓票据抗辩,是指票据债务人根据《票据法》的规定,提出一定的事实和理由,否定票据权利人的权利主张,以拒绝履行票据债务的行为。一般情况下票据债务人应当不折不扣地履行债务,但如果当票据本身不具备合法形式,或发现持票人不法取得票据时,仍要求债务人履行票据债务,就会损害正当权利人的权益,也会使票据债务人处于不利地位。因此,为了维护票据流通的安全,票据法规定了票据抗辩制度。对票据抗辩可做如下理解:①票据抗辩是票据债务人的行为;②票据抗辩的目的和效力是不履行票据债务;③票据抗辩须以法定事由的存在为要件,如没有法定事由滥行抗辩,则要承担法律责任。

(二) 票据抗辩的种类

根据抗辩事由和抗辩效力的不同,票据抗辩可分为物的抗辩和人的抗辩。

1. 物的抗辩

所谓物的抗辩,是指票据债务人可以对抗一切持票人,并不因持票人的变更而受影响的抗辩,因此又称绝对抗辩。此种抗辩基于票据本身的内容(如票据上记载的事项和票据的性质)而产生,所以即使持票人对于票据的取得是出于善意或不存在重大过失,票据债务人仍然可以对其主张抗辩。物的抗辩又可以分为以下两种。

(1) 任何被请求人(票据债务人)可以对任何持票人(票据债权人)行使的抗辩。具体包括:①票据因欠缺绝对必要记载事项而无效的抗辩(根据《票据法》第22条、第76条和第85条的规定,票据上必须记载法定的绝对必要记载事项,如有欠缺则整个票据归于无效。在无效票据上所为的其他票据行为如背书、承兑、保证等也归于无效。因此,只要票据无效,则任何被请求人可以对任何持票人主张抗辩);②票据上记载已清偿的抗辩(《票据法》规定,持票人获得付款的,应当在票据上签收,并将票据交给付款人。因此若持票人所持的票据上已有票据债务已被清偿的记载,则任何被请求人有权对任何持票人主张抗辩);③票据到期日尚未届至的抗辩;④票据因除权判决而被宣告无效的抗辩;⑤票款已被依法提存的抗辩等。

(2) 仅特定票据债务人可以对任何持票人(票据债权人)行使的抗辩。包括:①无权代理的抗辩(票据行为由无权代理人所为,所谓的被代理人有权抗辩);②欠缺行为能力或限制行为能力的抗辩(无民事行为能力人或限制民事行为能力人在票据上签章的,其签章无效,但不影响其他签章的效力。因此,在不影响其他签章效力的前提下,欠缺票据行为能力或限制票据行为能力人的法定代理人有权以此对抗所有持票人);③票据伪造的抗辩(被伪造人并未在票据上亲自签章,不应承担票据责任,故而有权以此对抗所有持票人);④票据变造的抗辩;⑤票据权利欠缺保全手续的抗辩;⑥有"不得转让"记载的抗辩等。

2. 人的抗辩

所谓人的抗辩,是指票据债务人只能对抗特定持票人的抗辩,因此又称相对抗辩。也就是说,如果持票人有所变更,则票据债务人的抗辩即被切断。之所以如此,是由于对人抗辩的发生事由为当事人之间的特定法律关系,因此当票据的持票人发生变更后,票据债务人的抗辩事由也将受到影响。人的抗辩也可以分为以下两种。

(1) 任何票据债务人均可对抗特定持票人的抗辩。具体包括:①持票人或收款人缺乏受领能力的抗辩(所谓缺乏受领能力,是指根据法律规定,持票人已经丧失或者被剥夺了受领票载金额的能力。如持票人被依法宣告破产、人民法院依法扣押持票人所持的票据并禁止持票人接受票载金额);②持票人缺乏形式上受领资格的抗辩(持票人以背书的连续性来证明其票据权利的存在,因此当背书不连续时,票据债务人可据此抗辩);③持票人缺乏实质性受领资格的抗辩(持票人虽具有形式上的受领资格,但如果缺乏实质性受领资格,也可以成为对人抗辩的事由。《票据法》规定:以欺诈、偷盗或者胁迫等手段取得票据的,或者明知有前列情形,出于恶意取得票据的,不得享有票据权利。持票人因重大过失取得不符合《票据法》规定的票据的,也不得享有票据权利)。

(2) 只有特定票据债务人方能对特定持票人主张的抗辩。包括:①票据关系中直接当事人之间基于原因关系的抗辩(如直接当事人之间原因关系未成立、原因关系未履行、原因关系违法等);②票据关系中直接当事人之间欠缺对价的抗辩;③票据行为无效的抗辩(如票据在作成后未交付给票据债权人前被偷盗或遗失,而且该票据又未进入流通领域。如偷盗者或拾得者据此向出票人主张票据权利,出票人可以抗辩);④当事人之间的票据债务已因清偿、抵销、免除等而消灭,但因故未记载的抗辩等。

(三) 票据抗辩的限制

为了保护票据流通的安全性和快捷性,我国《票据法》对票据债务人行使抗辩权规定了一些限制,包括:①票据债务人不得以自己与出票人之间的抗辩事由对抗持票人。例如,承兑人 A 已对汇票进行承兑,而出票人 B 欠承兑人 A 的其他债务一直没有履行。当票据背书转让到第三人 C 手中并要求承兑人 A 付款时,承兑人 A 不得因出票人 B 没有履行他们之间的债务而拒绝向持票人 C 履行票据上的义务。②票据债务人不得以自己与持票人的前手之间的抗辩事由对抗持票人。例如,A 签发汇票给 B 用以购物,B 又将汇票背书转让给 C,如果 C 到期不获付款而向 A 追索,A 不得以 B 未交货为由拒绝承担票据责任,此时 A 仍应向 C 偿付票款。这两种抗辩限制都表明,发生于直接当事人之间的抗辩事由仅在当事人之间有效,善意受让票据的持票人,不受票据债务人与其相对人之间抗辩事由的影响。值得注意的是,票据法对票据抗辩的限制也做了例外的规定。法律在规定票据债务人不得以自己与出票人或持票人的前手之间的抗辩事由对抗持票人的同时,又规定持票人明知有抗辩事由而接受票据的除外。这里的"除外"应理解为,票据债务人仍可以自己与出票人或持票人的前手间存在的抗辩事由对抗持票人,拒绝其请求而不履行票据债务。

第二节 汇 票

一、汇票概述

(一)汇票的概念

汇票是出票人签发的,委托付款人在见票时或者在指定日期无条件支付确定的金额给受款人或者持票人的票据。与本票、支票相比,汇票具有以下特征:

(1)从当事人方面来看,汇票在出票时,其基本当事人有三方:出票人、付款人和收款人。出票人是签发汇票的人,付款人是受出票人委托支付票据金额的人,收款人是凭汇票向付款人请求支付票据金额的人。

(2)汇票是委付证券,是一种支付命令,故汇票的出票人和付款人之间必须具有真实的委托付款关系,并具有支付汇票金额的可靠的资金来源。

(3)远期汇票须经承兑。承兑是汇票独有的法律行为。它是指付款人承诺在汇票到期日支付汇票金额的一种票据行为。汇票一经承兑,付款人就取代出票人而成为票据的主债务人。

(4)付款日期有多种情况。汇票除有见票即付的情况外,还有定日付款、出票后定期付款和见票后定期付款等情况。

（二）汇票的种类

汇票从不同角度可分成以下几种。

（1）按出票人不同，可分为银行汇票和商业汇票。银行汇票是指出票银行签发的，由其在见票时按照实际结算金额无条件支付给收款人或者持票人的票据。

根据《支付结算办法》，单位和个人各种款项结算，均可使用银行汇票。银行汇票可以用于转账，填明现金字样的银行汇票也可以用于支取现金。商业汇票则是指由银行以外的出票人签发的，委托付款人在指定日期无条件支付确定的金额给收款人或者持票人的票据。

（2）商业汇票按承兑人的不同，可分为商业承兑汇票和银行承兑汇票。商业承兑汇票由银行以外的付款人承兑，银行承兑汇票由银行承兑。

（3）按付款日期不同，汇票可分为即期汇票和远期汇票。汇票上的付款日期有四种记载方式，它们是见票即付、见票后若干天付款、出票后若干天付款和定日付款。若汇票上未记载付款日期，则视作见票即付。见票即付的汇票为即期汇票，其他三种记载方式为远期汇票。银行汇票为即期汇票，商业汇票则多为远期汇票。

（4）按是否附有商业单据，汇票可分为光票和跟单汇票。光票是指不附带商业单据的汇票，银行汇票多是光票；跟单汇票是指附有包括运输单据在内的商业单据的汇票，跟单汇票多是商业汇票。

二、汇票的出票

（一）出票的概念及效力

所谓出票，是指出票人签发票据并将其交付给收款人的票据行为，包括制作票据和交付票据两个方面。出票作为一种票据行为，产生三个方面的效力。①对出票人的效力：出票人签发汇票后，即承担保证该汇票承兑和付款的责任，因此如果汇票得不到承兑或者付款，持票人可以向出票人行使追索权。②对付款人的效力：出票是出票人的单方行为，因此只能授予付款人承兑与付款的资格，而不能为付款人设定承兑与付款的义务。是否承兑，由付款人自行决定，付款人拒绝承兑的,不承担票据责任。③对收款人的效力:票据是设权证券,收款人取得票据即成为持票人,依法享有票据权利。

（二）汇票的记载事项

汇票的记载事项可分为绝对应记载事项、相对应记载事项及其他记载事项。

1. 绝对应记载事项

根据《票据法》第22条,汇票必须记载下列事项:①表明"汇票"的字样;②无条件支付的委托;③确定的金额,金额必须以中文大写和数码同时记载且两者必须一致,两者不一致的,票据无效;④付款人名称;⑤收款人名称;⑥出票日期;⑦出票人签章。汇票上未记载上述规定事项之一的,汇票无效。

2. 相对应记载事项

根据《票据法》第23条,汇票的相对应记载事项包括付款日期、付款地和出票地。如果上述事项未在汇票上记载,汇票仍有效,相关内容根据法律规定确定。具体而言,汇票上未记载付款日期的,为见票即付。汇票上未记载付款地的,付款人的营业场所、住所或者经常居住地为付款地。汇票上未记载出票地的,出票人的营业场所、住所或者经常居住地为出票地。

3. 其他记载事项

根据《票据法》第24条,汇票上可以记载《票据法》规定事项以外的其他出票事项,但是该记载事项不具有汇票上的效力。例如,汇票上可记载签发汇票的原因和用途、该汇票项下的交易合同号码等,这些记载可能产生其他法律效力,但不产生《票据法》上的效力。

三、汇票的背书

（一）背书的概念和种类

1. 背书的概念

背书是以转让票据权利或者将一定的票据权利授予他人行使为目的,在票据背面或粘单上记载有关事项并签章的票据行为。背书的行为人称为背书人,接受其交付的人称为被背书人。

2. 背书的种类

根据背书的目的,背书可以分为两种:一种是转让背书,另一种是非转让背书。

（1）转让背书。转让背书是以转让票据权利为目的而进行的背书，也是实现票据流通的重要手段。

（2）非转让背书。非转让背书是指不以转让票据权利为目的的背书，具体包括委任背书和设质背书。委任背书又称委托收款背书，它是持票人委托他人（被背书人）代为领取票款而为的背书。我国《票据法》第35条第1款规定了委任背书，并规定委任取款应记载"委托收款"字样。背书记载"委托收款"字样的，被背书人有权代背书人行使被委托的汇票权利。但是，被背书人不得再以背书转让汇票权利。设质背书又称质权背书、质押背书，是指背书人以设定质权为目的而为的背书。背书人为出质人，被背书人为质权人。《票据法》第35条第2款规定："汇票可以设定质押；质押时应当以背书记载'质押'字样。被背书人依法实现其质权时，可以行使汇票权利。"由此可见，只有在背书人不能履行所担保的债务时，被背书人才有权依法行使票据权利，如果背书人履行了债务，则票据权利仍归背书人。

（二）背书的注意事项

背书应注意以下事项：首先，背书是附属的票据行为，只能在出票之后进行。其次，必须是在出票时没有记载"不得转让"字样的票据上进行。如出票人在票据上已记载"不得转让"字样，则票据不得转让。若出票人的直接后手将票据背书转让，出票人对其直接后手的被背书人不承担保证承兑和保证付款的义务。再次，背书的形式须符合法定要求。背书应记载于票据背面或粘单上，粘单上的第一记载人，应当在汇票和粘单的粘接处签章。背书由背书人签章并记载背书日期。背书未记载日期的，视为在汇票到期日前背书。汇票以背书转让或者以背书将一定的汇票权利授予他人行使时，必须记载被背书人名称。背书人在背书时可在汇票上记载"不得转让"字样，此种情况下如果其后手再背书转让的，原背书人对后手的被背书人不承担保证责任。最后，背书不得附有条件。背书时附有条件的，所附条件不具有票据上的效力。背书时亦不得将汇票金额的一部分背书转让或将汇票金额转让给两个以上的受让人，如有此种记载，背书无效。

（三）背书的连续

我国《票据法》第31条第1款规定，以背书转让的票据，背书应当连续。持票人以背书的连续,证明其票据权利,非经背书转让,而以其他合法方式取得票据的,依法举证,证明其票据权利。第2款规定,所谓背书连续,是指在票据转让中,转让票据的背书人与受让票据的被背书人在票据上的签章依次前后衔接。由此可见,背书连续具有权利证明效力,对这种权利证明效力,可理解如下:①背书的连续能够在形式上证明持票人所取得票据的合法性。只要持票人持有的是背书连续的票据,就推定其为合法持票人,持票人可依票据行使权利,而无须提供其他证据以证明自己的合法地位。②付款人在付款时,应当对票据背书是否连续进行审查。如果因疏于履行此审查义务而产生错付,则须对由此造成的损失承担责任。与背书连续相反的则是背书的不连续,如首次背书人不是票据上记载的收款人,再次背书人不是前次背书的被背书人,持票人不是票据上记载的最后被背书人等。背书不连续会产生何种法律后果,我国票据法未明确规定。一般认为,背书不连续并不会对票据本身的效力产生影响。因为票据本身的效力取决于出票,只要出票这一主票据行为合法有效,票据即属有效,背书不连续并不会导致票据无效。但背书不连续是否会导致持票人不能取得及行使票据权利,则在票据法理论、司法实践及银行业务中颇有争议。本书的观点是,背书不连续并不必然导致持票人无票据权利或无法行使票据权利。因为首先,法律上并未规定背书不连续则背书无效;其次,背书连续的效力在于权利证明,持票人以背书的连续性来证明其权利的合法性,所以当背书不连续时,持票人须以其他证据来证明其权利。换言之,如果持票人能够证明其为合法持票人,则理当可行使票据权利,不能因为一味强调背书形式上的连续性而让真正的权利人权利落空。

2013年1月,甘肃稀土公司基于货物买卖关系取得由星海公司背书转让的银行承兑汇票一份,承兑人为被告某银行,金额为100万元,转让汇票时星海公司并未填写被背书栏。之后,甘肃稀土公司又将票据背书转让给了原告申新公司。汇票到期后,原告补填空白被背书栏后向被告提示付款。被告发现,星海公司作为背书人所对应的被背书栏填写的是"甘肃稀公司",并非"甘肃稀土公司",缺少一个"土"字,导致背书不连续。据此被告以背书不连续为由拒绝付款。原告诉至法院,要求判令被告支付票款100万元。法院认为,本案中被背书栏因一字之差导致背书形式不连续,但依据原、被告提交的证据,足以证明甘肃稀土公司基于其与星海公司之间的货物买卖关系而取得涉案银行承兑汇票,之后甘肃稀土公司又基于货物买卖关系将汇票背书转让给原告,上述连续性的票据流转过程可以证明,原告对涉案汇票享有实质上的票据权利。因笔误而造成的背书形式不连续并不能导致原告丧失票据权利,原告对涉案汇票享有实质上的票据权利。因被告某银行之前对涉案汇票做出拒绝付款行为,原告行使追索权已经具备法定条件,据此原告依法可以向包括出票人、背书人、承兑人、保证人在内的票据债务人的任何一人、数人或者全体行使追索权。

(案例来源:人民法院报.背书形式不连续是否导致持票人丧失票据权利[EB/OL].[2014/4/17])

(四) 背书的效力

背书的效力是指背书行为所带来的法律后果。背书可分为转让背书与非转让背书,因此背书的效力也可分为两类。

(1) 转让背书的效力。转让背书的效力体现在以下几方面:①权利转移的效力。这是转让背书的基本效力,即被背书人由背书而受让票据后,即取得票据所有权及票据上的一切权利。②责任担保的效力。即背书人以背书转让票据后,即承担保证其后手所持票据承兑和付款的责任。背书人在票据得不到承兑或付款时,应当依法向持票人清偿法律规定的金额和费用。③权利证明的效力。即持票人仅凭背书的连续就可以被推定为票据权利人,无须另行举证,相反,票据债务人若主张背书连续的持票人不是票据权利人,则应负举证责任。

(2) 非转让背书的效力。非转让背书的效力因其种类不同而不同。就委任背书而言,背书的效力在于产生对被背书人代理权的授予,而不发生票据权利的转移。就设质背书而言,背书的效力在于使被背书人取得对票据权利的质权,同样不发生票据权利的转移。只有当被背书人依法实现其质权时,才可以行使票据权利。

四、汇票的承兑

(一) 承兑的概念和特征

承兑是指汇票付款人承诺在汇票到期日支付汇票金额的票据行为,具有以下特征:①承兑是汇票特有的票据行为。汇票的出票人在出票时,是委托他人

（付款人）支付票据金额,而该付款人此时并未在票据上签章,并不是票据债务人,因此需要通过付款人的承兑来确定付款人的票据责任。②承兑是附属票据行为,即先有出票,然后才有承兑。③承兑是远期汇票付款人所为的票据行为,见票即付的汇票无须承兑。④承兑是付款人表示愿意支付汇票金额的票据行为。⑤承兑是一种要式法律行为。

（二）承兑的一般原则

（1）自由承兑原则。承兑不是付款人的当然义务,付款人可以自行决定是否承兑,如果付款人拒绝承兑,并不因此承担票据责任。

（2）完全承兑原则。付款人进行承兑的,应承诺支付全部票据金额,付款人进行部分承兑的,视为拒绝承兑。

（3）单纯承兑原则。付款人承兑汇票,不得附有条件;承兑如果附有条件的,视为拒绝承兑,不发生承兑的效力。

（三）承兑的程序

承兑的程序可分为两个步骤:第一步是持票人按《票据法》规定的期限,向付款人提示承兑;第二步是付款人按《票据法》规定的时间、方式进行承兑并将已承兑的汇票交还持票人。

1. 提示承兑

（1）提示承兑的概念。所谓提示承兑是指持票人向付款人出示汇票并要求付款人承诺付款的行为,可见提示承兑是持票人的票据行为。

（2）提示承兑的期间。提示承兑应在法定期间内进行,具体而言,定日付款或者出票后定期付款的汇票,持票人应当在汇票到期日前向付款人提示承兑。见票后定期付款的汇票,持票人应当自出票日起 1 个月内提示承兑。持票人未按上述规定期限提示承兑的,将丧失对其前手的追索权。

2. 付款人的承兑程序

（1）承兑的时间。付款人对向其提示承兑的汇票,应当自收到提示承兑的汇票之日起 3 日内承兑或拒绝承兑。

（2）承兑的记载事项。付款人承兑汇票的,应当在汇票正面记载"承兑"字样和承兑日期并签章;见票后定期付款的汇票,还应当在承兑时记载付款日期。

（四）承兑的效力

承兑的效力体现在以下几方面：①付款人成为承兑人，是汇票第一债务人。承兑前，付款人不是票据债务人，而承兑后，付款人则成为第一票据债务人。持票人必须先请求付款人（承兑人）付款，在不获付款时方可向出票人、背书人等其他票据债务人行使追索权。②付款人（承兑人）承担了无条件支付汇票金额的票据责任。《票据法》第44条规定："付款人承兑汇票后，应当承担到期付款的责任。"这种责任是一种绝对责任，即使出票人始终未按约定向承兑人提供资金，承兑人也不得以该资金关系对抗持票人。

五、汇票的保证

（一）保证的概念和特征

保证是指票据债务人以外的人为担保票据债务而为的附属票据行为。票据保证具有以下特征：①保证人必须是票据债务人以外的人。因为票据债务人原本就有担保承兑和担保付款的责任，若再由其作为保证人则既不会增加票据债务人的数量，也不会提高票据的信用度，从而也就失去了设立票据保证的意义，因此出票人、背书人、承兑人等票据债务人不能成为票据的保证人。②票据保证是种单方法律行为。民法上的保证，是双方法律行为，需要保证人与被保证人意思表示一致。而票据保证则是种单方法律行为，仅凭保证人一方的意思表示即可成立。③票据保证具有要式性和无因性。要式性要求票据保证必须在票据上进行，并按票据法的规定记载有关事项。无因性则意味着票据保证不受原因关系的影响。④票据保证不得附有条件，如附有条件，所附条件无效，保证有效。

（二）保证的记载事项

保证人必须在汇票或者粘单上记载下列事项：①表明"保证"的字样；②保证人的名称和住所；③被保证人的名称；④保证的日期；⑤保证人的签章。其中①、②、⑤为绝对必要记载事项，欠缺其中之一的，保证无效。③、④为相对必要记载事项。未记载被保证人的，已承兑的汇票，承兑人为被保证人。未承兑的汇票及本票，出票人为被保证人；未记载保证日期的，出票日期为保证日期。

（三）保证的效力

（1）保证人的票据责任。保证一旦成立，保证人即成为票据债务人，应承担票据责任。保证人的票据责任具有以下特点:①保证人与被保证人负同一责任,即被保证人应承担何种责任,保证人也应承担何种责任。如被保证人为出票人,则保证人应承担出票人的责任;被保证人为承兑人,则保证人应承担承兑人的责任。②保证人承担独立责任,即使被保证人无须承担票据责任,如被保证人是票据伪造中的被伪造人或是无权代理中的被代理人,只要被保证的票据本身不欠缺必要记载事项、形式合法,保证人就应承担保证责任。③保证人是对合法持票人承担保证责任。换言之,不法取得票据者本身不享有票据权利,因而保证人也无须对其承担保证责任。④保证人的保证责任属一般连带责任。民法上的保证有一般保证和连带责任保证两种,而票据保证只有连带责任保证一种。连带责任根据债务人承担责任的先后顺序不同,又可分为一般连带责任与补充连带责任。票据保证人的保证责任是一般连带责任而不是补充责任。即当汇票到期后得不到付款时,持票人有权要求被保证人清偿,也有权直接要求保证人清偿。当持票人向保证人请求付款时保证人应当足额付款,而不能要求持票人先向被保证人请求清偿,也不能主张先用被保证人的资金偿付,自己再来补充其不足部分。

(2) 保证人的票据权利。根据《票据法》第 52 条,保证人清偿汇票债务后,可以行使持票人对被保证人及其前手的追索权。

六、汇票的付款

(一) 付款的概念和特征

付款是指付款人依据票据文义向持票人支付票据金额,以消灭票据关系的行为。付款具有以下特征:①付款是票据付款人的行为。当持票人向背书人、出票人等票据债务人行使追索权时,被追索人也向持票人支付票据金额,但这种支付行为,并不是《票据法》上所言的付款。②付款是付款人支付票据金额的行为。③付款是消灭票据上权利义务关系的行为。付款人依法足额付款后,全体汇票债务人的责任解除。④付款从性质上说不是票据法律行为而是一种事实行为。

(二) 付款的程序

1. 持票人提示付款

所谓提示付款是指持票人向付款人依法出示汇票并向其请求付款的行为。

提示付款是取得汇票付款的前提,持票人应在法定期限内提示付款。具体而言,见票即付的汇票,持票人应自出票日起的 1 个月内向付款人提示付款;定日付款、出票后定期付款或者见票后定期付款的汇票,持票人应自到期日起的 10 日内向承兑人提示付款。

2. 付款人付款

付款人付款有以下要点:①持票人提示付款的,付款人必须在当日足额付款。②持票人获得付款的,应当在汇票上签收,并将汇票交给付款人。持票人委托银行收款的,受委托的银行将代收的汇票金额转账收入持票人账户,视同签收。③付款人及其代理付款人付款时,应当审查汇票背书的连续,并审查提示付款人的合法身份证明或者有效证件。

(三) 付款人应当自行承担责任的几种情况

付款人依法进行的付款为有效付款,即使发生错付,亦可免责,但在以下几种情况下,如果发生错付,付款人则需自行承担责任:①未依照《票据法》规定对提示付款人的合法身份证明,或者有效证件以及汇票背书的连续性履行审查义务而错误付款的;②公示催告期间对公示催告的票据付款的;③收到人民法院的止付通知后付款的;④其他以恶意或者重大过失付款的。

2004 年 8 月 6 日,江苏徐州某装饰材料经销处(犯罪嫌疑人虚构企业)持金额为 1 900 元的转账支票到某电器公司购买传真机。因传真机价值 1 550 元,电器公司将多出的差额 350 元用转账支票退还给材料经销处。后电器公司发现被银行划走 12.7 万余元,经查询得知,发现银行据以划走 12.7 万元的支票上的背书人为徐州某电器设备经销处(也是犯罪嫌疑人虚构的企业)。该支票虽与电器公司退款给材料经销处 350 元的支票票号相同,但与电器公司留存的支票存根无法吻合。另外,该支票的出票日期为 2004 年 8 月 23 日,背书日期却为 2004 年 8 月 15 日,且该支票上填写的背书人的开户行是"中行营业厅",而不是中国银行徐州分行营业部的正确简称"中行营业部"。电器公司遂将中国银行徐州分行起诉至法院,请求判令被告银行赔偿其经济损失 12.66 万余元及利息。被告银行辩称,支票的存根在原告处,被告无从得知,且背书日期并非银行的审查事项,被告没有过错,不应承担责任。经鉴定,诉争支票的编号、账号栏兰色盖印数字均为涂改、挖补形成。后犯罪嫌疑人被抓获,对变造票据骗取他人钱财的事实供认不讳。法院经审理认为,鉴定结论与犯罪嫌疑人的供述相互印证,足以认定诉争支票是变造的。对背书日期的审核虽不是《票据法》规定的法定审核义务,但背书日期早于出票日期的重大瑕疵,被告作为金融机构应当发现而未发现,具有过失。被告的正确简称为"中行营业部",而诉争支票上的开户行却是"中行营业厅",对此漏洞被告应该发现但却未发现,具有重大过失,故法院判决被告银行赔偿原告电器公司 12.66 万余元及相应利息。

(案例来源:中国法院网. 未能识出变造支票中国银行审核过失赔偿 13 万[EB/OL]. [2005/05/25]. http://www.chinacourt.org/article/detail/2005/05/id/163678.shtml)

七、追索权

(一)追索权的概念和特征

所谓追索权是指在付款请求权未能实现时发生的、持票人对其前手所享有的、请求偿还票据金额、利息及有关费用的权利。这一概念表明,追索权具有以下特征:①追索权是一种票据权利,而且是票据权利中的"第二次请求权。票据权利包括付款请求权和追索权,付款请求权是"第一次请求权",而追索权是"第二次请求权",只有在"第一次请求权"即付款请求权不能实现时方可行使。②追索权的请求对象是持票人的前手,包括背书人、出票人及其他票据债务人如保证人等。持票人可以根据自己的意愿,选择任意一个或多个甚至全体票据债务人(只要他们是自己的前手)进行追索,不受数量限制,也不受顺序限制。③追索权的请求内容包括票据金额、利息及有关费用。追索权的请求内容有别于付款请求权,它不仅包括票据金额和利息,还包括取得有关拒绝证明和向票据债务人发出书面通知的费用。④追索权的权利主体具有可变更性。即被追索人按规定清偿债务后则成为持票人,又可再次向自己的前手行使追索权,从而使追索权的权利主体发生变更。

(二)追索权的行使

追索权的行使须符合法定要件,包括实质要件和形式要件。

1. 实质要件

实质要件是指《票据法》规定的、持票人得以行使追索权的原因。根据《票据法》,行使追索权的原因有:①汇票到期被拒绝付款;②汇票于到期日前被拒绝承兑;③汇票到期日前,承兑人或者付款人死亡、逃匿;④汇票到期日前,承兑人或者付款人被依法宣告破产或者因违法被责令终止业务活动。

2. 形式要件

形式要件是指《票据法》规定的、持票人行使追索权在程序上必须符合的条件。具体包括以下各项。

(1) 按规定期限提示承兑。根据《票据法》第40条第2款:"汇票未按照规定期限提示承兑的,持票人丧失对其前手的追索权。"可见,按规定期限提示承兑是汇票持票人得以行使追索权的一个程序要求。

(2) 按规定取得拒绝证明、退票理由书或其他合法证明。根据《票据法》,持票人行使追索权时,应当提供被拒绝承兑或者被拒绝付款的有关证明。持票人因承兑人或者付款人死亡、逃匿或者其他原因,不能取得拒绝证明的,可以依法取得其他有关证明。这里承兑人或者付款人被人民法院依法宣告破产的,人民法院的有关司法文书具有拒绝证明的效力。承兑人或者付款人因违法被责令终止业务活动的,有关行政主管部门的处罚决定具有拒绝证明的效力。如果持票人不能出示拒绝证明、退票理由书或者未按规定期限提供其他合法证明的,则丧失对其前手的追索权。

(3) 追索权的行使未超过时效期间。追索权的行使还必须符合《票据法》有关追索权时效的规定,因为超过时效期间将导致追索权的消灭。具体来说,①汇票持票人对除出票人以外的其他前手的追索权应当自被拒绝承兑或被拒绝付款之日起的6个月内行使。②持票人对远期汇票出票人的追索权,应当自汇票付款到期日起的2年内行使;对即期汇票出票人的追索权,应当自汇票出票日起的2年内行使。③持票人对其前手的再追索权,应当自其清偿日或者被提起诉讼之日起的3个月内行使。

(三) 行使追索权的效果

追索权的行使将产生以下效果:一是被追索人按规定清偿债务后,其票据责任解除。二是被追索人按规定清偿债务后,可以向其他汇票债务人行使再追索权,请求其他汇票债务人支付下列金额和费用:①已清偿的全部金额;②前项金额自清偿日起至再追索清偿日止,按照中国人民银行规定的利率计算的利息;

③发出通知书的费用。

第三节　本票与支票

一、本票

（一）本票的概念和特征

1. 本票的概念

本票是出票人签发的,承诺自己在见票时无条件支付确定的金额给收款人或者持票人的票据。我国《票据法》所称的本票仅指银行本票。

2. 本票的特征

（1）本票是自付票据。本票的出票人即为付款人,而汇票和支票中出票人是委托付款人付款而不是自己付款。

（2）本票的基本当事人只有两个,即出票人和收款人,而汇票和支票中都有三个基本当事人,即出票人、付款人和收款人。

（3）本票的出票人即是付款人,所以本票不需提示承兑和承兑,而商业汇票则需提示承兑和承兑。

（二）本票的出票

（1）出票人的资格。我国《票据法》仅承认银行本票,不承认商业本票,因此只有银行才有资格充当本票的出票人,银行以外的法人、其他经济组织或自然人都没有资格签发本票。

（2）出票的记载事项。本票的记载事项可分为绝对应记载事项和相对应记载事项。绝对应记载事项包括:①表明"本票"的字样;②无条件支付的承诺;③确定的金额;④收款人名称;⑤出票日期;⑥出票人签章。本票上未记载前述事项之一的,本票无效。相对应记载事项包括:①付款地。本票上未记载付款地的,出票人的营业场所为付款地。②出票地。本票上未记载出票地的,出票人的营业场所为出票地。此外,为提高本票的信用和保证其流通的顺利进行,出票人还可以在本票上记载本票到期后的利率利息的计算、本票是否允许转让、是否缩短付款的提示期限等事项。

（三）本票的付款

（1）提示见票与见票。本票的出票人在持票人提示见票时必须承担付款的责任。所谓提示见票是指持票人在法定期限内,向本票出票人提示票据,请求支付票据金额的行为。持票人未按规定期限提示见票,将丧失对出票人以外的前手的追索权。而所谓见票,则是指本票的出票人在持票人向其提示本票时,在本票上记载见票字样及日期并且签名的票据行为。即提示见票是持票人的票据行为,见票是出票人的票据行为,持票人和出票人共同完成见票程序,本票金额方可得以支付。

（2）付款期限。本票自出票日起,付款期限最长不得超过2个月。

二、支票

（一）支票的概念、特征与种类

1. 支票的概念

支票是出票人签发的,委托办理支票存款业务的银行或者其他金融机构在见票时无条件支付确定的金额给收款人或者持票人的票据。

2. 支票的特征

与汇票、本票相比,支票具有以下特征:①与本票相比,支票有三个基本当事人,即出票人、付款人和收款人,而本票只有两个基本当事人,因此支票可以看成是一种特殊的汇票。②支票的付款人仅限于银行或信用社等金融机构;而汇票的付款人不限于金融机构。③支票的出票人必须先与银行等金融机构建立资金关系,然后才能签发以金融机构为付款人的支票,否则即构成签发"空头支票"的违法行为,必须承担相应的法律责任;而汇票的出票人与付款人之间不必先有资金关系。本票的出票人与付款人为同一个人,也不存在所谓的资金关系。④支票都是见票即付,不存在远期支票;而汇票可以是见票即付的,也可以是远期的。⑤支票因为都是见票即付的,因而无需承兑;而远期汇票则需要承兑。⑥支票可为空白授权出票,支票出票时,金额、收款人名称均可空白,由出票人授权补记,汇票和本票则不得签发空白票据。⑦支票信用作用弱而支付功能强。支票为见票即付,而且提示付款的期限也很短,因此支票的主要功能在于支付功能。

3. 支票的种类

（1）依出票时是否记载收款人名称,支票可分为记名支票与不记名支票。记载收款人名称的,是记名支票;不记载收款人名称的,是不记名支票。记名支票依背书而转让,不记名支票无须背书也可转让。

（2）依支票的付款方式,支票可分为现金支票、转账支票和普通支票。支票上印有"现金"字样的为现金支票,现金支票只能用于支取现金。支票上印有"转账"字样的为转账支票,转账支票只能用于转账。支票上未印有"现金"或"转账"字样的为普通支票,普通支票可以用于支取现金,也可以用于转账。其中用于转账的,可在普通支票左上角划两条平行线,亦称为划线支票,划线支票只能用于转账,不得支取现金;未划线的普通支票,可用于支取现金。

（3）依支票当事人是否兼任,支票可分为一般支票和变式支票。一般支票无当事人兼任现象,而变式支票中有当事人同时兼具两种身份,具体可分为对己支票(出票人自己为付款人)、指己支票(出票人自己为收款人)、付收支票(付款人也是收款人)。

（二）支票的出票

1. 出票人的资格

（1）出票人必须在办理支票业务的银行或其他金融机构开立支票存款账户。开立支票存款账户时,申请人必须使用其本名,并提交能证明其身份的合法证件。

（2）出票人与委托付款人之间须有资金关系。根据《票据法》,开立支票存款账户和领用支票,应当有可靠的资信,并存入一定的资金。法律禁止签发空头支票。所谓空头支票,是指出票人签发的支票金额超过其付款时在付款人处实有的存款金额。签发空头支票须承担法律责任。其中不以骗取财物为目的的,应处以票面金额5%但不低于1 000元的罚款,另外持票人有权要求出票人赔偿支票2%的赔偿金。至于签发空头支票骗取财物构成犯罪的,则应依法追究刑事责任。

（3）预留其本名的签名式样和印鉴。为了保证付款的准确性,防止支票金额被他人冒领,《票据法》规定开立支票存款账户,申请人应当预留其本名的签名式样和印鉴。只有当支票上出票人的签章与其预留本名的签名式样和印鉴一致时,付款人才能付款,否则,作退票处理,而退票则会对持票人产生不利影响,因此出票人不得签发与其预留本名的签名式样或者印鉴不符的支票。

2. 支票的记载事项

支票的记载事项可分为绝对应记载事项和相对应记载事项。绝对应记载事项包括:①表明"支票"的字样;②无条件支付的委托;③确定的金额;④付款人名称;⑤出票日期;⑥出票人签章。支票上未记载前述事项之一的,支票无效。相对应记载事项包括:①付款地。支票上未记载付款地的,付款人的营业场所为付款地。②出票地。支票上未记载出票地的,出票人的营业场所、住所或经常居住地为出票地。③收款人名称。我国《票据法》允许支票出票时不记载收款人名称,如果收款人名称未被记载,经出票人授权,可以补记。出票人出具空白支票本身的行为,即暗含了授权持票人自行补记的权利,因此任一合法持票人在支票上的补记行为均应有效。

3. 出票的效力

(1)对出票人的效力。出票人一经签发支票,即应承担担保支票付款的责任。因此如果支票未获付款,则持票人可依法对出票人进行追索。

(2)对付款人的效力。支票的出票行为是出票人单方面委托付款人付款的行为,本身并不能对付款人产生强制性的效力,但根据我国《票据法》,如果出票人在付款人处的存款足以支付支票金额,则付款人应当在当日足额付款。换言之,如果出票人签发的是"空头支票",则付款人当然可以拒绝付款。

(3)对收款人的效力。对支票收款人而言,出票人一经签发支票,收款人便取得向付款人请求付款的权利。如付款请求权未能实现,则收款人可依法向其前手行使追索权。

案外人于某在2010年4月27日至2010年5月6日期间为大连某建设工程公司送沙子,共计货款60 950.40元,结算时约定以支票给付货款。2010年5月10日,工程公司向于某出具中国农业银行转账支票一张,支票号为(C/0,S/2)18187208,票面金额为陆万零玖佰伍拾元整,收款人处未填写。文某与于某存有债权债务关系,于某遂将该转账支票交付给文某,并在收款人处载明文某的姓名。同年 5 月 20 日,文某向银行提示付款遭退票。后文某向法院起诉,请求判令工程公司给付支票金额及相应利息。本案中,文某持有的转账支票并不是通过背书形式由案外人于某转让给文某,而是案外人于某直接将工程公司交给其的空白转账支票中的收款人填写为文某。因支票的收款人可以在出票后补记,故文某持有的转账支票为有效票据,文某及案外人于某取得票据的方式均合法。票据为无因证券,票据出票人制作票据,应按照所记载的事项承担票据责任。法院判决被告工程公司向原告文某支付支票金额 60 950 元及利息。

（案例来源:中国法院网.票据请求权无因性理论的司法适用[EB/OL].[2014/01/13]. http://www.chinacourt.org/article/detail/2014/01/id/1175820.shtml）

（三）支票的付款

支票的持票人应当自出票日起 10 日内提示付款;异地使用的支票,其提示付款的期限由中国人民银行另行规定。超过提示付款期限的,付款人可以不予付款;付款人不予付款的,出票人仍应当对持票人承担票据责任。付款人依法支付支票金额的,对出票人不再承担受委托付款的责任,对持票人不再承担付款的责任。但是,付款人以恶意或者有重大过失付款的除外。

第四节 涉外票据的法律适用

一、涉外票据概述

所谓涉外票据,是指在出票、背书、保证、付款等票据行为中,既有发生在中国境内又有发生在中国境外的票据。涉外商务往来常常伴随着票据的跨国使用,而各国票据法的规定又有所不同,因此当票据的使用涉及不同国家时,就需要由冲突规范来进行调整,以确保票据法律制度的适用。根据我国《票据法》,除我国声明保留的条款外,我国缔结或者参加的国际条约和《票据法》有不同的规定的,适用国际条约的规定。这体现了我国对国际条约的尊重,但到目前为止,我国尚未参加关于票据的国际公约。

二、涉外票据法律适用的具体规则

（一）适用出票地法律

（1）汇票、本票出票时的记载事项,适用出票地法律。支票出票时的记载事项,适用出票地法律,经当事人协议,也可以适用付款地法律。

（2）票据追索权的行使期限,适用出票地法律。

（二）适用行为地法律

（1）票据债务人的民事行为能力,适用其本国法律。票据债务人的民事行为能力,依照其本国法律为无民事行为能力或者为限制民事行为能力而依照行为地法律为完全民事行为能力的,适用行为地法律。

（2）票据的背书、承兑、付款和保证行为,适用行为地法律。

（三）适用付款地法律

（1）票据的提示期限、有关拒绝证明的方式、出具拒绝证明的期限,适用付款地法律。

（2）票据丧失时,失票人请求保全票据权利的程序,适用付款地法律。

第五节　违反票据法的法律责任

违反《票据法》的法律责任有刑事责任、行政责任和民事责任。

一、刑事责任

（一）票据欺诈行为的刑事责任

我国《票据法》第 102 条规定,对下列票据欺诈行为依法追究刑事责任:①伪造、变造票据的;②故意使用伪造、变造的票据的;③签发空头支票或者故意签发与其预留的本名签名式样或者印鉴不符的支票,骗取财物的;④签发无可靠资金来源的汇票、本票,骗取资金的;⑤汇票、本票的出票人在出票时作虚假记载,骗取财物的;⑥冒用他人的票据,或者故意使用过期或者作废的票据,骗取财物的;⑦付款人同出票人、持票人恶意串通,实施前六项所列行为之一的。

（二）违法承兑、付款或者保证的刑事责任

根据《票据法》第104条，金融机构工作人员在票据业务中玩忽职守，对违反《票据法》规定的票据予以承兑、付款或者保证的，给予处分；造成重大损失，构成犯罪的，依法追究刑事责任。

二、行政责任

行政责任主要有以下几种。

（1）对实施票据欺诈行为，情节轻微，不构成犯罪的，依照国家有关规定给予行政处罚。

（2）金融机构工作人员在票据业务中玩忽职守，对违反《票据法》规定的票据予以承兑、付款或者保证的，给予处分。

（3）票据的付款人对见票即付或者到期的票据，故意压票、拖延支付的，由金融行政管理部门处以罚款，对直接责任人员给予处分。

三、民事责任

民事责任主要有以下几种。

（1）因金融机构工作人员在票据业务中玩忽职守，对违反《票据法》规定的票据予以承兑、付款或者保证给当事人造成损失的，由该金融机构和直接责任人员依法承担赔偿责任。

（2）票据的付款人故意压票、拖延支付，给持票人造成损失的，依法承担赔偿责任。

（3）行为人有违反《票据法》的其他行为，给他人造成损失的，也应依法承担民事责任。

案例分析

【案情】

2012年2月8日，出票人山东某矿业公司开出银行承兑汇票一张，票面记载收款人为山东某物资公司，付款人为民生银行某支行。后原告某装饰公司称，其于 2012 年 7 月 2 日发现该票据不慎丢失,遂于 7 月 19 日向法院申请公示催告。本案被告某经贸公司在公示催告期间,向法院申报权利,法院裁定终结公示催告程序。装饰公司遂于 2012 年 9 月 21 日向法院提起票据确权之诉,请求确认案涉汇票归其所有。庭审中,装饰公司提交了票载收款人物资公司和案外人C 公司出具的证明及相关合同与发票,证明物资公司将案涉汇票转让给 C 公司以支付货款,C 公司将案涉汇票转让给原告以支付装修工程款。另查明,涉案汇票背面及粘单上载明的票据当事人按签章顺序依次为物资公司、A 公司、B 公司、经贸公司,但第一背书人物资公司否认其与票面上载明的第一被背书人 A公司存有任何业务关系和票据背书转让关系。此外,被告经贸公司承认其与直接前手 B 公司之间存有资金拆借关系,B 公司以案涉汇票取得了借款。一审法院认为,装饰公司提供的证据足以认定其取得案涉票据具有真实合法的交易关系,装饰公司应为票据的最后合法持票人。被告经贸公司与其直接前手案外人B 公司之间的票据流转环节中存有资金拆借关系,该行为的实质系非法票据贴现,故不得享有票据权利。法院判决装饰公司为案涉汇票的所有权人。经贸公司不服,提起上诉。

【问题】

1. 被告经贸公司是否为案涉票据的合法持票人?

2. B 公司以案涉票据从经贸公司处取得借款是否影响经贸公司票据权利的享有?

3. 原告装饰公司的合法权益如何保护?

【法律依据】

《票据法》第 10 条第 2 款规定:"票据的取得,必须给付对价,即应当给付票据双方当事人认可的相对应的代价。"第 12 条第 1 款规定:"以欺诈、偷盗或者胁迫等手段取得票据的,或者明知有前列情形,出于恶意取得票据的,不得享有票据权利。"第 13 条第 1 款规定:"票据债务人不得以自己与出票人或者与持票人的前手之间的抗辩事由,对抗持票人。但是,持票人明知存在抗辩事由而取得票据的除外。"第 31 条第 1 款规定:"以背书转让的汇票,背书应当连续。持票人以背书的连续,证明其汇票权利;非经背书转让,而以其他合法方式取得汇票的,依法举证,证明其汇票权利"。

【法律运用及处理结果】

本案中被告经贸公司支付了对价,其取得票据的方式是背书转让且背书连续,也没有证据证明经贸公司是以欺诈、偷盗或者胁迫等手段取得票据或明知有前列情形出于恶意而取得票据。虽然第一背书人物资公司否认其与第一被背书人 A 公司存有任何业务关系和票据背书转让关系,但 A 公司并非是经贸公司的直接前手,也没有证据表明经贸公司明知存在抗辩事由而取得票据,因此不论 A 公司是否应享有票据权利,均不影响经贸公司票据权利的取得。本案中,经贸公司与其直接前手 B 公司之间存有资金拆借关系,B 公司以案涉汇票从经贸公司处取得借款,虽不符合中国人民银行关于票据贴现的有关规定,但并不导致经贸公司无法取得票据权利。票据是无因证券。票据关系是基于票据行为而发生在当事人相互之间的债权债务关系,亦即票据上的权利义务关系。票据关系以票据为载体,虽以基础关系为前提,但票据关系又与其赖以建立的基础关系相分离,票据关系的成立、有效并不以授受票据的基础关系的成立、有效为必要,票据关系的存在与否并不以基础关系(原因关系)的不成立、被撤销、无效为转移。经贸公司与其直接前手 B 公司之间的资金拆借行为,属于票据基础关系的范畴,而非票据关系行为,并不影响其票据权利的取得。至于原告装饰公司,曾经拥有过案涉汇票且为此支付了相应对价,因此享有其他法律关系中的合法权利。该公司可以通过提起其他民事法律关系的诉讼,或者通过刑事报案、刑事追究等方式,向真正非法取得票据并非法转让票据的当事人主张和追究相应的法律责任以维护自身合法权益。二审法院终审判决撤销一审判决,驳回装饰公司的诉讼请求。

(案例来源:山东省临沂市中级人民法院民事判决书(2014)临商终字第 258 号)

本章思考题

1. 简述票据的法律特征。

2. 如何理解票据关系与票据基础关系之间的关系?

3. 什么是票据权利?如何取得票据权利?

4. 简述票据丧失后的救济措施。

5. 简述票据伪造的构成要件及效力。

6. 什么是票据抗辩？票据债务人行使票据抗辩权有何限制？

7. 简述出票、背书、承兑、保证这四种票据行为的概念、特征及效力。

8. 简述本票的概念及特征。

9. 简述支票的概念及特征。

10. A 公司向 B 公司出售一批货物，为支付货款 B 向 A 签发金额为 30 万元的汇票。A 取得票据后不慎被 C 偷走，C 将票面金额改为 50 万元并盗盖 A 公司公章，将票据背书转让给自己；之后 C 又将该票据背书转让给 D，D 又背书转让给 E。E 向 B 提示付款，B 以 A 所交货物与合同严重不符为由拒付。E 取得拒付理由书后，向 D、C 发出书面追索通知，追索票据金额 50 万元，D 以 50 万元超过原票据金额 30 万元为由拒绝承担责任。C 则认为票据未注明付款日期，票据无效因此拒绝承担责任。

(1) B 对到期票据拒付的理由是否充分？为什么？

(2) D、C 拒绝承担责任的理由是否充分？为什么？

(3) C 的行为性质是什么？C 能否取得票据权利？又是否应承担票据责任？并分别说明理由。

第六章　证券法律制度

教学要求

通过本章的学习,了解我国证券市场的发展概况,掌握证券发行、交易行为的基本概念和特征,明确我国《证券法》对股票及债券的上市条件、上市公司收购、信息披露、禁止性交易行为等相关规定,熟悉各类证券主体的工作性质、职责范围、监管内容及相关法律责任。

第一节　证券法律制度概述

一、证券的概念、特征及种类

(一)证券的概念

证券是表明财产所有权或债权的证书或凭证的统称,是用来证明证券持有人有权按其所载取得相应权益的凭证。证券有广义和狭义之分。广义的证券是证明持券人享有一定的经济权益的书面凭证,包括资本证券、货币证券和商品证券。资本证券是证明持有人享有一定的所有权和债权的书面凭证,它表明持券人对一定的本金和带来的收益享有请求权,如股票、债券等;货币证券是证明持券人享有一定货币请求权的书面凭证,如银行卡、汇票、本票、支票等;商品证券是证明持券人享有一定商品请求权的书面凭证,如货单、货运单、栈单等。狭义的证券仅指资本证券,包括股票、债券等。本章采用的是证券的狭义解释。

（二）证券的特征

1. 权义性

证券的权义性是指有价证券记载着权利人的财产权内容，代表着一定的财产所有权，拥有证券就意味着享有财产的占有、使用、收益和处分的权利。在现代经济社会里，财产权利和证券已密不可分，财产权利与证券两者融合为一体，权利证券化。虽然证券持有人并不一定实际占有财产，但可以通过持有证券，在法律上拥有有关财产的所有权或债权。

2. 收益性

证券的收益性是指持有证券本身可以获得一定数额的收益，这是投资者转让资本使用权的回报。证券代表的是对一定数额的某种特定资产的所有权或债权，而资产是一种特殊的价值，要在社会经济运行中不断运动，不断增值，最终可能形成高于原始投入价值的价值。由于这种资产的所有权或债权属于证券投资者，投资者持有证券也就同时拥有取得这部分资产增值收益的权利，因而证券本身具有收益性。有价证券的收益表现为利息收入、红利收入和买卖证券的差价。收益的多少通常取决于该资产增值数额的多少和证券市场的供求状况。

3. 流通性

证券的流通性又称变现性，是指证券持有人可按自己的需要灵活地转让证券以换取现金。流通性是证券的生命力所在。证券的流通是通过承兑、贴现、交易实现的。证券流通性的强弱，受证券期限、利率水平及计息方式、信用度、知名度、市场便利程度等多种因素的制约。

4. 风险性

证券的风险性是指证券持有者面临着预期投资收益不能实现，甚至使本金也受到损失的可能。这是由证券的期限性和未来经济状况的不确定性所致。在现有的社会生产条件下，未来经济的发展变化有些是投资者可以预测的，而有些则无法预测，因此，投资者难以确定他所持有的证券将来能否取得收益和能获得多少收益，从而就使持有证券具有风险。

（三）证券的种类

按照不同的标准，可以对证券作多角度的分类。我国目前证券市场上发行和流通的证券主要有以下几类：

1. 股票

股票是股份有限公司签发的证明股东所持股份的凭证。股票具有权利性、非返还性、风险性和流通性等特点。目前,我国发行的股票按照投资主体的不同,可分为国家股、法人股、内部职工股和社会公众个人股;按照股东权益和风险大小,可以分为普通股、特别股(优先股);按照认购股票投资者身份和上市地点的不同,可以分为境内上市内资股(A 股)、境内上市外资股(B 股)和境外上市外资股三类。

2. 债券

债券是政府、金融机构、公司企业等单位依照法定程序发行的,约定在一定期限还本付息的有价证券。债券是一种债权凭证,是一种到期还本付息的有价证券,它具有风险性小和流通性强的特点。债券按发行主体不同可分为三大类:①企业、公司债券(含可转换公司债券),是指一般工商企业和公司发行的债券;②金融债券,是指银行和非银行金融机构发行的债券;③政府债券,是指政府或政府授权的代理机构基于财政或其他目的而发行的债券。

3. 认股权证

认股权证是股份有限公司给予持证人的无限期或在一定期限内,以确定价格购买一定数量普通股份的权利凭证。包括认股权证和优先认股权证。这是持证人认购公司股票的一种长期选择权,它本身不是权利证明书,其持有人不具备股东资格。但认股权证能依法转让,给持有人带来很大收益,因而也是一种有价证券。

4. 基金券

基金券或称基金受益凭证,是投资基金发给投资者,用以记载投资者所持基金单位数的凭证。投资者按其所持基金券在基金中所占的比例来分享基金盈利、分担基金亏损。与股票、债券相比,基金券的特点是:①基金券是一种无面额证券;②基金券的持有人一般不直接参加对基金的管理,基金的具体业务活动由经理公司(基金管理公司或信托公司)承担,亦即"专家理财";③由于实行组合投资,基金券的风险相对较小。

5. 期货、期权等金融衍生产品

该类产品在实践中有诸如金融期货、期权、资产支持证券等衍生品种。

二、证券法的概念、适用范围和基本原则

（一）证券法的概念及其适用范围

证券法是调整证券发行、交易等活动中，以及国家在管理证券机构和管理证券的发行、交易等活动的过程中，所发生的社会关系的法律规范的总称。证券法所调整的社会关系，既有证券发行人、证券投资人和证券商之间的平等的证券发行关系、交易关系、服务关系，又有证券监督管理机构对证券市场参与者进行领导、组织、协调、监督等活动过程中所发生的纵向监管关系，是两者的统一体。

证券法有广义和狭义之分。广义的证券法是指一切有关证券发行、交易及其监督管理关系的法律规范的总称。而狭义的证券法是指证券法典，在我国是指单行法规《中华人民共和国证券法》，该部法律首次于 1998 年 12 月 29 日第九届全国人民代表大会常务委员会第六次会议通过，先后做了四次修订，当前施行的是 2014 年 8 月 31 日第十二届全国人民代表大会常务委员会第十次会议修订的文本。

随着经济和金融体制改革的不断深化和社会主义市场经济不断发展，证券市场发生了很大变化，在证券发行、交易和证券监管中出现了许多新情况，老的证券法已经不能完全适应新形势发展的客观需要。从 2015 年起，全国人大已经开始着手修订《证券法》，据了解，2015 年 4 月，证券法修订草案在全国人大常委会进行了一审，修订草案在推进股票发行注册制改革、健全多层次的资本市场、完善投资者保护制度、推动证券行业的创新发展、加强事中及事后监管等多个方面进行了完善。2017 年 4 月，证券法修订草案被提请全国人大常委会进行了二审，在充分考虑我国证券市场实际情况、认真总结 2015 年股市异常波动经验教训的基础上，证券法修订草案二次审议稿聚焦注册制、投资者保护等七大市场焦点，新版修订草案有两大变化，其一，部分创新举措直接暂停；其二，注册制具体内容暂不规定。而现今到了 2018 年，距离证券法修订草案上一次审议之后，市场又发生了很大变化，新的草案又在夯实法制基础、健全市场机制、规范市场行为、全面从严监管、加大对资本市场违法违规行为的严惩等方面进行了修订，将有望在 2018 年提请全国人大常委会通过三审，正式出台。

《证券法》的适用对象范围，按《证券法》第 2 条的规定来界定，具体可包括

以下范围：

（1）股票、公司债券和国务院依法认定的其他证券的发行和交易，适用《证券法》；《证券法》未规定的，适用《公司法》和其他法律、行政法规的规定。

（2）政府债券、证券投资基金份额的上市交易，适用《证券法》；其他法律、行政法规另有规定的，适用其规定。

（3）证券衍生品种发行、交易的管理办法，由国务院依照《证券法》的原则规定。

（二）证券法的基本原则

证券法的基本原则是证券法的基本精神的体现，是证券发行、交易及其管理活动必须遵循的最基本准则，它贯穿于证券立法、执法和司法活动过程的始终。按照《证券法》的规定，我国证券法的基本原则有六个：

1. 公开、公平、公正原则

公开原则是证券发行和交易制度的核心，它要求证券发行者必须依法将与证券有关的一切真实情况予以公开，以供投资者投资决策时参考。只有以公开为基础，才能实现公平和公正。公平原则是指在证券发行和交易活动中，发行人、投资人、证券商和证券专业服务机构的法律地位完全平等，其合法权益受到同等保护。公正原则是指证券监管机关和司法机关在履行职责时，应当依法行使职责，对一切主体给予公正的待遇。

2. 自愿有偿、诚实信用的原则

自愿有偿、诚实信用的原则是指证券发行与交易活动的当事人应当遵守市场活动规则，自愿有偿、诚实信用，实事求是地履行自己所承担的义务，不得有任何证券欺诈行为。

3. 合法原则

《证券法》第6条规定："证券发行、交易活动，必须遵守法律、行政法规；禁止欺诈、内幕交易和操纵证券交易市场的行为。"这体现了证券发行、交易活动必须依法进行的原则。

4. 分业经营、分业管理原则

虽然"混业经营、混业管理"是全球金融发展的主流，也是我国金融业未来发展的必然方向，但考虑到我国的现实国情，我们目前还不得不在总体上实行金融分业经营、分业管理。所以,我国 2005 年在第二次修订《证券法》时,一方面继续保持了原《证券法》所确立的金融分业原则的规定,但另一方面为给我国金融实践中出现的混业经营现象(如金融控股公司、银行设立基金管理公司、保险资金按一定比例入市等)提供法律支撑,并为今后的金融混业改革预留发展空间,修订后,本条增加了但书规定:"国家另有规定的除外。"从而既坚持了金融"分业经营、分业管理"的原则,又兼顾我国的金融实践需要作了灵活务实的立法技术处理,做到了原则性与灵活性、现实稳定性与改革前瞻性的有机结合。

5. **保护投资者合法权益的原则**

证券市场的发展必须依靠社会公众的支持,投资者的热情和信心是证券市场稳健发展的重要保证,因此,保护投资者,尤其是中小投资者合法权益应成为我国证券法的基本原则。我国《证券法》第 1 条"立法宗旨"将保护投资者合法权益放在规范证券发行和交易行为所要达到的目标的首要位置,并在整部法律中规定了发行上市保荐、控股股东、实际控制人、高管人员诚信义务与责任,关联融资、担保之限制,证券投资者保护基金,信息披露,禁止证券欺诈行为等一系列制度和规范,都体现了保护投资者合法权益的原则。

6. **国家集中统一监管与行业自律相结合的原则**

《证券法》规定:国务院证券监督管理机构依法对全国证券市场实行集中统一监督管理。国务院证券监督管理机构根据需要可以设立派出机构,按照授权履行监督管理职责。在国家对证券发行、交易活动实行集中统一监督管理的前提下,证券行业应当依法设立证券业协会,实行自律性管理。国家审计机关对证券交易所、证券公司、证券登记结算机构、证券监督管理机构,依法进行审计监督。

三、我国证券市场的发展历程

证券市场是金融市场的重要组成部分,在金融市场体系中居重要地位。从 20 世纪 90 年代初开始,中国证券市场经历了二十多年的发展历程,从不成熟逐步走向成熟,从监管缺位到监管逐步完善,从初具规模到发展壮大,证券业已成为中国国民经济中的一个重要行业,对推动国民经济增长作出了重大贡献。中国证券行业的发展主要经历了五个阶段,基本情况如下:

1. 第一阶段:中国证券市场的建立

20 世纪 80 年代,中国国库券开始发行。1986 年 9 月 26 日,上海建立了第一个证券柜台交易点,办理由其代理发行的延中实业和飞乐音响两家股票的代购、代销业务,这是新中国证券正规化交易市场的开端。1990 年 12 月,新中国第一家经批准成立的证券交易所——上海证券交易所成立。1991 年 4 月,经国务院授权中国人民银行批准,深圳证券交易所成立。以沪深交易所成立为标志,中国证券市场开始其发展历程。

2. 第二阶段:全国统一监管市场的形成

1992 年中国证监会的成立,标志着中国证券市场开始逐步纳入全国统一监管框架,全国性市场由此开始发展。中国证券市场在监管部门的推动下,建立了一系列的规章制度,初步形成了证券市场的法规体系。1993 年国务院先后颁布了《股票发行与交易管理暂行条例》和《企业债券管理条例》,此后又陆续出台若干法规和行政规章,初步构建了最基本的证券法律法规体系。1993 年以后,B股、H 股发行出台,债券市场品种呈现多样化,发债规模逐年递增。与此同时,证券中介机构在种类、数量和规模上迅速扩大。证券市场由局部地区试点试验转向全国性市场发展阶段。

3. 第三阶段:依法治市和市场结构改革

1999 年至 2004 年是证券市场依法治市和规范发展的过渡阶段。1999 年 7月《证券法》实施,以法律形式确认了证券市场的地位,奠定了我国证券市场基本的法律框架,使我国证券市场的法制建设进入了一个新的历史阶段。这一阶段,证券监管机构制定了包括《证券投资基金法》(2001 年)在内的一系列的法规和政策措施,推进上市公司治理结构改善,大力培育机构投资者,不断改革完善股票发行和交易制度,促进了证券市场的规范发展和对外开放。

4. 第四阶段:深化改革和规范发展

2004 年至 2008 年是改革深化发展和规范发展阶段,以券商综合治理和股权分置改革为代表事件。2004 年 2 月,国务院发布《关于推进资本市场改革开放和稳定发展的若干意见》,明确了证券市场的发展目标、任务和工作要求,是资本市场定位发展的纲领性文件。2004 年 5 月起深交所在主板市场内设立中小企业板块,是证券市场制度创新的一大举措。

2005 年 4 月,经国务院批准,中国证监会发布了《关于上市公司股权分置改革试点有关问题的通知》,启动股权分置改革试点工作。股权分置改革后 A 股进入全流通时代,大小股东利益趋于一致。2006 年 1 月,修订后的《证券法》《公司法》正式施行。同月,中关村高科技园区非上市股份制企业开始进入代办转让系统挂牌交易。2006 年 9 月,中国金融期货交易所批准成立,有力推进了中国金融衍生产品的发展,完善了中国资本市场体系结构。2007 年 7 月,中国证监会下发了《证券公司分类监管工作指引(试行)》和相关通知,这是对证券公司风险监管的新举措。

5. 第五阶段:多层次资本市场的建立和完善发展

2009 年 10 月,创业板的推出标志着多层次资本市场体系框架基本建成。进入 2010 年,证券市场制度创新取得新的突破,2010 年 3 月,融资融券、4 月股指期货的推出为资本市场提供了双向交易机制,这是中国证券市场金融创新的又一重大举措。2012 年 8 月、2013 年 2 月,转融资、转融券业务陆续推出,有效地扩大了融资融券发展所需的资金和证券来源。2013 年 11 月,十八届三中全会召开,全会提出对金融领域的改革目标,为证券市场带来了新的发展机遇。2013 年 11 月 30 日,中国证监会发布《关于进一步推进新股发行体制改革的意见》,新一轮新股发行制度改革正式启动。2013 年 12 月,新三板准入条件进一步放开,新三板市场正式扩容至全国。随着多层次资本市场体系的建立和完善,新股发行体制改革的深化,新三板、股指期权等制度创新和产品创新的推进,中国证券市场逐步走向成熟,证券市场为中国经济提供投融资服务等功能将日益突出和体现。

经过三十年的发展,不论是从上市公司的数量,还是从融资金额、投资者数量等方面来看,中国资本市场均已具备了相当的规模,其在融资、优化资源配置等方面为中国经济的发展发挥越来越重要的作用。据最新统计数据,自 1990 年证券市场形成,截止到 2017 年年底,沪深两市上市公司达 3 485 家,总市值56.71万亿元,流通市值 44.93 万亿元。新三板挂牌公司 11 630 家,总市值 4.94 万亿元。证券市场投资者规模日益壮大,其结构也在不断优化;截至 2016 年年末,沪、深两市投资者账户数量达到 11 811.04 万个;证券中介机构和机构投资者数量不断增加,截至 2017 年年底,全国共有证券公司 131 家,公募基金管理人管理的基金资产合计达到 11.41 万亿元;截止 2017 年 6 月底,中国证券投资基金业协会已登记私募基金管理人 19 708 家,已备案私募基金 56 576 只,认缴规模 13.59 万亿元,突破 13 万亿元大关,实缴规模 9.46 万亿元。中国证券市场在优化资源配置、促进企业转制、改善融资结构、加速经济发展等方面正在发挥着前所未有的重要作用。

第二节　证券发行制度

一、证券发行的概念和种类

(一)证券发行的概念

证券发行又称为证券一级市场或初级市场,是指符合发行条件的商业组织或政府组织(发行人),以筹资为目的,依照法律规定的程序向社会投资人出售代表一定权利的资本证券以获取所需资金的行为。具体包括证券发行人的发行要约、证券投资者的承诺认购、缴纳投资和交付、受领证券等一系列行为。

证券发行是伴随生产社会化和企业股份化而产生的,同时也是信用制度高度发展的结果,有以下特点:

(1)证券发行以筹集资金为目的。

(2)证券发行必须符合法律所设定的条件和程序。

(3)证券发行在实质上表现为一种证券的销售行为。

(4)证券发行既是向社会投资者筹集资金的形式,更是实现社会资本优化配置的方式。

(5)证券发行实质上是投资者出让资金使用权而获取以收益权为核心的相关权益的交易。

(二)证券发行的种类

(1)根据证券发行对象不同,可以分为公开发行和不公开发行。公开发行证券,必须符合法律、行政法规规定的条件,并依法报经国务院证券监督管理机构或者国务院授权的部门核准;未经依法核准,任何单位和个人不得公开发行证券。《证券法》规定,有下列情形之一的,为公开发行:第一,向不特定对象发行证券的;第二,向特定对象发行证券累计超过 200 人的;第三,法律、行政法规规定的其他发行行为。非公开发行证券,不得采用广告、公开劝诱和变相公开方式进行。

(2)根据证券发行品种不同,可以分为股票发行、债券发行(公司债券、可转换公司债券、政府债券等)、基金券发行、认股权证发行、证券衍生品种发行等。

(3)根据证券发行目的不同,证券发行可以分为设立发行和增资发行。设立发行是为成立新的股份有限公司而发行股票;增资发行是为增加已有公司的资本总额或改变其股本结构而发行新股。增发新股,既可以公开发行,也可以采取配股或赠股的形式。

(4)根据证券发行价格与票面金额之关系不同,可以分为平价发行、折价发行、溢价发行和中间价发行。按票面记载金额发行证券,为平价发行(或称面额发行);低于票面记载金额发行证券,为折价发行;超过票面金额发行证券,为溢价发行;按票面金额和市场价的中间价格发行证券,为中间价发行,它一般于配股时采用。我国《公司法》第 127 条规定:"股票发行价格可以按票面金额,也可以超过票面金额,但不得低于票面金额。"从中可以看出,我国允许平价发行和溢价发行,但不允许折价发行。

(5)根据是否由证券承销机构承销不同,证券发行可分为直接发行和间接发行。直接发行是指证券发行人不通过证券承销机构,而自行承担证券发行风险,办理证券发行事宜的发行方式。间接发行是指证券发行人委托证券承销机构发行证券,并由证券承销机构办理证券发行事宜,承担证券发行风险的发行方式。

(6)根据证券发行是否借助于证券交易所系统不同,证券发行可分为上网发行或网下发行。上网发行是指证券发行人和主承销商利用证券交易所的交易系统,由主承销商作为唯一卖方发行证券的发行方式。上网发行依证券上网发行价格的不同,又可以分为上网定价发行和上网竞价发行。网下发行是指证券发行人和主承销商不利用证券交易所的交易系统,自主公开发行证券的发行方式。常见的网下发行方式为法人配售,它一般要经过确定发行量和发行底价、询价、确定发行价格、配售等阶段。

二、证券发行审核制度

由于证券发行涉及一国资本市场的基础,诸如证券投资者的利益保护、资本资源及相应资源的配置、证券市场秩序的稳定等问题,所以各国政府都规定了证券发行的条件和程序,并对证券发行实施不同的审核制度。

目前,世界上的证券发行审核制度主要有两种,一是注册制,又叫"申报制"或"形式审查制",是指政府对发行人发行证券,事先不作实质性审查,仅对申请文件进行形式审查,发行者在申报申请文件以后的一定时期以内,若没有被政府否定,即可以发行证券。这种审核制度强调发行信息公开和形式审查原则,而对证券的投资价值则不作判断。其优点在于审核程序简便、利于风险企业筹资和提高投资人的投资判断力,是市场化程度较高的审核制度。实行注册制最具代表性的国家是美国和日本。二是核准制,核准制又称为"准则制"或"实质审查制",是指发行人发行证券,不仅要公开全部的、可以供投资人判断的材料,还要符合证券发行的实质性条件,证券主管机关有权依照公司法、证券交易法的规定,对发行人提出的申请以及有关材料,进行实质性审查,发行人得到批准以后,才可以发行证券。这种审核制度的特点是监管机构除审查发行申请文件的完整性、准确性、真实性外,还要审查该证券是否符合法律、法规规定的实质条件。其优点在于获准发行的证券较有投资保障、有利于防止不良证券进入市场,但其缺点是监管机构负荷过重、不利于培育成熟的投资人、不利于发展新兴事业。目前,新西兰、瑞典、法国、瑞士等欧陆国家及东南亚、菲律宾等新兴市场国家实行该种制度。

我国股票的发行审核制度的发展过程:1990 年,我国沪深证券交易所相继成立。1993 年,证券市场建立了全国统一的股票发行审核制度,并先后经历了行政主导的审批制和市场化方向的核准制两个阶段。具体而言,审批制包括"额度管理"和"指标管理"两个阶段,而核准制包括"通道制"和"保荐制"两个阶段。

1. "额度管理"阶段(1993 年—1995 年)

1993 年 4 月 25 日,国务院颁布了《股票发行与交易管理暂行条例》,标志着审批制的正式确立。在审批制下,股票发行由国务院证券监督管理机构根据经济发展和市场供求的具体情况,在宏观上制定一个当年股票发行总规模(额度或指标),经国务院批准后,下达给计委,计委再根据各个省级行政区域和行业在国民经济发展中的地位和需要,进一步将总额度分配到各省、自治区、直辖市、计划单列市和国家有关部委。省级政府和国家有关部委在各自的发行规模内推荐预选企业,证券监管机构对符合条件的预选企业的申报材料进行审批。对企业而言,需要经历两级行政审批,即企业首先向其所在地政府或主管中央部委提交额度申请,经批准后报送证监会复审。证监会对企业的质量、前景进行实质审查,并对发行股票的规模、价格、发行方式、时间等作出安排。额度是以股票面值计算的,在溢价发行条件下,实际筹资额远大于计划额度,在这个阶段共确定了105亿发行额度,共有200多家企业发行,筹资400多亿元。

2. "指标管理"阶段(1996年—2000年)

1996年,国务院证券委员会公布了《关于1996年全国证券期货工作安排意见》,推行"总量控制、限报家数"的指标管理办法。由国家计委、证券委共同制定股票发行总规模,证监会在确定的规模内,根据市场情况向各省级政府和行业管理部门下达股票发行家数指标,省级政府或行业管理部门在指标内推荐预选企业,证券监管部门对符合条件的预选企业同意其上报发行股票正式申报材料并审核。1997年,证监会下发了《关于做好1997年股票发行工作的通知》,同时增加了拟发行股票公司预选材料审核的程序,由证监会对地方政府或中央企业主管部门推荐的企业进行预选,改变了两级行政审批下单纯由地方推荐企业的作法,开始了对企业的事前审核。1996、1997年分别确定了150亿股和300亿股的发行量,共有700多家企业发行,筹资4000多亿元。

3. "通道制"阶段(2001—2004年)

1999年7月1日正式实施的《中华人民共和国证券法》明确确立了核准制的法律地位。1999年9月16日,证监会推出了股票发行核准制实施细则。随后,证监会又陆续制定了一系列与《证券法》相配套的法律法规和部门规章,例如《中国证监会股票发行审核委员会条例》《中国证监会股票发行核准程序》《股票发行上市辅导工作暂行办法》等,构建了股票发行核准制的基本框架。新的核准程序包括:第一,省级人民政府和主管部委批准改制设立股份有限公司;第二,拟发行公司与有资格的证券公司签订辅导(保荐)协议,报当地证管办备案,签订协议后,每两个月上报一次辅导材料,辅导时间为期一年;第三,辅导期满,拟发行公司提出发行申请,证券公司依法予以推荐(保荐);第四,证监会进行合规性初审后,提交发行审核委员会审核,经发审委专家投票表决,最终经证监会核准后,决定其是否具有发行资格。核准制以强制性信息披露为核心,旨在强化中介机构的责任,减少行政干预。

核准制的第一个阶段是"通道制"。2001年3月17日,证监会宣布取消股票发行审批制,正式实施股票发行核准制下的"通道制"。2001年3月29日,中国证券业协会对"通道制"做出了具体解释:每家证券公司一次只能推荐一定数量的企业申请发行股票,由证券公司将拟推荐企业逐一排队,按序推荐。所推荐企业每核准一家才能再报一家,即"过会一家,递增一家"(2001年6月24日又调整为"每公开发行一家才能再报一家",即"发行一家,递增一家"),具有主承销资格的证券公司拥有的通道数量最多8条,最少2条。到2005年1月1日"通道制"被废除时,全国83家证券公司一共拥有318条通道。

"通道制"改变了由行政机制遴选和推荐发行人的做法,使主承销商在一定程度上承担起股票发行的风险,同时也获得了遴选和推荐股票发行人的权利。

4."保荐制"阶段(2004年至今)

2003年12月,证监会制定了《证券发行上市保荐制度暂行办法》等法规,这是适应市场需求和深化股票发行制度改革的重大举措。"保荐制"起源于英国,全称是保荐代表人制度。中国的保荐制度是指有资格的保荐人推荐符合条件的公司公开发行证券和上市,并对所推荐的发行人的信息披露质量和所作承诺提供持续训示、督促、辅导、指导和信用担保的制度。其主要内容包括:建立保荐机构和保荐代表人的注册登记管理制度;明确保荐期限;分清保荐责任;引进持续信用监管和"冷淡对待"的监管措施等四个方面。保荐制度的重点是明确保荐机构和保荐代表人的责任并建立责任追究机制。与"通道制"相比,保荐制度增加了由保荐人承担发行上市过程中连带责任的内容。保荐人的保荐责任期包括发行上市全过程,以及上市后的一段时期(比如两个会计年度)。

总之,证券市场建立初期,我国对股票、债券的发行长期实行本质上比核准制更为严格的证券发行"审批制",其计划性、行政性相当浓厚,公开性和透明度则明显不够,不利于资本市场的繁荣与发展。2001 年起我国对股票发行正式实施了核准制,2006 年起我国对所有债券的发行亦实行核准制,这项改革提高了发行企业的行业代表性、业绩成长性和质量真实性,充分发挥了证券市场优化资源配置功能。当然,从更好地发挥市场的决定性作用、保护投资者利益来看,进一步推进新股发行体制改革,实现股票发行注册制应当成为我国的当务之急。2015 年 12 月 27 日,第十二届全国人民代表大会常务委员会第十八次会议审议通过《关于授权国务院在实施股票发行注册制改革中调整适用〈中华人民共和国证券法〉有关规定的决定(草案)》的议案,明确授权国务院可以根据股票发行注册制改革的要求,调整适用现行《证券法》关于股票核准制的规定,对注册制改革的具体制度作出专门安排,这一决定的正式通过,标志着推进股票发行注册制改革有了实质性的进展。当然,改革应当结合中国特色,我们的注册制也决不会盲目照搬照抄西方国家的制度,相信在新的《证券法》修订后,将正式确立适合我国证券国情的股票发行注册制。

三、股票的发行条件

在股票发行实行核准制的情况下,通常国家的法律法规对股票发行会规定若干实质性的条件,这些条件因股票发行的不同类型而有所区别。我国《公司法》、《证券法》和相关的法规对首次公开发行股票、上市公司配股、增发、公开发行股票、非公开发行股票,以及首次公开发行股票并在创业板上市的条件分别作出规定。

(一)《证券法》规定首次公开发行股票的条件

根据《证券法》第 13 条,公司公开发行新股,应当符合下列条件:①具备健全且运行良好的组织机构;②具有持续盈利能力,财务状况良好;③最近 3 年财务会计文件无虚假记载,无其他重大违法行为;④经国务院批准的国务院证券监督管理机构规定的其他条件。

为规范股票发行,国务院证券监督管理机构(中国证监会)先后发布了一系列部门规章,如《首次公开发行股票并上市管理办法》《上市公司证券发行管理办法》《首次公开发行股票并在创业板上市管理暂行办法》等,对股票发行的条件做了具体规定。

（二）《首次公开发行股票并上市管理办法》的规定

依照修订后于 2016 年 1 月 1 日起施行的《首次公开发行股票并上市管理办法》的规定,首次公开发行的发行人应当是依法设立并合法存续的股份有限公司;持续经营时间应当在 3 年以上;注册资本已足额缴纳;生产经营合法;最近 3 年内主营业务、高级管理人员、实际控制人没有发生变更;股权清晰;发行人应规范运行。

发行人财务指标应满足以下要求:①最近 3 个会计年度净利润均为正数且累计超过人民币 3 000 万元,净利润以扣除非经常性损益前后较低者为计算依据;②最近 3 个会计年度经营活动产生的现金流量净额累计超过人民币 5 000 万元;或者最近 3 个会计年度营业收入累计超过人民币 3 亿元;③发行前股本总额不少于人民币 3 000 万元;④最近 1 期末无形资产(扣除土地使用权、水面养殖权和采矿权等后)占净资产的比例不高于 20% ;⑤最近 1 期末不存在未弥补亏损。

（三）《首次公开发行股票并在创业板上市管理暂行办法》的规定

依照修订后于 2016 年 1 月 1 日起施行的《首次公开发行股票并在创业板上市管理暂行办法》(以下简称《管理办法》),首次公开发行股票并在创业板上市主要应符合如下条件:

(1) 发行人应当具备一定的盈利能力。为适应不同类型企业的融资需要,创业板对发行人设置了两项定量业绩指标,以便发行申请人选择:第一项指标要求发行人最近 2 年连续盈利,最近 2 年净利润累积不少于 1 000 万元,且持续增长;第二项指标要求发行人最近 1 年盈利,最近 1 年营业收入不少于 5 000 万元,净利润以扣除非经营性损益前后较低者为计算依据。

(2) 发行人应当具有一定的规模和存续时间。根据《证券法》第五十条关于申请股票上市的公司股本总额应不少于 3 000 万元的规定,《管理办法》要求发行人具备一定的资产规模,具体规定最近期末净资产不少于 2 000 万元,发行后股本总额不少于 3 000 万元。规定发行人具备一定的净资产和股本规模,有利于控制市场风险。

《管理办法》规定发行人应具有一定的持续经营记录,具体要求发行人应当是依法设立且持续经营 3 年以上的股份有限公司。有限责任公司按原账面净资产值折股整体变更为股份有限公司的,持续经营时间可以从有限责任公司成立之日起计算。

（3）发行人应当主营业务突出。创业板企业规模小,且处于成长发展阶段,如果业务范围分散,缺乏核心业务,既不利于有效控制风险,也不利于形成核心竞争力。因此,《管理办法》要求发行人集中有限的资源主要经营一种业务,并强调符合国家产业政策和环境保护政策。同时,要求募集资金只能用于发展主营业务。

（4）对发行人公司治理提出从严要求。根据创业板公司特点,在公司治理方面参照主板上市公司从严要求,要求董事会下设审计委员会,强化独立董事职责,并明确控股股东职责。

发行人应当保持业务、管理层和实际控制人的持续稳定,规定发行人至今连续两年内主营业务和董事、高级管理人员均没有发生重大变化,实际控制人没有发生变更。

发行人应当资产完整,股权清晰,具有完善的公司治理结构。

发行人及其控股股东、实际控制人最近 3 年内不存在损害投资者合法权益和社会公共利益的重大违法行为。发行人及其控股股东、实际控制人最近 3 年内不存在未经法定机关核准,擅自公开或者变相公开发行证券,或者有关违法行为虽然发生在 3 年前,但目前仍处于持续状态的情形。

（四）上市公司增发、配股、不公开发行股票的相关规定

为规范上市公司证券发行行为,中国证监会于 2006 年 5 月制定并发布《上市公司证券发行管理办法》,对上市公司发行证券的一般性条件及上市公司配股、增发,发行可转换债券、认股权证和债券分离交易的可转换公司债券以及非公开发行股票的条件作出了规定。

（1）向原股东配售股份(配股)的条件。除一般规定的条件以外,还有以下条件:①拟配售股份数量不超过本次配售股份前股本总额的 30% ;②控股股东应当在股东大会召开前公开承诺认配股份的数量;③采用《证券法》规定的代销方式发行。

（2）向不特定对象公开募集股份(增发)的条件。除一般规定的条件以外,还有以下条件:①最近 3 个会计年度加权平均净资产收益率平均不低于 6% ,扣除非经常性损益后的净利润与扣除前的净利润相比以低者为计算依据;②除金融类企业外,最近1期末不存在持有金额较大的交易性金融资产和可控出售的金融资产、借予他人款项、委托理财等财务性投资的情形;③发行价格应不低于公告招股意向书前20个交易日公司股票均价或前一交易日的均价。

（3）非公开发行股票的条件。上市公司非公开发行股票应符合以下条件:①发行价格不低于定价基准日前20个交易日公司股票均价的90%;②本次发行的股份自发行结束之日起,12个月内不得转让;控股股东、实际控制人及其控制的企业认购的股份,36个月内不得转让;③募集资金使用符合规定;④本次发行导致上市公司控股权发生变化的,还应当符合中国证监会的其他规定。非公开发行股票的发行对象不得超过10名。发行对象为境外战略投资者的,应当经国务院相关部门事先批准。

四、公司债券的发行条件

（一）发行公司债券的一般条件规定

《证券法》第十六条规定,公开发行公司债券,应当符合下列条件:

① 股份有限公司的净资产不低于人民币3 000万元,有限责任公司的净资产不低于人民币6 000万元;②累计债券余额不超过公司净资产的40%;③最近3年平均可分配利润足以支付公司债券一年的利息;④筹集的资金投向符合国家产业政策;⑤债券的利率不超过国务院限定的利率水平;⑥国务院规定的其他条件。公开发行公司债券筹集的资金,必须用于核准的用途,不得用于弥补亏损和非生产性支出。

（二）发行的禁止性规定

《证券法》第十八条规定,有下列情形之一的,不得再次公开发行公司债券:①前一次公开发行的公司债券尚未募足;②对已公开发行的公司债券或者其他债务有违约或者延迟支付本息的事实,仍处于继续状态;③违反《证券法》的规定,改变公开发行公司债券所募资金的用途。

（三）上市公司发行可转换公司债券的条件

可转换债券按附认股权和债券本身能否分开交易可分为分离交易的可转换债券和非分离交易的可转换债券。前者是指认股权可以与债券分开且可以单独转让,但事先要确定认股比例、认股期限和股票购买价格等条件;后者是指认股权不能与债券分离,且不能单独交易。

根据《上市公司证券发行管理办法》的规定,除一般规定的条件以外,公开发行可转换债券还必须满足以下条件:①最近 3 个会计年度加权平均净资产收益率平均不低于 6%,且扣除非经常性损益后的净利润与扣除前的净利润相比以低者为计算依据;②本次发行后累计公司债券余额不超过最近 1 期末净资产额的 40%;③最近 3 个会计年度实现的年均可分配利润不少于公司债券 1 年的利息。

发行分离交易的可转换债券应当具备以下条件:①公司最近 1 期末未经审计的净资产不低于人民币 15 亿元;②最近 3 个会计年度的年均可分配利润不少于公司债券 1 年的利息;③最近 3 个会计年度经营活动产生的现金流量净额平均不少于公司债券 1 年的利息;④本次发行后累计公司债券余额不超过最近 1 期末净资产额的 40%,预计所附认股权全部行权后募集的资金总量不超过拟发行公司债券金额。

为了规范公司债券的发行、交易或转让行为,保护投资者的合法权益和社会公共利益,根据《证券法》《公司法》和其他相关法律法规,证监会还颁布实施了《公司债券发行与交易管理办法》,发行公司债券的具体条件及操作,应当遵循该部门规章的规定。

五、证券发行的程序

由于证券发行种类、发行方式的不同,各类证券的发行程序不尽一致。依《证券法》第二章及中国证监会发布的《首次公开发行股票并上市管理办法》《上市公司证券发行管理办法》等规章的规定综合归纳,证券发行大致有以下几个步骤。

1. 发行人作出发行证券决议

发行人如需发行股票或债券,一般应先由其董事会就有关发行事项作出决议,并提请股东大会批准。

2. 发行人提出发行申请

发行人应按照规定制作和报送证券发行申请文件,其发行证券属于保荐范围依法应予保荐的,应由保荐人保荐并向中国证监会申报;属于特定行业的,发行人还应提供管理部门的批准文件。发行人向国务院证券监督管理机构或国务院授权的部门报送的证券发行申请文件,必须真实、准确、完整。为证券发行出具有关文件的证券服务机构和人员,必须严格履行法定职责,保证其所出具文件的真实性、准确性和完整性。如果发行人系申请首次公开发行股票,在提交申请文件后,还应按规定向社会预先披露有关申请文件,以此提高发行审核的透明度,接受社会监督,防范发行人采取欺骗手段骗取发行上市资格,骗取社会融资。

案例分析

【案情】

根据在上市公司巡检中发现的线索,2012 年 9 月 14 日,证监会对万福生科(湖南)农业开发股份公司(以下简称万福生科)涉嫌财务造假等违法违规行为立案稽查。该案为首例创业板公司涉嫌欺诈发行股票的案件。万福生科发行上市过程中,保荐机构平安证券、审计机构中磊会计师事务所及湖南博鳌律师事务所等三家中介机构及相关责任人员涉嫌未勤勉尽责,出具的相关材料存在虚假记载,后续分别被立案调查。上述案件行政调查现已终结。

【问题一】万福生科涉嫌欺诈发行股票和信息披露违法

(一)万福生科《首次公开发行股票并在创业板上市招股说明书》披露的2008 年至 2010 年财务数据存在虚假记载。

经查,万福生科为了达到公开发行股票并上市条件,根据董事长兼总经理龚永福决策并经财务总监覃学军安排人员执行,万福生科 2008 年至 2010 年分别虚增销售收入约 12 000 万元、15 000 万元、19 000 万元,虚增营业利润约 2 851万元、3 857 万元、4 590 万元。

(二)万福生科 2011 年年度报告、2012 年半年度报告存在虚假记载。

经查,在上述财务数据中,其披露的 2011 年年报和 2012 年半年报虚增销售收入 28 000 万元和 16 500 万元,虚增营业利润 6 635 万元和 3 435 万元。

(三)万福生科未就 2012 年上半年停产事项履行及时报告、公告义务,也未在 2012 年半年度报告予以披露。

【法律依据】

万福生科的上述行为违反了《证券法》等相关法律法规的规定,构成《证券法》第189条所述"发行人不符合发行条件,以欺骗手段骗取发行核准"及第193条所述"发行人、上市公司或者其他信息披露义务人未按照规定披露信息,或者所披露的信息有虚假记载、误导性陈述或者重大遗漏"的行为。其中,万福生科、龚永福、覃学军的欺诈发行及虚假记载行为涉嫌犯罪,已移送公安机关追究刑事责任。

【法律运用及处理结果】

根据《证券法》的相关规定,证监会责令万福生科改正违法行为,给予警告,并处以30万元罚款;对龚永福给予警告,并处以30万元罚款;同时对严平贵等其他19名高管给予警告,并处以25万元至5万元罚款。此外,对龚永福、覃学军采取终身证券市场禁入措施。

【问题二】相关中介机构未勤勉尽责

(一)经查,平安证券在万福生科上市保荐工作中,未审慎核查其他中介机构出具的意见;未对万福生科的实际业务及各报告期内财务数据履行尽职调查、审慎核查义务;未依法对万福生科履行持续督导责任;内控制度未能有效执行。其出具的《发行保荐书》和持续督导报告存在虚假记载。

【法律依据】

平安证券的上述行为,违反了《证券法》等法律法规的相关规定,构成了《证券法》第192条和《证券发行上市保荐业务管理办法》第67条所述情形。

【法律运用及处理结果】

证监会对平安证券及相关人员采取以下行政处罚和行政监管措施:给予警告并没收其万福生科发行上市项目的业务收入2 555万元,并处以2倍的罚款,暂停其保荐机构资格3个月;对保荐代表人吴文浩、何涛给予警告并分别处以30万元罚款,撤销保荐代表人资格,撤销证券从业资格,采取终身证券市场禁入措施;对保荐业务负责人、内核负责人薛荣年、曾年生和崔岭给予警告并分别处以30万元罚款,撤销证券从业资格;对保荐项目协办人汤德智给予警告并处以10万元罚款,撤销证券从业资格。

(二)中磊会计师事务所在万福生科发行上市审计和2011年年度报告的审

计中,未勤勉尽责,审计程序缺失,在审计证据的获取以及审计意见的形成方面存在不当行为,所出具的审计报告存在虚假记载。

【法律依据】

该所的上述行为,违反了《证券法》等法律法规的相关规定,构成《证券法》第223条等法律法规所述情形。

【法律运用及处理结果】

对中磊会计师事务所没收业务收入138万元,并处以2倍的罚款,撤销其证券服务业务许可。对签字会计师王越、黄国华给予警告,并分别处10万元、13万元罚款,均采取终身证券市场禁入措施。对签字会计师邹宏文给予警告,并处3万元罚款。

(三)湖南博鳌律师事务所在为万福生科发行上市提供法律服务时,未依法履行检查和验证义务,未能勤勉尽责,出具的法律意见书存在虚假记载。

【法律依据】违反了《证券法》等法律法规的相关规定,构成《证券法》第223条所述情形。

【法律运用及处理结果】根据《证券法》等法律法规的相关规定,证监会没收博鳌律师事务所业务收入70万元,并处以2倍的罚款,且12个月内不接受其出具的证券发行专项文件;拟对签字律师刘彦、胡筠给予警告,并分别处以10万元的罚款,并采取终身证券市场禁入措施。

【评析】对万福生科违法案件的查处,证监会坚持了严格执法,严肃追责。针对此案违法事实,严格运用相关罚则,对保荐机构处以暂停保荐业务资格和"没一罚二"的行政处罚措施。并在严惩违法违规、严肃追究责任的同时,为最大限度地保护投资者利益,支持有利于尽快使投资者的损失得到实质补偿的探索。

万福生科案突出反映了相关发行人和中介机构诚信意识淡薄、职业操守存在严重缺陷,既有违信息披露基本要求和市场"三公"原则,又严重损害了投资者利益,相关发行人、中介机构及有关责任人员均将被追究刑事或行政责任。

保荐机构、会计师、律师等中介机构承担着审慎核查与督导发行人规范运作的责任,其诚信水平和执业质量对于从源头上提高上市公司质量、促进资本市场稳定健康发展具有不可替代的作用。中介机构应严格按照《招股说明书准则》

《企业会计准则》《保荐人尽职调查工作准则》等法规政策要求，切实依法尽职履责，勤勉尽责执业，下力气狠抓保荐质量。一是要严格遵守业务规则和行业规范，保持合理职业怀疑，充分实施尽职调查，对执业过程中存在的问题全面梳理并严肃整改，严格防范利润操纵、欺诈发行风险。二是从业务流程和职位说明各环节全面夯实风险内控各项制度要求，将内控责任落实到岗、细化到人、贯穿于每一个申报项目之中，防止风险控制"走过场"。三是真正完善内部问责机制。中介机构主要负责人要承担起管理责任，对项目遴选、项目论证、原始材料提供、尽职调查等各个环节加强管理，项目各环节签字人员均要承担相应责任。各中介机构要加强人员管理，切实加强内部监督检查，对于保荐执业过程中出现的不规范行为，主动清理门户，扫除"害群之马"。

欺诈发行、财务造假等行为严重损害投资者合法权益，破坏资本市场公信力，是资本市场的毒瘤。中国证监会将继续深化以信息披露为中心的新股发行体制改革，切实推动各方归位尽责，尤其是要重点加大对欺诈发行、财务造假、虚假披露等违规失职行为的惩处力度。

一是从申报时点起，发行人及中介机构即要承担相应法律责任。在申报至上市各个环节，如发现重要违法违规线索的，立即启动第三方核查、移交稽查部门查处等相关措施，发现一起，查处一起。二是加强对中介机构保荐、承销以及会计师、律师相关中介机构执业行为的监督检查，发现尽职调查不到位、信息披露不合规、财务造假等行为的，将按规定及时、从重处罚。对于责任人，一旦认定有责，不论其身份和工作是否变动，均不能免除其应承担的责任。三是将修订完善现有规则，进一步明确发行人和保荐机构、会计师、律师及相关市场参与主体的责任，细化追责机制和违规处罚条款。同时督促自律机构加强对违规行为的自律处分。四是在行政追责与处罚的同时，积极推动民事赔偿机制的落实。

在证监会对万福生科案的查处过程中，保荐机构平安证券推出了对适格投资者的先行补偿方案，万福生科实际控制人龚永福和杨荣华夫妇承诺将承担依法应当赔偿的份额，并将3 000万股万福生科股票质押给中国证券投资者保护基金有限责任公司管理，作为履行赔偿责任的保证。同时，万福生科在我会调查期间主动披露其违法违规情节并积极配合调查。万福生科及其保荐机构平安证券主动履行对适格投资者的先行补偿义务，积极采取措施纠正其违法违规行为，减轻对市场的负面影响。根据深交所的创业板股票上市规则,在证监会对万福生科作出行政处罚后,深交所将依据行政处罚意见以及万福生科对违法违规行为后果的消除情况,依法依规作出处理。从目前情况看,根据《证券法》和《深圳证券交易所创业板股票上市规则》的相关规定,万福生科不会触及终止上市的条件。

中国证监会鼓励利用市场化机制保护投资者合法权益,对市场违法主体主动先行补偿投资者损失持积极支持态度。希望社会各界继续关心、支持资本市场的发展,各方共同努力,进一步提高资本市场的公开透明,维护资本市场的公平正义,促进市场健康稳定发展。

(案例来源:中金在线. 证监会通报万福生科涉嫌欺诈发行案处罚结果. [EB/OL]. [2013/05/10]. http://qs. stock. cnfol. com/130510/562,2367,15071973,01. shtml)

3. 管理机构依法核准申请

目前我国尚在执行核准制,因此,公开发行证券,应依法报经国务院证券监督管理机构或国务院授权的部门核准;未经依法核准,任何单位和个人不得公开发行证券。国务院证券监督管理机构设发行审核委员会,依法审核证券发行申请。核准程序应当公开,依法接受监督。国务院证券监督管理机构或者国务院授权的部门应当自受理证券发行申请文件之日起 3 个月内,依法作出予以核准或不予核准的决定;不予核准的,应说明理由。

4. 发行人公开发行信息

证券发行申请经核准后,发行人应当依照规定在证券公开发行前,公告公开发行募集文件,并将该文件置备于指定场所供公众查阅。发行证券的信息依法公开前,任何知情人不得公开或者泄露该信息。发行人不得在公告公开发行募集文件前发行证券。

5. 发行人与证券公司签订承销协议,进行证券销售

发行人向不特定对象发行的证券,法律、行政法规规定应由证券公司承销(包括代销或包销)的,发行人应当同证券公司签订承销协议。公开发行证券的发行人有权依法自主选择承销商,证券公司不得以不正当竞争手段招揽证券承销业务。证券公司承销证券,应对公开发行募集文件的真实性、准确性、完整性进行核查;发现有虚假记载、误导性陈述或重大遗漏的,不得进行销售活动;已经销售的,必须立即停止销售活动,并采取纠正措施。

向不特定对象发行的证券票面总值超过人民币 5 000 万元的,应当由承销团承销。承销团应由主承销和参与承销的证券公司组成。证券的代销、包销期限最长不得超过 90 日。证券公司在代销、包销期内,对所代销、包销的证券应当保证先行出售给认购人,而不得为本公司预留所代销的证券和预先购入并留存所包销的证券。股票发行采取溢价发行的,其发行价格由发行人与承销的证券公司协商确定。股票发行采用代销方式,代销期限届满,向投资者出售的股票数量未达到拟公开发行股票数量 70% 的,为发行失败。发行人应当按照发行价并加算银行同期存款利息返还股票认购人。

6. 备案

公开发行股票,代销、包销期限届满,发行人应当在规定的期限内将股票发行情况报国务院证券监督管理机构备案。

第三节　证券交易法律制度

一、证券交易的一般规定

(一) 证券交易的概念

证券交易是指已发行证券的买卖、流通和转让的行为。证券交易的主要功能是使投资者手中不能回赎的投资证券能通过市场自由转让成现金,从而实现资金的自由流通。证券交易形成的市场为证券的交易市场,或称为证券的二级市场。

(二) 证券交易的程序

证券交易程序是在证券交易市场买进或者卖出证券的具体步骤,主要步骤为开户、委托、成交、交割和过户等。

首先,开立证券账户和开立资金账户。投资者要进行证券交易,首先要开设证券账户和资金账户,记载和反映投资者持有的证券种类、数量,变动、买卖证券的货币收付和结存数额情况。

其次,交易委托。在证券交易市场,投资者买卖证券是不能直接进入交易所办理的,而必须通过证券交易所的会员来进行。也就是说,投资者需要通过经纪商的代理才能在证券交易所买卖证券。在这种情况下,投资者向经纪商下达买进或卖出证券的指令,称为"委托"。

再次,竞价成交。竞价成交按照一定的竞争规则进行,其核心内容是价格优先、时间优先原则。

最后,清算交割交收。清算是为了减少证券和价款的交割数量,由证券登记结算机构对每一营业日成交的证券与价款分别予以冲抵清算,按照"净额交收"的原则办理证券和价款的交割。

（三）证券交易的地点、方式

《证券法》规定,经依法核准的上市交易的股票、公司债券及其他证券,应当在证券交易所挂牌交易。为了合理地确定证券交易的价格,公平地进行证券交易,《证券法》规定,证券在证券交易所挂牌交易,应当采用公开的集中竞价交易的方式。所谓集中竞价,是指两个以上的买方和两个以上的卖方通过公开竞价形式来确定证券买卖价格的情形。

（四）证券交易的一般限制性规定

（1）证券交易当事人依法买卖的证券,必须是依法发行并交付的证券。非依法发行的证券,不得买卖。非公开发行的证券不得买卖。

（2）《证券法》规定,依法发行的股票、公司债券及其他证券,法律对其转让期限有限制性规定的,在限定的期限内不得买卖。

如《公司法》第141条规定:"发起人持有的本公司股份,自公司成立之日起一年内不得转让。公司公开发行股份前已发行的股份,自公司股票在证券交易所上市交易之日起一年内不得转让。公司董事、监事、高级管理人员应当向公司申报所持有的本公司的股份及其变动情况,在任职期间每年转让的股份不得超过其所持有本公司股份总数的百分之二十五;所持本公司股份自公司股票上市交易之日起一年内不得转让。上述人员离职后半年内,不得转让其所持有的本公司股份。公司章程可以对公司董事、监事、高级管理人员转让其所持有的本公司股份作出其他限制性规定。"

（3）证券交易所、证券公司和证券登记结算机构的从业人员、证券监督管理机构的工作人员以及法律、行政法规禁止参与股票交易的其他人员,在任期或者法定限期内,不得直接或者以化名、借他人名义持有、买卖股票,也不得收受他人赠送的股票。任何人在成为前述所列人员时,其原已持有的股票,必须依法转让。

（4）为股票发行出具审计报告、资产评估报告或者法律意见书等文件的证券服务机构和人员,在该股票承销期内和期满后 6 个月内,不得买卖该种股票。

（5）为上市公司出具审计报告、资产评估报告或者法律意见书等文件的证券服务机构和人员,自接受上市公司委托之日起至上述文件公开后 5 日内,不得买卖该种股票。

（6）持有一个股份有限公司已发行的股份 5% 的股东,应当在其持股数额达到该比例之日起 3 日内向该公司报告,公司必须在接到报告之日起 3 日内向国务院证券监督管理机构报告。属于上市公司的,应当同时向证券交易所报告。

（7）上市公司董事、监事、高级管理人员、持有上市公司 5% 以上股份的股东,将其所持有的该公司的股票在买入后 6 个月内卖出,或者在卖出后 6 个月内又买入,由此所得收益归该公司所有,公司董事会应当收回该股东所得收益。但是,证券公司因包销购入售后剩余股票而持有 5% 以上股份的,卖出该股票时不受 6 个月时间限制。公司董事会不按照前款规定执行的,其他股东有权要求董事会执行。公司董事会不按照第一款的规定执行,致使公司遭受损害的,负有责任的董事依法承担连带赔偿责任。

二、证券上市制度

（一）股票上市

1. 股票上市的概念

申请股票上市交易,应当向证券交易所提出申请,由证券交易所依法审核同意,并由双方签订上市协议。申请股票、可转换为股票的公司债券或者法律、行政法规规定实行保荐制度的其他证券上市交易,应当聘请具有保荐资格的机构担任保荐人。

2. 股票上市的条件

根据《证券法》第 50 条,股份有限公司申请股票上市,应当符合下列条件:

第一,股票经国务院证券监督管理机构核准已公开发行;第二,公司股本总额不少于人民币3 000万元;第三,公开发行的股份达到公司股份总数的25%以上,公司股本总额超过人民币4亿元的,公开发行股份的比例为10%以上;第四,公司最近3年无重大违法行为,财务会计报告无虚假记载。

3. 股票上市的程序

申请股票上市交易,应当向证券交易所报送下列文件:第一,上市报告书;第二,申请股票上市的股东大会决议;第三,公司章程;第四,公司营业执照;第五,依法经会计师事务所审计的公司最近3年的财务会计报告;第六,法律意见书和上市保荐书;第七,最近一次的招股说明书;第八,证券交易所上市规则规定的其他文件。

4. 股票上市的公告

股票上市交易申请经证券交易所审核同意后,签订上市协议的公司应当在规定的期限内公告股票上市的有关文件,并将该文件置备于指定场所供公众查阅。签订上市协议的公司除公告前条规定的文件外,还应当公告下列事项:第一,股票获准在证券交易所交易的日期;第二,持有公司股份最多的前十名股东的名单和持股数额;第三,公司的实际控制人;第四,董事、监事、高级管理人员的姓名及其持有本公司股票和债券的情况。

5. 股票上市的暂停和终止

上市公司有下列情形之一的,由证券交易所决定暂停其股票上市交易:第一,公司股本总额、股权分布等发生变化不再具备上市条件;第二,公司不按照规定公开其财务状况,或者对财务会计报告作虚假记载,可能误导投资者;第三,公司有重大违法行为;第四,公司最近3年连续亏损;第五,证券交易所上市规则规定的其他情形。

上市公司有下列情形之一的,由证券交易所决定终止其股票上市交易:第一,公司股本总额、股权分布等发生变化不再具备上市条件,在证券交易所规定的期限内仍不能达到上市条件;第二,公司不按照规定公开其财务状况,或者对财务会计报告作虚假记载,且拒绝纠正;第三,公司最近3年连续亏损,在其后一个年度内未能恢复盈利;第四,公司解散或者被宣告破产;第五,证券交易所上市规则规定的其他情形。

（二）债券上市

1. 债券上市的条件

根据我国《证券法》第57条，公司申请公司债券上市交易，应当符合下列条件：第一，公司债券的期限为1年以上；第二，公司债券实际发行额不少于人民币5 000万元；第三，公司申请债券上市时仍符合法定的公司债券发行条件。

2. 债券上市的程序申请

公司债券上市交易，应当向证券交易所报送下列文件：第一，上市报告书；第二，申请公司债券上市的董事会决议；第三，公司章程；第四，公司营业执照；第五，公司债券募集办法；第六，公司债券的实际发行数额；第七，证券交易所上市规则规定的其他文件。申请可转换为股票的公司债券上市交易，还应当报送保荐人出具的上市保荐书。

3. 债券上市的暂停和终止

根据我国《证券法》第60条，公司债券上市交易后，公司有下列情形之一的，由证券交易所决定暂停其公司债券上市交易：第一，公司有重大违法行为；第二，公司情况发生重大变化不符合公司债券上市条件；第三，发行公司债券所募集的资金不按照核准的用途使用；第四，未按照公司债券募集办法履行义务；第五，公司最近2年连续亏损。

公司有前述第一、四项所列情形之一经查实后果严重的，或者有前述第二、三、五项所列情形之一，在限期内未能消除的，由证券交易所决定终止其公司债券上市交易。

公司解散或者被宣告破产的，由证券交易所终止其公司债券上市交易。

三、持续信息公开

持续信息公开制度是证券发行人、上市公司及其他主体，依照法律规定的方式，将与证券发行、交易有关的重大信息予以公开的一种法律制度。其作用在于保证投资者获得真实、充分的证券市场信息，在公平的基础上作出投资决策，有利于投资者对上市公司进行监督，促使其改善生产经营管理，提高经济效益，并有利于加强证券市场的监管，减少内幕交易等违法行为的发生。《证券法》对持续信息公开作了明确要求，2007年1月30日中国证监会发布的《上市公司信息披露管理办法》就上市公司信息披露作了更详细的规定。

（一）持续信息公开的内容

持续信息公开的内容，主要包括证券发行时初次信息披露和证券交易中的信息披露。

1. 上市报告

经国务院证券监督管理机构核准依法发行股票，或者经国务院授权的部门批准依法发行公司债券，应当公告招股说明书、公司债券募集办法。依法发行新股或者公司债券的，还应当公告财务会计报告。

2. 中期报告

上市公司和公司债券上市交易的公司，应当在每一会计年度的上半年结束之日起2个月内，向国务院证券监督管理机构和证券交易所报送记载以下内容的中期报告，并予公告：第一，公司财务会计报告和经营情况；第二，涉及公司的重大诉讼事项；第三，已发行的股票、公司债券变动情况；第四，提交股东大会审议的重要事项；第五，国务院证券监督管理机构规定的其他事项。

3. 年度报告

上市公司和公司债券上市交易的公司，应当在每一会计年度结束之日起4个月内，向国务院证券监督管理机构和证券交易所报送记载以下内容的年度报告，并予公告：第一，公司概况；第二，公司财务会计报告和经营情况；第三，董事、监事、高级管理人员简介及其持股情况；第四，已发行的股票、公司债券情况，包括持有公司股份最多的前十名股东的名单和持股数额；第五，公司的实际控制人；第六，国务院证券监督管理机构规定的其他事项。

4. 临时报告

发生可能对上市公司股票交易价格产生较大影响的重大事件，投资者尚未得知时，上市公司应当立即将有关该重大事件的情况向国务院证券监督管理机构和证券交易所报送临时报告，并予以公告，说明事件的起因、目前的状态和可能产生的法律后果。重大事件包括：①公司的经营方针和经营范围的重大变化；②公司的重大投资行为和重大的购置资产的决定；③公司订立重要合同，可能对公司的资产、负债、权益和经营成果产生重要影响；④公司发生重大债务和未能清偿到期重大债务的违约情况；⑤公司发生重大亏损或者重大损失；⑥公司生产经营的外部条件发生的重大变化;⑦公司的董事、1/3以上监事或者经理发生变动;⑧持有公司5%以上股份的股东或者实际控制人,其持有股份或者控制公司的情况发生较大变化;⑨公司减资、合并、分立、解散及申请破产的决定;⑩涉及公司的重大诉讼,股东大会、董事会决议被依法撤销或者宣告无效;⑪公司涉嫌犯罪被司法机关立案调查,公司董事、监事、高级管理人员涉嫌犯罪被司法机关采取强制措施;⑫国务院证券监督管理机构规定的其他事项。

（二）持续信息公开的要求和管理规定

上市公司的各类信息对于投资者来说至关重要,因为投资者往往通过详细了解上市公司的经营状况来作出持有或抛售该公司股票或债券的投资策略,所以为了保护投资者的利益,《证券法》对上市公司必须持续地信息披露进行了严格的要求和管理规定。

1. 要求

《证券法》对上市公司持续信息披露有如下要求。①如实信息公开。发行人、上市公司依法披露的信息,必须真实、准确、完整,不得有虚假记载、误导性陈述或者重大遗漏。②违反持续信息公开给他人造成损失的,应承担赔偿责任。发行人、上市公司公告的招股说明书、公司债券募集办法、财务会计报告、上市报告文件、年度报告、中期报告、临时报告以及其他信息披露资料,有虚假记载、误导性陈述或者重大遗漏,致使投资者在证券交易中遭受损失的,发行人、上市公司应当承担赔偿责任;发行人、上市公司的董事、监事、高级管理人员和其他直接责任人员以及保荐人、承销的证券公司,应当与发行人、上市公司承担连带赔偿责任,但是能够证明自己没有过错的除外;发行人、上市公司的控股股东、实际控制人有过错的,应当与发行人、上市公司承担连带赔偿责任。③公告公开的场所。公告应当在国家有关部门规定的报刊上或者在专项出版的公告上刊登,同时将其置备于公司住所、证券交易所,以供社会公众查阅。④其他规定。证券监督管理机构、证券交易所、保荐人、承销的证券公司及有关人员,对公司依照法律、行政法规规定必须做出的公告,在公告前不得泄露其内容。

2. 管理规定

《证券法》规定,国务院证券监督管理机构对上市公司年度报告、中期报告、临时报告以及公告的情况进行监督,对上市公司分派或者配售新股的情况进行监督。请看以下案例：

2005年4月20日，中国证券监督管理委员会作出处罚决定，认定上海丰华股份有限公司(丰华股份)信息披露存在违法行为。同年5月10日，丰华股份发布公告，披露处罚决定。股民周先生向上海市第一中级人民法院诉称，他于2003年7月22日至2004年4月13日期间，合计买入丰华股份流通股19 400股，每股均价为4.264元，后自2005年2月1日至6月8日间抛售了上述股票。周先生认为，丰华股份公告其收到中国证监会有关《行政处罚决定书》后，股票价格长期下跌，使他因此遭受了投资损失，故起诉要求丰华公司赔偿损失25 909元。法院审理后认为，被告丰华公司应就虚假陈述行为对原告承担相应的民事赔偿责任。原告投资差额损失，应以买入股票平均价格与实际卖出股票平均价格之差，乘以原告所持证券数量计算。法院于2007年11月作出一审判决，判决丰华公司赔偿周先生1.8万余元和相应发生的印花税、佣金及其利息。双方当事人未在法定期限内提起上诉，判决生效。

（案例来源：新浪网. 一股民一审获赔1.8万元.［EB/OL］.［2017/11/13］. http://news.sina. com. cn/s/2007-11-13/081012893491s. shtml）

四、证券交易的禁止行为

《证券法》规定的禁止的交易行为主要包括内幕交易、操纵市场、虚假陈述、欺诈客户等违法行为。

1. 内幕交易行为

内幕交易是指证券交易内幕信息的知情人和非法获取内幕信息的人利用内幕信息从事证券交易的活动。内幕交易行为违背"公开、公平、公正"原则的要求，破坏信息披露制度，对广大投资者是不公平的，所以应予禁止。

《证券法》规定，证券交易内幕信息的知情人包括：发行人的董事、监事、高级管理人员；持有公司5%以上股份的股东及其董事、监事、高级管理人员，公司的实际控制人及其董事、监事、高级管理人员；发行人控股的公司及其董事、监事、高级管理人员；由于所任公司职务可以获取公司有关内幕信息的人员；证券监督管理机构工作人员以及由于法定职责对证券的发行、交易进行管理的其他人员;保荐人、承销的证券公司、证券交易所、证券登记结算机构、证券服务机构的有关人员,国务院证券监督管理机构规定的其他人。

内幕信息是指证券交易活动中,涉及公司的经营、财务或者对该公司证券的市场价格有重大影响的尚未公开的信息。内幕信息包括:①《证券法》第67条第2款所列重大事件;②公司分配股利或者增资的计划;③公司股权结构的重大变化;④公司债务担保的重大变更;⑤公司营业用主要资产的抵押、出售或者报废一次超过该资产的30%;⑥公司的董事、监事、高级管理人员的行为可能依法承担重大损害赔偿责任;⑦上市公司收购的有关方案;⑧国务院证券监督管理机构认定的对证券交易价格有显著影响的其他重要信息。

内幕交易的主体是证券交易内幕消息的知情人和非法获取内幕消息的人。法律禁止他们在内幕信息公开前进行以下三类行为:买卖该公司的证券;泄露该信息;建议他人买卖该证券。内幕交易行为给投资者造成损失的,行为人应当依法承担赔偿责任。

案例分析

【案情】

黄光裕是国美电器有限公司法定代表人、北京鹏润房地产开发有限公司法定代表人,北京中关村科技发展(控股)股份有限公司董事。杜鹃是北京中关村科技发展(控股)股份有限公司监事。许钟民是北京中关村科技发展(控股)股份有限公司董事长、总裁。

2007年4月,中关村上市公司拟与鹏泰公司进行资产置换,黄光裕参与了该项重大资产置换的运作和决策。在该信息公告前,黄光裕决定并指令他人借用龙燕等人的身份证,开立个人股票账户并由其直接控制。2007年4月27日至6月27日间,黄光裕累计购入中关村股票976万余股,成交额共计人民币(以下币种均为人民币)9 310万余元,账面收益348万余元。

2007年7~8月,中关村上市公司拟收购鹏润控股公司全部股权进行重组。在该信息公告前,黄光裕指使他人以曹楚娟等79人的身份证开立相关个人股票账户,并安排被告人杜鹃协助管理以上股票账户。2007年8月13日至9月28

日间,黄光裕指使杜薇等人使用上述账户累计购入中关村股票1.04亿余股,成交额共计13.22亿余元,账面收益3.06亿余元。

期间,许钟民明知黄光裕利用上述内幕信息进行中关村股票交易,仍接受黄光裕的指令,指使许伟铭在广东借用他人身份证开立个人股票账户或直接借用他人股票账户,于同年8月13日至9月28日间,累计购入中关村股票3 166万余股,成交额共计4.14亿余元,账面收益9 021万余元。许钟民还将中关村上市公司拟重组的内幕信息故意泄露给其妻李善娟及相怀珠等人。同年9月21日至25日,李善娟买入中关村股票12万余股,成交额共计181万余元。

【问题】

(1) 涉案当事人的行为是否违反《证券法》及《刑法》的规定?

(2) 该行为对其他投资者、对证券交易市场有何危害?

【法律依据】

《刑法》第二百二十五条　违反国家规定,有下列非法经营行为之一,扰乱市场秩序,情节严重的,情节特别严重的,处五年以上,并处违法所得一倍以上五倍以下罚金或者没收财产:

(一) 未经许可经营法律、行政法规规定的专营、专卖物品或者其他限制买卖的物品的;

(二) 买卖进出口许可证、进出口原产地证明以及其他法律、行政法规规定的经营许可证或者批准文件的;

(三) 未经国家有关主管部门批准,非法经营证券、期货或者保险业务的;

(四) 其他严重扰乱市秩序的非法经营行为。

《刑法》第二百三十一条　单位犯本节第二百二十一条至第二百三十条规定之罪的,对单位判处罚金,并对其直接负责的主管人员和其他直接责任人员,依照本节各该条的规定处罚。

《刑法》第一百八十条　证券、期货交易内幕信息的知情人员或者非法获取证券、期货交易内幕信息的人员,在涉及证券的发行,证券、期货交易或者其他对证券、期货交易价格有重大影响的信息尚未公开前,买入或者卖出该证券,或者从事与该内幕信息有关的期货交易,或者泄露该信息,或者明示、暗示他人从事上述交易活动,情节严重的,处五年以下有期徒刑或者拘役,并处或者单处违法所得一倍以上五倍以下罚金;情节特别严重的,处五年以上十年以下有期徒刑,并处违法所得一倍以上五倍以下罚金。

单位犯前款罪的,对单位判处罚金,并对其直接负责的主管人员和其他直接责任人员,处五年以下有期徒刑或者拘役。

《刑法》第三百九十三条 单位为谋取不正当利益而行贿,或者违反国家规定,给予国家工作人员以回扣、手续费,情节严重的,对单位判处罚金,并对其直接负责的主管人员和其他直接责任人员,处五年以下有期徒刑或者拘役。因行贿取得的违法所得归个人所有的,依照本法第三百八十九条、第三百九十条的规定定罪处罚。

《刑法》第三百九十条 对犯行贿罪的,处五年以下有期徒刑或者拘役;因行贿谋取不正当利益,情节严重的,或者使国家利益遭受重大损失的,处五年以上十年以下有期徒刑;情节特别严重的,处十年以上有期徒刑或者无期徒刑,可以并处没收财产。

【法律运用及处理结果】

内幕交易行为破坏了证券市场正常运行秩序,信息披露制度要求关于信息必须及时、准确、完整地公布于众,保证广大投资者公平获得信息的权利,内幕交易者在信息未公开前,利用其获取内幕信息的有利地位或者非法获取的内幕信息进行交易,一方面对于广大投资者而言,侵害了其他投资者的平等知情权,另一方面通过内幕交易反映的证券价格失去了真实性。内幕交易行为同时也损害了其他投资者的合法权益。内幕交易者较其他投资者抢先买入或卖出所持有的股票,从而获得非法利益,导致其他投资者无法公平获取信息,在证券交易中处于不利地位,无法正确判断投资方向,高买低卖,导致利益受损。

本案中,黄光裕参与上市公司重组,是内幕知情人,本应遵守法律规定,不得利用内幕信息进行交易。但黄却在重组信息未向社会公开前,先后两次利用内幕信息从事证券交易,其行为不仅违反了《证券法》的有关规定,违反了证券市场公平、公正、公开原则,侵害了广大投资者的合法利益,而且其行为构成了《刑法》内幕交易罪,最终受到了法律的严厉制裁。

2008年10月,中国证监会将该案移送公安部,11月北京市公安局立案侦查。经审理,2010年5月,在北京市第二中级人民法院一审宣判。

北京市第二中级人民法院认为，被告人黄光裕等人作为证券交易内幕信息的知情人员，在涉及对证券交易价格有重大影响的信息尚未公开前，买入该证券，内幕交易成交额及账面收益均特别巨大，情节特别严重，黄光裕与被告人杜鹃、许钟民构成内幕交易罪的共同犯罪，许钟民向他人泄露内幕信息，还构成泄露内幕信息罪。其中，黄光裕系主犯，杜鹃、许钟民系从犯。

据此，被告人黄光裕犯非法经营罪，判处有期徒刑八年，并处没收个人部分财产二亿元；犯内幕交易罪，判处有期徒刑九年，并处罚金六亿元；犯单位行贿罪，判处有期徒刑二年，决定执行有期徒刑十四年，并处罚金六亿元，没收个人部分财产二亿元。被告人杜鹃犯内幕交易罪，判处有期徒刑三年六个月，并处罚金二亿元。被告人许钟民犯内幕交易、泄露内幕信息罪，判处有期徒刑三年，并处罚金一亿元；犯单位行贿罪，判处有期徒刑一年，决定执行有期徒刑三年，并处罚金一亿元。

2010年8月，北京市高级人民法院对该案维持一审判决。本案成为内幕交易罪设罪以来获刑最重、罚金最高的一起案件。

（案例来源：110证券案例分析：http://www.110.com/zhuanti/zhengquanfa/anli）

2. 操纵市场行为

（1）操纵市场行为的概念。操纵市场行为是指单位或个人以获取利益或者减少损失为目的，利用资金、信息的优势或者滥用职权影响证券市场的价格，制造证券市场假象，诱导或致使投资者在不了解事实真相的情况下作出买卖证券的决定，扰乱证券市场秩序的行为。

（2）操纵市场行为的手段。《证券法》第77条规定，禁止任何人以下列手段操纵证券市场：第一，单独或者通过合谋，集中资金优势、持股优势或者利用信息优势联合或者连续买卖，操纵证券交易价格或者证券交易量；第二，与他人串通，以事先约定的时间、价格和方式相互进行证券交易，影响证券交易价格或者证券交易量；第三，在自己实际控制的账户之间进行证券交易，影响证券交易价格或者证券交易量；第四，以其他手段操纵证券市场。

3. 虚假陈述行为

虚假陈述行为是指信息披露义务人违反证券法律规定，在证券发行或者交易过程中，对重大事件作出违背事实真相的虚假记载、误导性陈述，或者在披露信息时发生重大遗漏，不正当披露信息的行为。

禁止国家工作人员、传播媒介从业人员和有关人员编造、传播虚假信息,扰乱证券市场。禁止证券交易所、证券公司、证券登记结算机构、证券服务机构及其从业人员,证券业协会、证券监督管理机构及其工作人员,在证券交易活动中作出虚假陈述或者信息误导。各种传播媒介传播证券市场信息必须真实、客观,禁止误导。

4. 欺诈客户行为

(1) 欺诈客户行为的概念。欺诈客户行为是指证券公司及其从业人员在证券交易中违背客户的真实意愿,侵害客户权益的行为。

(2) 欺诈客户行为的表现。根据《证券法》第 79 条,欺诈客户行为主要有:第一,违背客户的委托为其买卖证券;第二,不在规定时间内向客户提供交易的书面确认文件;第三,挪用客户所委托买卖的证券或者客户账户上的资金;第四,未经客户的委托,擅自为客户买卖证券,或者假借客户的名义买卖证券;第五,为牟取佣金收入,诱使客户进行不必要的证券买卖;第六,利用传播媒介或者通过其他方式提供、传播虚假或者误导投资者的信息;第七,其他违背客户真实意思表示、损害客户利益的行为。

此外,《证券法》还规定:在证券交易中,禁止法人非法利用他人账户从事证券交易,禁止法人出借自己或他人的证券账户;依法拓宽资金入市渠道,禁止资金违规流入股市;禁止任何人挪用公款买卖证券;国有企业和国有资产控股的企业买卖上市交易的股票,必须遵守国家有关规定;证券交易所、证券公司、证券登记结算机构、证券服务机构及其从业人员对证券交易中发现的禁止的交易行为,应当及时向证券监督管理机构报告等。

第四节　上市公司收购

一、上市公司收购概述

关于上市公司的收购制度,我国《证券法》有专章(第四章)规定,另外,中国证监会 2002 年 9 月 28 日发布的、经 2012 年 2 月 14 日第三次修订的《上市公司收购管理办法》就上市公司收购的权益披露、收购要约、协议收购、间接收购、豁免申请、财务顾问、持续监管措施与法律责任等问题作了详细规定。

（一）上市公司收购概念

上市公司收购是指投资者依法购买股份有限公司已发行上市的股份,从而获得该上市公司控制权的行为。上市公司收购在各国证券法中的含义各不相同,一般有广义和狭义之分。狭义的上市公司收购即要约收购,是指收购方通过向目标公司股东发出收购要约的方式购买该公司的有表决权证券的行为。广义的上市公司收购,除要约收购以外,还包括协议收购,即收购方通过与目标公司的股票持有人达成收购协议的方式进行收购。我国证券法中的"上市公司收购"取用广义的含义,即我国上市公司收购可以采取要约收购或者协议收购的方式。

（二）上市公司收购特点

上市公司收购在本质上具有证券交易的性质。公司收购通常涉及三方利益关系人,即收购方、出售者及目标公司(即上市公司)。上市公司收购行为属于市场行为范畴,具有以下特点:

1. 收购客体

上市公司收购针对的客体是上市公司发行在外的股票,即公司发行在外且被投资者持有的公司股票,不包括公司库存股票和公司以自己名义直接持有的本公司发行在外的股票。公司库存股票是指公司在发行股票过程中预留或未出售的股票,公司以自己名义直接持有的本公司发行在外的股票则是指公司购买本公司股票后尚未注销的部分。公司收购客体不包括公司债券。债券持有人可到期要求债券发行人还本付息,但对债券发行人内部事务没有表决权。投资者即使大量持有某种公司债券,也不足以影响公司的股本结构和公司决策权。但若投资者收购在未来可以转换为公司股票的公司债券,且公司债券持有人申请将所持公司债券转换为股票时,债券持有人即转变为股票持有人,可直接参与公司事务。所以,可转换公司债券也可视为公司收购的特殊客体。

2. 交易市场

上市公司收购须借助证券交易场所完成。这使上市公司收购与股份划拨行为相区别。过去,我国个别上市公司存在着对传统体制的依赖,其股权结构不合乎产业政策或与国家的股权持股政策不协调,为解决这些问题,实践中,出现过国有资产管理部门将某股东已持有的上市公司股份,经批准以划拨方式转由其他适格机构持有的情况。但当前,交易日趋透明,股份变更手续日趋完善,即使涉及以划拨形式转移股份的,也均应向证券登记结算机构办理股票过户登记,此类股份转移也属于通过证券交易场所进行的交易。在采取划拨形式转移股份时,新股东通常不需向原股东支付代价,但就权利移转本身而言,其法律效果与有偿转让并无不同。在目前公司股份权属日益清晰、且股本基本处于全流通的情况下,通过市场公开买卖有偿收购成为主要途径。

3. 收购目的

根据《证券法》的规定,持有公司股份 5% 以上的股东,通过证券交易所买进或卖出上市公司股票达到一定比例的,要受上市公司收购规则的约束。

虽然收购上市公司股票与获得上市公司控制权并非同一概念,但对上市公司股票的大宗收购由于其客观上包含着取得上市公司控制权的潜在目的,因此仍属于特殊的股票收购行为。持有上市公司 5% 的股份,在商业上通常尚未构成对上市公司的实际控制,但投资者从收购上市公司部分股份到形成对上市公司的相对控制,进而形成直接控制,往往是一个逐渐发展的过程。在此过程中,买卖股票行为可能具有多重目的,有时是为了获得上市公司股利分配利益,有时是为取得公司控制权而奠定基础,有时还会带有其他特殊目的,但不论出于何种目的,客观上均属于上市公司股权收购行为,必须纳入《证券法》的规范范畴。

4. 收购规则

证券法律制度以保护社会公众投资者利益作为基本理念. 大股东对公司事务的垄断及随意控制,会损害中小投资者利益。公司收购一旦演化为经济垄断,或者有可能削减市场竞争程度时,国家必然要借助行政手段予以干预,规范大股东买卖上市公司股票的行为,从而形成了上市公司收购的一系列特殊规则。在实践中,投资者买卖上市公司股票行为无论是否构成对上市公司的控制权,均受到这一规则体系的限制与规范。投资者必须按照《证券法》规定及时报告和公告持股情况。

(1)通过证券交易所的证券交易,投资者持有或通过协议、其他安排与他人共同持有一个上市公司已发行的股份达到 5% 时,应当在该事实发生之日起 3

日内,向国务院证券监督管理机构、证券交易所作出书面报告,通知该上市公司,并予公告;在上述期限内,不得再行买卖该上市公司的股票。

（2）投资者持有或通过协议、其他安排与他人共同持有一个上市公司已发行的股份达到5%后,其所持该上市公司已发行的股份比例每增加或者减少5%,应当依照前款规定进行报告和公告。在报告期限内和作出报告、公告后2日内,不得再行买卖该上市公司的股票。

前述书面报告和公告,应当包括下列内容:持股人的名称、住所;持有的股票的名称、数额;持股达到法定比例或者持股增减变化达到法定比例的日期。

二、要约收购

（一）要约收购概念及分类

要约收购是指收购人通过向目标公司的股东发出购买其所持该公司股份的书面意见表示,并按照依法公告的收购要约中所规定的收购条件、价格、期限以及其他规定事项,收购目标公司股份的收购方式。根据要约的发出是否基于收购人的意愿,要约收购又可分为强制要约收购和自愿要约收购。自愿要约收购是指收购人自愿作出收购决定,并根据目标公司总股本确定预计收购的股份比例,在该比例范围内向目标公司所有股东发出收购要约。强制要约收购则是指在收购人持有目标公司已发行股份达到一定比例,以致获得对目标公司的控制权时,法律强制其向目标公司的所有股东发出收购其所持有的全部股份的要约。

根据《证券法》的规定,通过证券交易所的证券交易,投资者持有一个上市公司已发行的股份的30%时,如继续进行收购的,应当依法向该上市公司所有股东发出收购要约。

（二）收购程序

1. 作出上市公司收购报告书

收购人在发出收购要约前,必须事先向国务院证券监督管理机构报送和向证券交易所提交上市公司收购报告书。上市公司收购报告书应当包括以下内容:收购人的名称、住所;关于收购的决定;被收购的上市公司名称;收购目的;收购股份的详细名称和预定收购的股份数额;收购的期限、收购的价格;收购所需资金额及资金保证;报送上市公司收购报告书时所持有被收购公司数占该公司股份总数的比例等事项。

2. 发布要约

收购人在依照法律规定报送上市公司收购报告书之日起 15 日后,公告其收购要约。收购要约的期限不得少于 30 日,并不得超过 60 日。在收购要约的有效期限内,收购人不得撤回其收购要约。收购人需要变更收购要约中事项的,必须事先向国务院证券监督管理机构及证券交易所提出报告,经获准后,予以公告。收购要约中提出的各项收购条件,适用于被收购公司的所有股东。

采取要约收购方式的,收购人在收购期限内,不得卖出被收购公司的股票,也不得采取要约规定以外的形式和超出要约的条件买入被收购公司的股票。

3. 终止交易

收购要约的期限届满,收购人持有的被收购公司的股份数达到该公司已发行的股份总数的 75% 以上的,该上市公司的股票应当在证券交易所终止上市交易。

4. 股东可要求收购人收购未收购的股票

收购要约的期限届满,收购人持有的被收购公司的股份达到该公司已发行的股份总数的 90% 以上时,其余仍持有被收购公司股票的股东,有权向收购人以收购要约的同等条件出售其股票,收购人应当收购。

5. 要约收购期间排除其他方式收购

采取要约收购方式的,收购人在收购要约期限内,不得采取要约规定以外的形式和条件买卖被收购公司的股票。

6. 股票更换

通过要约收购方式获取被收购公司股份并将该公司撤销的,视为公司合并,被撤销公司的原有股票,由收购人依法更换。

7. 收购结束的报告

收购上市公司的行为结束后,收购人应在 15 日内将收购情况报告国务院证券监督管理机构和证券交易所,并予以公告。

案例分析

【案情】

2003年3月12日,南钢股份控股股东南钢集团公司,与复星集团公司、复星产业投资、广信科技共同签署合资经营合同,决定设立注册资本为27.5亿元的南钢联合有限公司。其中,南钢集团以其持有的南钢股份国有股35 760万股(占总股本的70.95%)及其他部分资产、负债合计11亿元出资,占注册资本的40%;后三者的实际控制人是以郭广昌为首的四个自然人,以复星集团及其关联公司名义,以现金出资6亿元,共持有南钢联合60%的股权。3月27日,财政部批准了南钢集团公司以其持有的南钢国有股份出资成立南钢联合。

2003年4月7日,南钢联合股东会通过决议,同意接受投资。

【问题】

(1)南钢集团将其所持有的南钢股份作为出资,组建南钢联合有限公司,该行为是否涉及南钢股份股东的变更?

(2)新的南钢联合有限公司因接受投资而拥有上市公司南钢股份70.95%的股权,是否属于上市公司收购行为?

(3)后续应当如何操作?

【法律依据】

《证券法》第八十八条 通过证券交易所的证券交易,投资者持有或者通过协议、其他安排与他人共同持有一个上市公司已发行的股份达到百分之三十时,继续进行收购的,应当依法向该上市公司所有股东发出收购上市公司全部或者部分股份的要约。

《证券法》第九十二条 收购要约提出的各项收购条件,适用于被收购公司的所有股东。

《证券法》第九十三条 采取要约收购方式的,收购人在收购期限内,不得卖出被收购公司的股票,也不得采取要约规定以外的形式和超出要约的条件买入被收购公司的股票。

收购上市公司部分股份的收购要约应当约定,被收购公司股东承诺出售的股份数额超过预定收购的股份数额的,收购人按比例进行收购。

《证券法》第九十六条 采取协议收购方式的,收购人收购或者通过协议、其他安排与他人共同收购一个上市公司已发行的股份达到百分之三十时,继续进行收购的,应当向该上市公司所有股东发出收购上市公司全部或者部分股份的要约。但是,经国务院证券监督管理机构免除发出要约的除外。

【法律运用及处理结果】

鉴于接受南钢集团这样投入的实质构成了上市公司收购行为,且收购的股份超过南钢股份已发行总股本的30%,依法已触发要约收购义务。因为南钢股份此次要约收购不符合《上市公司收购管理办法》中的豁免申请条件,从而成为第一个"吃要约收购螃蟹"的国内上市公司,南钢集团称其行为是为了通过国有企业和民营企业的联合,引进先进的管理机制和业务发展所需要的资金,做大做强钢铁主业。

2003年4月9日,南钢股份新老大股东发布持股变动报告书和要约收购报告书摘要,对此进行了披露。要约收购的标的是:240万法人股,要约价格为每股3.81元;14 400万流通股,要约价格为每股5.84元。据分析,法人股的要约价格是南钢股份公告前6个月每股市值的评估,流通股要约价格则为公告前30个交易日的每日加权平均价格的算术平均值的90%。

2003年7月12日,南钢股份要约收购期满,根据要约收购结果,南钢股份股东无人接受新大股东发出的收购要约,均选择仍持有原有股份,上市公司新大股东履行要约收购的义务完成。

(案例来源:中证网:http://www.cs.com.cn)

三、协议收购

(一)概念和特点

协议收购是收购者在证券交易所之外以协商的方式与被收购公司的股东签订收购其股份的协议,从而达到控制该上市公司的目的。收购人可依照法律、行政法规的规定同被收购公司的股东以协议方式进行股权转让。协议收购具有以下特点:①协议收购是上市公司收购的特殊形态。国家对协议收购的监管比较严格,尤其是国家股股权的转让更要遵循国家主管部门关于股份转让的相关规定。②协议收购兼具有场内场外交易的属性,必须遵守证券交易所的一般交易规则和场外交易及大宗交易的特殊规则,并遵循特殊监管方式的监管。③协议收购采取个别协议方式进行,在法律规定的比例内,不必对全体股东发出收购要约,并可对不同股东采取不同的收购价格和收购条件。

(二)程序

1. 订立协议

采取协议收购方式的,收购人可以依照法律、行政法规的规定同被收购公司的股东以协议方式进行股权转让。

2. 报告与公告

以协议方式收购上市公司时,达成协议后,收购人必须在 3 日内将该收购协议向国务院证券监督管理机构及证券交易所做出书面报告,并予以公告。在未做出公告前不得履行收购协议。

3. 保管股票与存放资金

采取协议收购方式的,协议双方可以临时委托证券登记结算机构保管协议转让的股票,并将资金存放于指定的银行。

4. 更换股票和收购结束报告(同要约收购)

特别要注意的是:采取协议收购方式的,收购人收购或者通过协议、其他安排与他人共同收购一个上市公司已发行的股份达到百分之三十时,继续进行收购的,应当转为要约收购,即应向该上市公司所有股东发出收购上市公司全部或者部分股份的要约。但是,经国务院证券监督管理机构免除发出要约的除外。

四、上市公司收购的法律后果

(1)收购期限届满,被收购公司股权分布不符合上市条件的,该上市公司的股票应当由证券交易所依法终止上市交易;其余仍持有被收购公司股票的股东,有权向收购人以收购要约的同等条件出售其股票,收购人应当收购。收购行为完成后,被收购公司不再具备股份有限公司条件的,应当依法变更企业形式。

(2)在上市公司收购中,收购人持有的被收购的上市公司的股票,在收购行为完成后的 12 个月内不得转让。

第五节　证券机构

一、证券交易所

1. 证券交易所的概念

证券交易所是提供证券集中竞价交易场所的不以营利为目的的法人。证券交易所有公司制和会员制之分。我国的证券交易所是为证券集中交易提供场所和设施，组织和监督证券交易，实行自律管理的会员制的事业法人。目前，我国有两家证券交易所，即1990年12月设立的上海证券交易所和1991年7月设立的深圳证券交易所。证券交易所的设立和解散，由国务院决定。

2. 证券交易所的职能

依据《证券法》的规定，我国证券交易所具有以下职能：①为组织公平的集中交易提供保障，公布证券交易即时行情，并按交易日制作证券市场行情表，予以公布；②依照法律、行政法规的规定，办理股票、公司债券的暂停上市、恢复上市或者终止上市的事务；③因突发性事件而影响证券交易的正常进行时，证券交易所可以采取技术性停牌的措施，因不可抗力的突发性事件或者为维护证券交易的正常秩序，证券交易所可以决定临时停市；④根据需要可以对出现重大异常交易情况的证券账户限制交易，并报国务院证券监督管理机构备案；⑤对上市公司及相关信息披露义务人披露信息进行监督，督促其依法及时、准确地披露信息；⑥依照证券法律、行政法规制定上市规则、交易规则、会员管理规则和其他有关规则，并报国务院证券监督管理机构批准；⑦对违反证券交易所有关交易规则的人员给予纪律处分；对情节严重的人员，撤销其资格，禁止其入场进行证券交易。

3. 证券交易所的机构设置及人员管理

证券交易所设理事会，证券交易所设总经理1人，由国务院证券监督管理机构任免。

有《公司法》第146条规定的情形或者下列情形之一的,不得担任证券交易所的负责人:①因违法行为或违纪行为被解除职务的证券交易所、证券登记结算机构的负责人或者证券公司的董事、监事、经理,自被解除职务之日起未逾5年;②因违法行为或违纪行为被撤销资格的律师、注册会计师或者投资咨询机构、财务顾问机构、资信评级机构、资产评估机构、验证机构的专业人员,自被撤销资格之日起未逾5年。

此外,因违法行为或者违纪行为被开除的证券交易所、证券登记结算机构、证券服务机构、证券公司的从业人员和被开除的国家机关工作人员,不得招聘为证券交易所的从业人员。

4. 证券交易所的交易规则

①进入证券交易所参与集中交易的,必须是证交易所的会员;②投资者应当与证券公司签订证券交易委托协议,并在证券公司开立证券交账户,以书面、电话以及其他方式,委托该证券公司代其买卖证券;③证券公司根据投资者的委托,按照证券交易规则提出交易申报,参与证券交易所场内的集中交易,并根据成交结果承担相应的清算交收责任;④证券登记结算机构根据成交结果,按照清算交收规则,与证券公司进行证券和资金的清算交收,并为证券公司客户办理证券的登记过户手续;⑤按照依法制定的交易规则进行的交易,不得改变其交易结果;对交易中违规交易者应负的民事责任不得免除;在违规交易中所获利益,依照有关规定处理。

5. 其他管理规则

①证券交易所应从其收取的交易费用和会员费、席位费中提取一定比例的金额设立风险基金,风险基金由证券交易所理事会管理;②证券交易所应当将收存的风险基金存入开户银行专门账户,不得擅自使用;③证券交易所的负责人和其他从业人员在执行与证券交易有关的职务时,与其本人或其亲属有利害关系的,应当回避。

二、证券公司

证券公司是指依照《公司法》的规定并经国务院证券监督管理机构审查批准而成立的专门经营证券业务,具有独立的法人地位的金融机构。

（一）证券公司的设立

证券公司的设立或撤销分支机构、变更业务范围或者注册资本、变更公司章程、合并、分立、变更公司形式或解散，需要经中国证监会批准。设立证券公司，应当具备下列条件：①有符合法律、行政法规规定的公司章程；②主要股东具有持续赢利能力，信誉良好，最近3年无重大违法违规记录，净资产不低于人民币2亿元；③有符合《证券法》规定的注册资本；④董事、监事、高级管理人员具备任职资格，从业人员具有证券从业资格；⑤有完善的风险管理与内部控制制度；⑥有合格的经营场所和业务设施；⑦法律、行政法规规定的和经国务院批准的国务院证券监督管理机构规定的其他条件。

（二）证券公司的组织形式及主要业务范围

证券公司的组织形式为有限责任公司或者股份有限公司，证券公司必须在其名称中标明"证券有限责任公司"或者"证券股份有限公司"字样。国家对证券公司实行分类管理，分为综合类证券公司和经纪类证券公司，并且由国务院证券监督管理机构按照其类别颁发业务许可证。

1. 综合类证券公司的业务

经国务院证券监督管理机构批准，综合类证券公司可以经营以下业务：①证券经纪；②证券投资咨询；③与证券交易、证券投资活动有关的财务顾问；④证券承销与保荐；⑤证券自营；⑥证券资产管理；⑦其他证券业务。证券公司经营上述第①～③项业务的，注册资本最低限额为人民币5 000万元；经营第④～⑦项业务之一的，注册资本最低限额为人民币1亿元；经营第④～⑦项业务中两项以上的，注册资本最低限额为人民币5亿元。证券公司的注册资本应当是实缴资本。

（1）证券自营业务，是指综合类证券公司以自己的名义运用自有资金和依法筹集的资金，开设证券账户买卖有价证券并获取收益的行为。具体方式包括在二级市场上买卖、在一级市场上申购后再到二级市场上卖出。证券自营业务的经营范围包括上市证券的自营买卖、承销业务中的自营业务、场外市场的自营业务。证券经营机构自营业务可以投资的证券包括：在证券交易所挂牌交易的A股股票、投资基金、认股权证、国债、企业债券、可转换企业债券等。

（2）证券经纪业务，是指证券公司通过其设立的营业场所和在证券交易所的席位,基于有关法律法规的规定和公司与投资者之间的契约,按照投资者的合理要求代理投资者买卖证券并收取一定比例佣金的活动。由于在证券交易所内交易的证券种类繁多、数额巨大,而交易厅内席位有限,一般投资者不能直接进入证券交易所进行交易,因此只能通过特许的证券经纪商作为中介来促成交易的完成。在我国,证券公司从事证券经纪业务,都是通过下设的证券营业部来进行的。

(3)证券承销业务,是指证券公司接受发行人的委托,代理发行人向投资者推销证券。实际上,证券公司发挥的是证券推销的职能。公开发行证券的发行人有权依法自主选择有资质的证券公司承销。

(4)依法经中国证监会批准的其他业务。

2. 经纪类证券公司的业务

经纪类证券公司在我国是指只能从事单一的经济业务的证券公司。经纪类证券公司可以从事下列业务:证券的代理买卖;代理证券的还本付息、分红派息;证券代保管、鉴证;代理登记开户。

经纪类证券公司主要从事证券经纪业务,因此必须严格执行交易规则,为投资者分别开立证券和资金账户,对投资者交付的证券和资金按户分别管理,对投资者的账户号码、密码、资金状况、证券买卖情况以及证券持有状况等信息严格保密,如实记录交易行为,不得作虚假记载。

(三)证券公司的董事、监事、高级管理人员的任职资格

证券公司的董事、监事、高级管理人员,应当正直诚实、品行良好,熟悉证券法律、行政法规,具有履行职责所需的经营管理能力,并在任职前取得国务院证券监督管理机构核准的任职资格。有《公司法》第146条规定的情形或者有《证券法》第131条规定的情形之一的,不得担任证券公司的董事、监事、高级管理人员。

国家机关工作人员和法律、行政法规规定的禁止在公司中兼职的其他人员,不得在证券公司中兼任职务。

(四)证券公司的交易规则

证券公司的交易规则就是指证券公司在证券交易过程中依照证券法律、法规及行政规章所应当遵循的交易规则,主要包含安全交易规则、内部控制制度实施规则和证券经纪禁止性规则三个方面。

1. 安全交易规则

证券公司安全交易规则包括以下几项内容：

（1）投资者保护基金规则。国家设立证券投资者保护基金。证券投资者保护基金由证券公司缴纳的资金及其他依法筹集的资金组成，目的是加强对投资者的保护。

（2）风险控制指标规则。国务院证券监督管理机构对证券公司的净资本、净资本与负债比例、净资本与净资产的比例，净资本与自营、承销、资产管理等业务规模的比例，负债与净资产的比例、流动资产与流动负债的比例等风险控制指标作了规定，以避免和减少证券公司经营的风险，保护投资者的合法权益。

（3）交易风险准备金规则。为了保证证券经营机构的偿付能力，使投资者能够获得足够的赔偿，规定证券公司应从每年的税后利润中提取一定的交易风险准备金，用于弥补证券交易的损失。

（4）最低资本额限制规则。法律规定证券公司在设立时应符合最低的资本额，如果低于此限额，则不得注册或不得获得经营许可。

2. 内部控制制度实施规则

证券公司内部控制制度实施规则包括以下几项内容：

（1）证券公司应当建立健全采取有效隔离措施，防范公司与客户之间、不同客户之间的利益冲突；

（2）证券公司必须将其证券经纪业务、证券承销业务、证券自营业务和证券资产管理业务分开办理，不得混合操作以维护证券市场秩序，降低市场经营风险。

3. 证券经纪禁止性规则

证券公司证券经纪禁止性规则包括以下几项内容：

（1）禁止全权委托。证券公司办理经纪业务，不得接受客户的全权委托而决定证券买卖、选择证券种类、决定买卖数量或者买卖价格。

（2）禁止不当承诺。证券公司不得以任何方式对客户证券买卖的收益或者赔偿证券买卖的损失做出承诺。

（3）禁止私下委托。证券公司及其从业人员不得未经过其依法设立的营业场所私下接受客户委托买卖证券。

三、证券登记结算机构

（一）证券登记结算机构的概念及设立条件

证券登记结算机构是为证券交易提供集中登记、存管与结算服务，不以营利为目的的法人。设立证券登记结算机构，必须经国务院证券监督管理机构批准，并应具备下列条件：

（1）自有资金不少于人民币2亿元；

（2）具有证券登记、存管和结算服务所必需的场所和设施；

（3）主要管理人员和从业人员必须具有证券从业资格；

（4）国务院证券监督管理机构规定的其他条件。证券登记结算机构的名称中应当标明证券登记结算字样。

（二）证券登记结算机构的职能

证券登记结算机构履行下列职能：

（1）证券账户、结算账户的设立；

（2）证券的存管和过户；

（3）证券持有人名册登记；

（4）证券交易所上市证券交易的清算和交收；

（5）受发行人的委托派发证券权益；

（6）办理与上述业务有关的查询；

（7）国务院证券监督管理机构批准的其他业务。

（三）证券登记结算机构的义务和责任

证券登记结算机构的义务和责任主要包括：

（1）应当依法制定机构章程、业务规则并报国务院证券监督管理机构批准；

（2）在证券上市交易时，存管证券持有人持有的全部证券，并不得挪用；

（3）应当向证券发行人提供证券持有人名册及其有关资料；应当根据证券登记结算的结果，确认证券持有人持有证券的事实，提供证券持有人登记资料；应当保证证券持有人名册和登记过户记录真实、准确、完整，不得隐匿、伪造、篡改或者毁损；

（4）应当采取下列措施保证业务的正常进行：①具有必备的服务设备和完善的数据安全保护措施；②建立完善的业务、财务和安全防范等管理制度；③建立完善的风险管理系统；

（5）应当妥善保存登记、存管和结算的原始凭证及有关文件和资料，该保存期限不得少于20年；

（6）应当设立证券结算风险基金，用于垫付或弥补因违约交收、技术故障、操作失误、不可抗力造成的证券登记结算机构的损失；

（7）证券结算风险基金应当存入指定银行的专门账户，实行专项管理；证券登记结算机构以证券结算风险基金赔偿后，应当向有关责任人追偿；

（8）申请解散，应当经国务院证券监督管理机构批准；

（9）为证券交易提供净额结算服务时，应当要求结算参与人按照货银对付的原则，足额交付证券和资金，并提供交收担保；

（10）按照业务规则收取的各类结算资金和证券，必须存放于专门的清算交收账户，只能按业务规则用于已成交的证券交易的清算交收，不得被强制执行。

中国证监会于2006年4月7日发布、2009年11月20日修订的《证券登记结算管理办法》，就证券登记结算机构职能、证券账户的管理、证券的登记、证券的托管和存管、证券和资金的清算交收、风险防范和交收违约处理等问题作出了全面规定。

四、证券服务机构

（一）证券服务机构的概念及从业人员要求

证券服务机构是指从事证券投资咨询、财务顾问、资信评级、资产评估、会计事务等业务，为证券发行和上市交易提供专业性服务的机构。具体包括投资咨询机构、财务顾问机构、资信评级机构、资产评估机构、会计师事务所等。这些机构从事证券服务业务，必须经国务院证券监督管理机构和有关主管部门批准。

投资咨询机构、财务顾问机构、资信评级机构从事证券服务业务的人员，必须具备证券专业知识和从事证券业务或证券服务业务2年以上经验。认定其证券从业资格的标准和管理办法,由国务院证券监督管理机构制定。

(二)证券服务机构及其从业人员的从业规则与责任承担

主要包括:

(1)投资咨询机构及其从业人员从事证券服务业务不得有下列行为:①代理委托人从事证券投资;②与委托人约定分享证券投资收益或者分担证券投资损失;③买卖本咨询机构提供服务的上市公司股票;④利用传播媒介或通过其他方式提供、传播虚假或误导投资者的信息;⑤法律、行政法规禁止的其他行为。有前述行为之一,给投资者造成损失的,依法承担赔偿责任。

(2)从事证券服务业务的投资咨询机构和资信评级机构,应当按照规定的标准或收费办法收取服务费用。

(3)证券服务机构为证券的发行、上市、交易等证券业务活动制作、出具审计报告、资产评估报告、财务顾问报告、资信评级报告或法律意见书等文件,应当勤勉尽责,对所依据的文件资料内容的真实性、准确性、完整性进行核查和验证。其制作、出具的文件有虚假记载、误导性陈述或重大遗漏,给他人造成损失的,应当与发行人、上市公司承担连带赔偿责任,但是能够证明自己没有过错的除外。

五、证券业协会

1991年8月28日,我国成立了中国证券业协会,它是中国证券发展史上第一个全国性的证券行业自律性管理组织,是证券经营机构依法自行组织的自律性会员组织,具有独立的社团法人资格。

证券业协会履行的职责有:第一,教育和组织会员遵守证券法律、行政法规;第二,依法维护会员的合法权益,向证券监督管理机构反映会员的建议和要求;第三,收集整理证券信息,为会员提供服务;第四,制定会员应遵守的规则,组织会员单位的从业人员的业务培训,开展会员间的业务交流;第五,对会员之间、会员与客户之间发生的证券业务纠纷进行调解;第六,组织会员就证券业的发展、运作及有关内容进行研究;第七,监督、检查会员行为,对违反法律、行政法规或者协会章程的,按照规定给予纪律处分;第八,证券业协会章程规定的其他职责。

第六节　证券市场监管及法律责任

一、我国证券市场监管概述

证券市场监管是证券市场监管机构根据证券法律法规对证券发行、交易以及证券经营机构等市场主体及其行为实施的监督与管理活动。

1. 我国证券监管机构

根据我国《证券法》的规定,国务院证券监督管理机构依法对全国证券市场实行集中统一的监督管理。国务院证券监督管理机构根据需要可以设立派出机构,按照授权履行监督管理职责,其在依法履行职责,进行监督检查或者调查时,有关部门应当予以配合。国务院证券监督管理机构应当与国务院其他金融监督管理机构建立监督管理信息共享机制,还可以和其他国家或地区的证券监督管理机构建立监督管理合作机制,实施跨境监督管理。

2. 证券监管职责

证券监管机构在对证券市场实施监督管理中履行以下职责:①依法制定有关证券市场监督管理的规章、规则,并依法行使审批或者核准权;②依法对证券的发行、上市、交易、登记、存管、结算进行监督管理;③依法对证券发行人、上市公司、证券公司、证券投资基金管理公司、证券服务公司机构、证券交易所、证券登记结算机构的证券业务活动进行监督管理;④依法制定从事证券业务人员的资格标准和行为准则,并监督实施;⑤依法监督检查证券发行、上市和交易的信息公开情况;⑥依法对证券业协会的活动进行指导和监督;⑦依法对违反证券市场监督管理法律、行政法规的行为进行查处;⑧法律、行政法规规定的其他职责。

3. 证券监管机构的执法措施

《证券法》规定国务院证券监督管理机构依法履行职责,有权采取下列措施:①对证券发行人、上市公司、证券公司、证券投资基金管理公司、证券服务机构、证券交易所、证券登记结算机构进行现场检查。②进入涉嫌违法行为发生场所调查取证。③询问当事人和与被调查事件有关的单位和个人,要求其对市场与被调查事件有关的事项做出说明。④查阅、复制当事人和与被调查事件有关的财产权登记、通信记录等资料。⑤查阅、复制当事人和与被调查事件有关的单位和个人的证券交易记录、登记过户记录、财务会计资料及其他相关文件和资料;对于可能被转移、隐藏或者毁损的文件和资料,可以予以封存。⑥查询当事人和与被调查事件有关的单位和个人的资金账户、证券账户和银行账户;对有证据证明已经或者可能转移或者隐匿违法资金、证券等涉案财产或者隐匿、伪造、毁损重要证据的,经国务院证券监督管理机构主要负责人批准,可以冻结或者查封。⑦在调查操纵证券市场、内幕交易等重大证券违法行为时,经国务院证券监督管理机构主要负责人批准,可以限制被调查事件当事人的证券买卖,但限制的期限不得超过 15 个交易日;案情复杂的,可以延长 15 个交易日。

2018 年 3 月 14 日,证监会开出了中国证券史上最大罚单——55 亿元。厦门北八道集团利用 300 多个股票账户、100 多台电脑、10 多位操盘手同时交易,大量使用配资,采用频繁对倒成交、盘中拉抬股价、快速封涨停等异常交易手法炒作多只次新股。证监会依据相关法律法规,开出 55 亿元罚单。

在证监会稽查执法专场新闻通气会上,稽查执法人员介绍,经查明,厦门北八道集团涉嫌操纵的次新股包括张家港行、江阴银行、和胜股份等,操纵期间累计获利 9.45 亿元。该案目前已经过调查审理和行政处罚事先告知程序,证监会将对北八道集团作出没一罚五的顶格处罚,罚没款总计约 55 亿元。在调查过程中,北八道集团高管及相关人员拒不配合调查,财会人员为销毁证据抓伤证监会稽查人员。

在厦门北八道集团操纵的次新股中,有两只为银行股,银行股全行业平均市盈率只有不到 10 倍,但这些次新股炒作者,竟能把银行股炒高到 70 多倍市盈率。

记者统计,以张家港行为例,2017 年 1 月 24 日上市,发行价为 4.37 元,2 月 6 日盘中打开涨停,盘中最低价为 8.66 元,收盘价为 9.21 元。快速盘整后,去年 2 月 20 日上涨到 18.93 元。去年 4 月 5 日更是涨到了 30.51 元,比发行价上涨了 7 倍。从市盈率来看,当时各大银行的市盈率平均低于 10 倍,但张家港行的市盈率超过了 70 倍。此后,张家港行股价又出现暴跌,收盘价为 9.64 元。同样的走势也出现在江阴银行,出现了一度暴涨超过140%,紧接着暴跌超过50%的过山车行情。

记者发现,早年间有媒体披露了北八道物流集团有限公司占据了铁路集装箱货运庞大市场份额,且涉嫌违法违规行为,包括使用集装箱运煤、利用"套箱"等方法偷逃铁路运费等。北八道集团的实际控制人为林庆丰,从集装箱运煤起家,发迹于河南省三门峡市。胡润研究院2014年中国游艇行业报告中,曾显示林庆丰名下拥有一艘价值约为3 600万元的私人定制游艇。

在北八道事件之前,证监会开出的最大罚单是34.7亿元,2017年3月的多伦股份操纵案,当事人鲜言被罚34.7亿元,终身禁入证券市场。

(案例来源:中国金融新闻网.证监会通报北八道操纵市场案 开出55亿元史上最大罚单.[EB/OL].[2018/03/15].http://www.financialnews.com.cn/jg/dt/201803/t20180314_134714.html)

二、违反证券市场监管的法律责任

(一)违反证券发行规定的法律责任

1. 擅自发行证券的责任

未经法定机关核准,擅自公开或者变相公开发行证券的,责令停止发行,退还所募资金并加算银行同期存款利息,并由证券监督管理机构处以非法所募资金1%以上5%以下的罚款。对擅自公开或者变相公开发行证券设立的公司,由证券监督管理机构会同县级以上地方人民政府予以取缔。对直接负责的主管人员和其他直接责任人员给予警告,并处以3万元以上30万元以下的罚款。

2. 骗取发行核准的责任

发行人不符合发行条件,以欺骗手段骗取发行核准,尚未发行证券的,由证券监督管理机构处以30万元以上60万元以下的罚款;已经发行证券的,处以非法所募资金金额1%以上5%以下的罚款。对直接负责的主管人员和其他直接责任人员处以3万元以上30万元以下的罚款。发行人的控股股东、实际控制人指使从事上述违法行为的,依照上述的规定处罚。

3. 违反承销业务规定的责任

证券公司承销或者代理买卖未经核准擅自公开发行的证券的,由证券监督

管理机构责令停止承销或者代理买卖,没收违法所得,并处以违法所得 1 倍以上
5 倍以下的罚款;没有违法所得或者违法所得不足 30 万元的,处以 30 万元以上
60 万元以下的罚款。给投资者造成损失的,应当与发行人承担连带赔偿责任。
对直接负责的主管人员和其他直接责任人员给予警告,撤销任职资格或者证券
从业资格,并处以 3 万元以上 30 万元以下的罚款。

证券公司承销证券,有下列行为之一的,由证券监督管理机构责令改正,给
予警告,没收违法所得,可以并处 30 万元以上 60 万元以下的罚款;情节严重的,
暂停或者撤销相关业务许可。给其他证券承销机构或者投资者造成损失的,依
法承担赔偿责任;对直接负责的主管人员和其他直接责任人员给予警告,可以并
处 3 万元以上 30 万元以下的罚款;情节严重的,撤销任职资格或者证券从业资
格。这些行为包括:①进行虚假的或者误导投资者的广告或者其他宣传推介活
动;②以不正当竞争手段招揽承销业务;③其他违反证券承销业务规定的行为。

4. 保荐人的法律责任

保荐人出具有虚假记载、误导性陈述或者重大遗漏的保荐书,或者不履行其
他法定职责的,责令改正,给予警告,没收业务收入,并处以业务收入 1 倍以上 5
倍以下的罚款;情节严重的,暂停或者撤销相关业务许可;对直接负责的主管人
员和其他直接责任人员给予警告,并处以 3 万元以上 30 万元以下的罚款;情节
严重的,撤销任职资格或者证券从业资格。

5. 发行人、上市公司或者其他信息披露义务人的法律责任

(1) 发行人、上市公司或者其他信息披露义务人未按照规定披露信息,或者
所披露的信息有虚假记载、误导性陈述或者重大遗漏的,责令改正,给予警告,并
处以 30 万元以上 60 万元以下的罚款;对直接负责的主管人员和其他直接责任
人员给予警告,并处以 3 万元以上 30 万元以下的罚款。

(2) 发行人、上市公司或者其他信息披露义务人未按照规定报送有关报告,
或者报送的报告有虚假记载、误导性陈述或者重大遗漏的,责令改正,给予警告,
并处以 30 万元以上 60 万元以下的罚款;对直接负责的主管人员和其他直接责
任人员给予警告,并处以 3 万元以上 30 万元以下的罚款。

(3) 发行人、上市公司或者其他信息披露义务人的控股股东、实际控制人指
使从事上述违法行为的,依照上述的规定处罚。

（4）发行人、上市公司擅自改变公开发行证券所募集资金的用途的，责令改正，对直接负责的主管人员和其他直接责任人员给予警告，并处以 3 万元以上 30 万元以下的罚款。

发行人、上市公司的控股股东、实际控制人指使从事前款违法行为的，给予警告，并处以 30 万元以上 60 万元以下的罚款；对直接负责的主管人员和其他直接责任人员依照前款的规定处罚。

（二）违反证券交易规范的法律责任

1. 违反内幕交易规则的责任

证券交易内幕信息的知情人或者非法获取内幕信息的人，在涉及证券的发行、交易或者其他对证券的价格有重大影响的信息公开前，买卖该证券，或者泄露该信息，或者建议他人买卖该证券的，责令依法处理非法持有的证券，没收违法所得，并处以违法所得 1 倍以上 5 倍以下的罚款；没有违法所得或者违法所得不足 3 万元的，处以 3 万元以上 60 万元以下的罚款。单位从事内幕交易的，还应当对直接负责的主管人员和其他直接责任人员给予警告，并处以 3 万元以上 30 万元以下的罚款。证券监督管理机构工作人员进行内幕交易的，从重处罚。

2. 操纵证券市场的责任

违反《证券法》的相关规定，操纵证券市场的，责令依法处理非法持有的证券，没收违法所得，并处以违法所得 1 倍以上 5 倍以下的罚款；没有违法所得或者违法所得不足 30 万元的，处以 30 万元以上 300 万元以下的罚款。单位操纵证券市场的，还应当对直接负责的主管人员和其他直接责任人员给予警告，并处以 10 万元以上 60 万元以下的罚款。

3. 证券欺诈责任

违反《证券法》的相关规定，在证券交易活动中做出虚假陈述或者信息误导的，责令改正，处以 3 万元以上 20 万元以下的罚款；属于国家工作人员的，还应当依法给予行政处分。

4. 其他法律责任

除了上述主要的法律责任外，《证券法》还规定了其他违法行为的法律责任，主要表现在以下四个方面。

（1）违反法律规定，在限制转让期限内买卖证券的，由证券监督管理机构责令改正,给予警告,并处以买卖证券等值以下的罚款;对直接负责的主管人员和其他直接责任人员给予警告,并处以3万元以上30万元以下的罚款。

（2）违反《证券法》的相关规定,扰乱证券市场的,由证券监督管理机构责令改正,没收违法所得,并处以违法所得1倍以上5倍以下的罚款;没有违法所得或者违法所得不足3万元的,处以3万元以上20万元以下的罚款。

（3）违反《证券法》的相关规定,法人以他人名义设立账户或者利用他人账户买卖证券的,由证券监督管理机构责令改正,没收违法所得,并处以违法所得1倍以上5倍以下的罚款;没有违法所得或者违法所得不足3万元的,处以3万元以上30万元以下的罚款;对直接负责的主管人员和其他直接责任人员给予警告,并处以3万元以上10万元以下的罚款。证券公司为前述规定的违法行为提供自己或者他人的证券交易账户的,证券监督管理机构除依照上述的规定处罚外,还应当撤销直接负责的主管人员和其他直接责任人员的任职资格或者证券从业资格。

（4）为股票的发行、上市、交易出具审计报告、资产评估报告或者法律意见书等文件的证券服务机构和人员,违反《证券法》的规定买卖股票的,由证券监督管理机构责令依法处理非法持有的股票,没收违法所得,并处以买卖股票等值以下的罚款。

（三）证券机构的法律责任

根据违法主体的不同将证券机构的法律责任分为证券公司的法律责任、证券交易所的法律责任和其他证券机构的法律责任三个方面。

1. 证券公司的法律责任

（1）证券公司违反《证券法》的规定,为客户买卖证券提供融资融券的,由证券监督管理机构没收违法所得,暂停或者撤销相关业务许可,并处以非法融资融券等值以下的罚款;对直接负责的主管人员和其他直接责任人员给予警告,撤销任职资格或者证券从业资格,并处以3万元以上90万元以下的罚款。

（2）证券公司违反法律规定,假借他人名义或者以个人名义从事证券自营业务的,证券监督管理机构责令改正,没收违法所得,并处以违法所得1倍以上5倍以下的罚款;没有违法所得或者违法所得不足30万元的,处以30万元以上60万元以下的罚款;情节严重的,暂停或者撤销证券自营业务许可;对直接负责的主管人员和其他直接责任人员给予警告,撤销任职资格或者证券从业资格,并处以 3 万元以上 10 万元以下的罚款。

（3）证券公司违背客户的委托买卖证券、办理交易事项,或者违背客户真实意思,办理交易以外的其他事项的,由证券监督管理机构责令改正,处以 1 万元以上 10 万元以下的罚款。给客户造成损失的,依法承担赔偿责任。

（4）证券公司办理经纪业务,接受客户的全权委托买卖证券的,或者证券公司对客户买卖证券的收益或者赔偿证券买卖的损失做出承诺的,由证券监督管理机构责令改正,没收违法所得,并处以 5 万元以上 20 万元以下的罚款,可以暂停或者撤销相关业务许可;对直接负责的主管人员和其他直接责任人员给予警告,并处以 3 万元以上 10 万元以下的罚款,可以撤销任职资格或者证券从业资格。

（5）证券公司违反规定,未经批准经营非上市证券的交易的,由证券监督管理机构责令改正,没收违法所得,并处以违法所得 1 倍以上 5 倍以下的罚款。

（6）证券公司对其证券经纪业务、证券承销业务、证券自营业务、证券资产管理业务不依法分开办理,混合操作的,由证券监督管理机构责令改正,没收违法所得,并处以 30 万元以上 60 万元以下的罚款;情节严重的,撤销相关业务许可;对直接负责的主管人员和其他直接责任人员给予警告,并处以 3 万元以上 10 万元以下的罚款;情节严重的,撤销任职资格或者证券从业资格。

2. 证券交易所的法律责任

证券交易所对不符合法定条件的证券上市予以审核同意的,由证券监督管理机构给予警告,没收业务收入,并处以业务收入 1 倍以上 5 倍以下的罚款;对直接负责的主管人员和直接责任人员给予警告,并处以 3 万元以上 30 万元以下的罚款。

3. 其他证券机构的法律责任

其他证券机构的法律责任主要是指上市公司、证券公司、证券交易所、证券登记结算机构、证券服务机构等除了上述情况以外,违反《证券法》规定所应承担的法律责任,主要表现为行政责任。

（1）证券服务机构未勤勉尽责,所制作、出具的文件有虚假记载、误导性陈述或者重大遗漏的,由证券监督管理机构责令改正,没收业务收入,暂停或者撤销证券服务业务许可,并处以业务收入 1 倍以上 5 倍以下的罚款;对直接负责的主管人员和其他直接责任人员给予警告,撤销证券从业资格,并处以 3 万元以上 10 万元以下的罚款。

(2)上市公司、证券公司、证券交易所、证券登记结算机构和证券服务机构未按照有关规定保存有关文件和资料的,由证券监督管理机构责令改正,给予警告,并处以 3 万元以上 30 万元以下的罚款;隐匿、伪造、篡改或者毁损有关文件和资料的,给予警告,并处以 30 万元以上 60 万元以下的罚款。

(四)其他责任形式

以上主要是阐述了各类主体违反《证券法》规定时所应承担的行政责任,实践中对各种违法行为的处置还可能涉及以下责任形式:

1. 刑事责任

因违反《证券法》构成犯罪的,依法追究刑事责任。一般来说,构成刑事责任的前提是违法数额巨大、行为后果严重和有其他严重情节。承担的责任形式主要有:有期徒刑、拘役、罚金等。

2. 民事责任

根据《证券法》的规定,违法应当承担民事赔偿责任和缴纳罚款、罚金的,其他财产不足以同时支付时,先承担民事赔偿责任。

3. 证券市场禁入责任

证券市场禁入责任就是指在一定期限内直至终身不得从事证券业务或者不得担任上市公司董事、监事、高级管理人员的制度。情节严重的,国务院证券监督管理机构可以对有关责任人员采取证券市场禁入的措施。

案例分析

【案情】

1997 年,东方电子在深圳证券交易所上市,东方电子股价也在此后的几年间飞涨,1999 年股价最高时达到 60 元。数千名股民先后购入东方电子股票,可就在这只股票不断飙升的同时,东方电子爆出了董事长、总经理等人重大财务造假的犯罪事实。2002 年 11 月,烟台市人民检察院以涉嫌提供虚假财会报告罪对东方电子原董事长隋元柏、董事会秘书高峰、财务总监方跃提起公诉。烟台市中级人民法院审理查明,被告人隋元柏于 1994 年初在东方电子定向募集期间,与当时负责股票发行的董事会秘书高峰密谋,指使财务处负责人注册成立一空壳公司——烟台振东高新技术发展公司,并以该公司名义,累计购买本公司内部职工股 1 044 万股。后盗用他人名义,在证券公司营业部开设 44 个个人股票账户,全部股票交由东方电子证券部掌管。自 1997 年 1 月东方电子股票上市到 2001 年 8 月间,隋元柏等人虚造公司业绩,相继抛售 1 044 万原始股。此外,隋元柏还指使公司财务人员,向高峰控制的 69 个个人账户累计投入 6.8 亿元,在二级市场进行股票炒作,将大部分股市收益用于虚增主营业务收入。2003 年 1 月 17 日,烟台中级人民法院认定三人有罪,分别判处:隋元柏,有期徒刑二年并处罚金人民币 5 万元;高峰,有期徒刑一年并处罚金人民币 2.5 万元;方跃,有期徒刑一年,缓刑一年并处罚金人民币 5 万元。三人均未上诉,故该刑事判决于 2003 年 1 月 28 日起生效。

在虚假陈述案曝光后,2001 年 11 月股价一度跌落到 5 元以下,2005 年 A 股市场最低迷时期更只有 1.66 元,东方电子也因造假事件戴上 ST 帽子。

2003 年 2 月 8 日第一批原告上海股民曹小妹等 7 人向青岛市中级人民法院提起诉讼,到 2005 年 1 月底诉讼时效到期,两年间,"东方电子"赔偿案涉及全国二十多个省、市、自治区的 6 989 名原告,案件总计达 2 716 起,诉讼总标的 4.42 亿元,诉讼费用约 1 800 万元,合计约 4.6 亿元,成为迄今为止我国起诉人数最多、涉案标的额最大的证券民事赔偿案件。

【问题】

因上市公司虚假陈述造成投资者利益受损,能否要求赔偿?

【法律依据】

《证券法》第六十三条 发行人、上市公司依法披露的信息,必须真实、准确、完整,不得有虚假记载、误导性陈述或者重大遗漏。

《证券法》第六十九条 发行人、上市公司公告的招股说明书、公司债券募集办法、财务会计报告、上市报告文件、年度报告、中期报告、临时报告以及其他信息披露资料,有虚假记载、误导性陈述或者重大遗漏,致使投资者在证券交易中遭受损失的,发行人、上市公司应当承担赔偿责任;发行人、上市公司的董事、监事、高级管理人员和其他直接责任人员以及保荐人、承销的证券公司,应当与发行人、上市公司承担连带赔偿责任,但是能够证明自己没有过错的除外;发行人、上市公司的控股股东、实际控制人有过错的,应当与发行人、上市公司承担连带赔偿责任。

【法律运用及处理结果】

经过历时8年的诉讼,最终,其中6 793名原告被认定为具备赔偿条件,分7批获得了4 450.401 4万股东方电子股票作为赔偿;34名原告因不具备过户条件等原因无法办理股票过户,获得了41.38万元的现金赔偿,折算股票数量为64 751股。除获得赔偿的这6 827名原告外,剩下的156名原告则因各种原因空手而归,其中包括广州科技风险投资有限公司,其上诉请求最终被山东省高院驳回。

东方电子公告称,东方电子控股股东——东方电子集团以其持有的东方电子股票,以每股6.39元计价,向适格原告履行《民事调解书》中确定的赔偿责任。这意味着,这宗标的额全国最大,起诉人数全国第一的证券虚假陈述民事赔偿案件终结,同时,该案97%的调解率也创下了全国第一。

该案属于典型的在获得生效的刑事判决书后提起的证券民事赔偿案件。根据《最高人民法院关于审理证券市场因虚假陈述引发的民事赔偿案件的若干规定》(以下简称"《虚假陈述民事赔偿司法解释》")第六条规定:"投资人以自己受到虚假陈述侵害为由,依据有关机关的行政处罚决定或者人民法院的刑事裁判文书,对虚假陈述行为人提起的民事赔偿诉讼,符合民事诉讼法第一百零八条规定,人民法院应当受理",该案是在对东方电子高管的刑事判决生效后继而提起的证券民事赔偿诉讼。

根据《证券法》及我国其他相关法律规定,只要行为人有过错,投资者因此遭受损失,且损失与过错之间有因果关系,投资者就应该可以通过诉讼维护自己的合法权益,而无须等待行政机关或人民法院对违法行为做出认定。

另外值得一提的是,青岛市中级人民法院为这次东方电子案的解决,开发了虚假陈述民事赔偿案的软件,根据《虚假陈述民事赔偿司法解释》规定的要求、法院认定和界定的标准,设定了程序与参数,输入相关交易数据、市场数据及其他必要的数据,自动计算出每位投资者的可赔金额。同时,根据经核对后的原被告双方的身份资料,青岛市中级人民法院又开发了自动生成《民事调解书》的软件,只需输入相关数据,一份份《民事调解书》便直接走下印刷机,成为名符其实的电子法院。像东方电子案这样人数众多的大案,如果按常规手段操作,耗费大量时间和工作效率不说,实际上证券市场也不允许长久地等待,而用电子化手段处置人数众多、计算复杂的巨量原告案件,具有非常现实的意义,也有利于最大限度地保持法律公平,维护社会稳定和谐。

（案例来源:中国证券投资者保护网:http://www.sipf.com.cn/NewCH/qybh/10/47747.shtml）

本 章 思 考 题

1. 如何理解证券法上的"三公原则"?

2. 证券法禁止的交易行为有哪些?

3. 《证券法》规定的股票发行和上市的条件是什么?

4. 《证券法》规定的债券发行和上市的条件是什么?

5. 上市公司应如何依法披露信息?

6. 《证券法》对要约收购和协议收购有怎样的规定?

7. 证券公司违反《证券法》应承担怎样的法律责任?

8. 案例思考题:

2002年7月17日,赵一与某证券公司上海营业部(简称"营业部")签订《证券交易委托协议书》和《代理国债投资协议》,委托资产金额为人民币1 000万元,代理期限为1年。赵一又与营业部签订了《代理国债投资补充协议》,约定营业部确保赵一资金的保值增值,确保资金年收益率为10.5%。协议约定期满后,营业部未支付资金本息。赵一诉至法院,请求营业部按约定支付本息。法院查明:2002年9月至2003年6月,赵一账户内资金被用于股票买卖,被告不能提供股票买卖为赵一行为的证明。

(1) 本案中,证券公司有哪些违规行为?

(2) 赵一应该以谁为被告起诉?

(3) 法院对于赵一要求营业部按约定支付本息的请求应否支持?

第七章 证券投资基金法律制度

通过本章内容的学习,要求在掌握证券投资基金概念、特点、种类、功能的基础上,了解我国《证券投资基金法》的主要内容;掌握证券投资基金法律关系中的各类主体的权利义务、法定职责;明确现行法律对公募基金及私募基金的设立、管理、投资、运作的各项规定,熟悉违反《证券投资基金法》的法律责任。

第一节 证券投资基金法概述

一、证券投资基金的概念

1. 证券投资基金的概念

证券投资基金是指通过发售基金份额募集资金,由基金托管人托管,由基金管理人管理和运作资金,为基金份额持有人的利益,以资产组合方式进行证券投资的一种利益共享、风险共担的集合投资方式。它具有组合投资、分散风险、专业管理的特点。

最早的基金究竟诞生于何时何地学界并没有一致的看法。有人认为1822年由荷兰国王威廉一世所创立的私人信托投资基金可能是最早的;也有人提出,1774年,荷兰商人凯特威士(Ketwich)最早已经付诸实践,创办了一支信托基金,应该算是更早的。

绝大多数学者认为投资基金起源于英国,是在18世纪末、19世纪初在产业革命的推动下产生的,1868 年英国的"海外及殖民地政府信托基金"是世界上第一支基金(封闭基金);而投资基金的全面兴盛则开始于美国,1924 年诞生于美国的"马萨诸塞投资信托基金"是世界上的第一支开放式基金。

证券投资基金在其他国家和地区的称谓不尽相同。如美国将证券投资基金称为"共同基金";英国和我国香港特别行政区称之为"单位信托基金";日本和中国台湾地区则称之为"证券投资信托基金"。

投资基金在西方国家早已成为一种重要的融资、投资手段,并在当代得到了进一步发展。20 世纪 60 年代以来,一些发展中国家也积极仿效,更多地运用投资基金这一形式吸收国内外资金,促进本国经济的发展。

2. 证券投资基金的性质

根据证券投资基金的含义,我们可以看出其性质体现在以下几个方面:

(1)证券投资基金是一种集合投资制度。

证券投资基金是一种积少成多的整体组合投资方式,它从广大的投资者那里聚集巨额资金,组建投资管理公司进行专业化管理和经营。在这种制度下,资金的运作受到多重监督。

(2)证券投资基金是一种信托投资方式。

它与一般金融信托关系一样,主要有委托人、受托人、受益人三个关系人,其中受托人与委托人之间订有信托契约。但证券基金作为金融信托业务的一种形式,又有自己的特点。例如从事有价证券投资,主要当事人中还有一个不可缺少的托管机构,它不能与受托人(基金管理公司)由同一机构担任,而且基金托管人一般是法人;另外,基金管理人并不对每个投资者的资金都分别加以运用,而是将其集合起来,形成一笔巨额资金再加以运作。

(3)证券投资基金是一种金融中介机构。

它存在于投资者与投资对象之间,起着把投资者的资金转换成金融资产,通过专门机构在金融市场上再投资,从而使货币资产得到增值的作用。证券投资基金的管理者对投资者所投入的资金负有经营、管理的职责,而且必须按照合同(或契约)的要求确定资金投向,保证投资者的资金安全和收益最大化。

(4)证券投资基金是一种证券投资工具。

它发行的凭证,即基金券(或受益凭证、基金单位、基金股份),与股票、债券一起构成有价证券的三大品种。投资者通过购买基金券完成投资行为,并凭之分享证券投资基金的投资收益,承担证券投资基金的投资风险。

当然,尽管都是投资工具,证券投资基金与股票、债券具有很大的区别。一是它们反映的经济关系不同。股票反映的是所有权关系,债券反映的是债权债务关系,而基金反映的则是信托关系(公司型基金除外)。二是筹集资金的投向不同。股票和债券是直接投资工具,筹集的资金主要投向实业,而基金则是间接投资工具,筹集的资金主要投向有价证券等金融工具。三是风险水平不同。股票的直接收益取决于发行公司的经营效益,不确定性强,风险较大;债券的直接收益取决于债券利率,而债券利率一般是事先确定的,因此风险较小;基金主要投资于有价证券,投资选择灵活多样,风险相对适中。

二、证券投资基金的种类

根据不同的标准,可以对证券投资基金进行不同的分类。

(一)契约型基金与公司型基金

这是根据基金的组织形式进行的分类。

1. 契约型基金

契约型基金又称为单位信托基金,是指由基金投资者、基金管理人、基金托管人三方通过签订基金契约而设立的一种基金。它没有基金章程,也没有董事会,而是通过基金契约来规范三方当事人的行为。基金管理人负责基金的管理操作。基金托管人作为基金资产的名义持有人,负责基金资产的保管和处置,对基金管理人的运作实行监督。

2. 公司型基金

公司型基金是按照《公司法》以公司形态组成的,该基金公司以发行股份的方式募集资金,一般投资者则为认购基金而购买该公司的股份。这种基金在法律上是具有独立法人地位的股份有限公司,设有董事会和持有人大会,基金投资者则是公司股东。现行《中华人民共和国证券投资基金法》(以下简称《证券投资基金法》)对公司型基金没有做具体规定。

3. 契约型基金与公司型基金的区别

(1)资金的性质不同。契约型基金的资金是通过发行基金份额筹集起来的信托财产;公司型基金的资金则是通过发行股票筹集的公司法人的资本。

（2）投资者的地位不同。契约型基金的投资者购买基金份额后成为基金契约的当事人之一,其既是基金的委托人,又是基金的受益人;公司型基金的投资者购买基金的股票后成为该公司的股东。

（3）基金的营运依据不同。契约型基金的营运依据是基金契约,而公司型基金的营运依据则是基金公司的章程。

（二）开放式基金与封闭式基金

这是根据基金运作方式进行的分类。

1. 封闭式基金

封闭式基金是指经核准的基金份额总额在基金合同期限内固定不变,基金份额可以在依法设立的证券交易场所交易,但基金份额持有人不得申请赎回的基金。

2. 开放式基金

开放式基金是指基金份额总额不固定,基金份额可以在基金合同约定的时间和场所申购或者赎回的基金。

3. 封闭式基金与开放式基金的区别

（1）期限不同。封闭式基金通常有固定的封闭期,通常在5年以上,一般为10年或15年;而开放式基金则没有固定期限,投资者可随时向基金管理人赎回基金单位。

（2）规模的可变性不同。封闭式基金规模固定,开放式基金规模不固定。

（3）交易方式不同。封闭式基金在证券交易所上市交易,而开放式基金则可以通过基金代销机构、基金管理人申购、赎回,但通常不上市交易。

（4）交易价格的计价方式不同。封闭式基金的交易价格受市场供求关系的影响,常出现溢价或折价现象,并不必然反映基金份额的净值;而开放式基金的交易价格则以基金份额净值为基础,不直接受市场供求关系的影响。

（5）投资策略不同。封闭式基金在封闭期内规模不变,因此,基金财产可以全部用于投资,基金管理人可据此制定较长期的投资策略;而开放式基金因基金份额可随时赎回,因此必须保持基金资产的流动性,在投资组合上需保留一部分现金和高流动性的金融商品。

（三）公募基金与私募基金

根据基金募集方式,可分为公开募集基金(简称"公募基金")与非公开募集基金(简称"私募基金")

公募基金,是指通过向社会公众公开发行受益权凭证或股票方式募集资金而设立的基金,具有公开性、规范性和严格性的特点。

私募基金,是指通过非公开方式,面向少数个人或机构投资者募集资金而设立的投资基金。由于其销售和赎回都是通过基金管理人与投资者私下协商来进行的,所以又被称为"向特定对象募集的基金"。我国修订后的《基金法》确定了私募证券投资基金的合法地位,顺应了基金业的发展需要。

（四）成长型基金、收入型基金与平衡型基金

根据基金投资目标,可分为成长型基金、收入型基金和平衡型基金

成长型基金,是指把追求资本的长期成长为投资目标的基金。收入型基金,是指以能给投资者带来较高的当期收入为投资目标的基金。平衡型基金,既追求长期资本增值,又追求当期收入的基金,其风险和收益状况介于前两者之间。

（五）债券基金、股票基金、货币市场基金、混合型基金

按基金的投资标的分类,可分为债券基金、股票基金、货币市场基金、混合型基金。

（1）债券基金

债券基金以债券为主要投资对象,债券比例须在 80% 以上。由于债券的年利率固定,因而这类基金的风险较低,适合稳健型投资者。

通常债券基金收益会受货币市场利率的影响,当市场利率下调时,其收益就会上升;反之,若市场利率上调,则基金收益率下降。除此以外,汇率也会影响基金的收益,管理人在购买非本国货币的债券时,往往还在外汇市场上做套期保值。

（2）股票基金

股票基金以股票为主要投资对象,股票比例须在 60% 以上。股票基金的投资目标侧重于追求资本利得和长期资本增值。基金管理人拟定投资组合,将资金投放到一个或几个国家,甚至是全球的股票市场,以达到分散投资、降低风险的目的。

投资者之所以钟爱股票基金,原因在于可以有不同的风险类型供选择,而且可以克服股票市场普遍存在的区域性投资限制的弱点。此外,还具有变现性强、流动性强等优点。由于聚集了巨额资金,几只甚至一只基金就可以引发股市动荡,所以各国政府对股票基金的监管都十分严格,不同程度地规定了基金购买某一家上市公司的股票总额不得超过基金资产净值的一定比例,防止基金过度投机和操纵股市。

（3）货币市场基金

货币市场基金是以货币市场工具为投资对象的一种基金。货币市场基金通常被认为是无风险或低风险的投资。其投资对象一般期限在一年内,包括银行短期存款、国库券、公司债券、银行承兑票据及商业票据等。通常,货币基金的收益会随着市场利率的下跌而降低,与债券基金正好相反。

（4）混合型基金

混合基金主要从资产配置的角度看,股票、债券和货币的投资比例没有固定的范围。

（六）主动型基金与被动型基金

按投资理念分类,可分为主动型基金、被动型基金。

（1）主动型基金

一般主动型基金以寻求取得超越市场的业绩表现为目标。其基金管理者一般认为证券市场是无效的,存在着许多错误定价的股票,因此力求取得超越市场收益的机会。

（2）被动型基金（指数型基金）

一般被动型基金选取特定的指数成份股作为投资的对象,不主动寻求超越市场的表现,而是试图复制指数的表现。其投资管理者认为,市场是有效的,投资者不可能超越市场。

（七）国内基金、国际基金、离岸基金、海外基金

按资本来源和流向分类,可分为国内基金、国际基金、离岸基金、海外基金。

（1）国内基金

它是基金资本来源于国内并投资于国内金融市场的投资基金。一般而言,国内基金在一国基金市场上应占主导地位。

（2）国际基金

它是基金资本来源于国内但投资于境外金融市场的投资基金。由于各国经济和金融市场发展的不平衡性，因而在不同国家会有不同的投资回报，通过国际基金的跨国投资，可以为本国资本带来更多的投资机会以及在更大范围内分散投资风险，但国际基金的投资成本和费用一般也较高。国际基金有国际股票基金、国际债券基金和全球商品基金等种类。

（3）离岸基金

它是基金资本从国外筹集并投资于国外金融市场的基金。离岸基金的特点是两头在外。离岸基金的资产注册登记不在母国，为了吸引全球投资者的资金，离岸基金一般都在素有"避税天堂"之称的地方注册，如卢森堡、开曼群岛、百慕大等，因为这些国家和地区对个人投资的资本利得、利息和股息收入都不收税。

（4）海外基金

它是基金资本从国外筹集并投资于国内金融市场的基金。利用海外基金通过发行受益凭证，把筹集到的资金交由指定的投资机构集中投资于特定国家的股票和债券，把所得收益作为再投资或作为红利分配给投资者，它所发行的受益凭证则在国际著名的证券市场挂牌上市。海外基金已成为发展中国家利用外资的一种较为理想的形式，一些资本市场没有对外开放或实行严格外汇管制的国家可以利用海外基金，用于本国的经济建设。

（八）其他特殊类型

（1）指数基金（被动型基金）

指数基金是20世纪70年代以来出现的新的基金品种。为了使投资者能获取与市场平均收益相接近的投资回报，产生了一种功能上近似或等于所编制的某种证券市场价格指数的基金。其特点是：它的投资组合等同于市场价格指数的权数比例，收益随着当期的价格指数上下波动。当价格指数上升时基金收益增加，反之收益减少。基金因始终保持当期的市场平均收益水平，因而收益不会太高，也不会太低。指数基金的优势是：第一，费用低廉，指数基金的管理费较低，尤其交易费用较低。第二，风险较小。由于指数基金的投资非常分散，可以完全消除投资组合的非系统风险，而且可以避免由于基金持股集中带来的流动性风险。第三，以机构投资者为主的市场中，指数基金可获得市场平均收益率，可以为股票投资者提供更好的投资回报。第四,指数基金可以作为避险套利的工具。对于投资者,尤其是机构投资者来说,指数基金是他们避险套利的重要工具。指数基金由于其收益率的稳定性和投资的分散性,特别适用于社保基金等数额较大,风险承受能力较低的资金投资。

（2）ETF(交易型开放式指数基金)

交易型开放式指数基金属于开放式基金的一种特殊类型,它综合了封闭式基金和开放式基金的优点,投资者既可以向基金管理公司申购或赎回基金份额,同时,又可以像封闭式基金一样在证券市场上按市场价格买卖 ETF 份额,不过,申购赎回必须以一揽子股票换取基金份额或者以基金份额换回一揽子股票。由于同时存在证券市场交易和申购赎回机制,投资者可以在 ETF 市场价格与基金单位净值之间存在差价时进行套利交易。套利机制的存在,使得 ETF 避免了封闭式基金普遍存在的折价问题。

（3）LOF(上市开放式基金)

LOF,英文全称是"Listed Open-Ended Fund",汉语称为"上市型开放式基金",也就是上市型开放式基金发行结束后,投资者既可以在指定网点申购与赎回基金份额,也可以在交易所买卖该基金。不过投资者如果是在指定网点申购的基金份额,想要上网抛出,须办理一定的转托管手续;同样,如果是在交易所网上买进的基金份额,想要在指定网点赎回,也要办理一定的转托管手续。根据深圳证券交易所已经开通的基金场内申购赎回业务,在场内认购的 LOF 不需办理转托管手续,可直接抛出。

（4）QDII 基金

QDII(国内机构投资者赴海外投资资格认定制度 qualified domestic institutional investors, QDII)制度由香港政府部门最早提出,与 CDR(预托证券)、QFII(国外机构投资者到内地投资资格认定制度,即 qualified foreign institutional investors)是在外汇管制下内地资本市场对外开放的权宜之计一样,QDII 基金可容许在资本项目未完全开放的情况下,国内投资者往海外资本市场进行投资。

（5）黄金基金

黄金基金是指以黄金或者其他贵金属及其相关产业的证券为主要投资对象的基金。其收益率一般随贵金属的价格波动而变化。

（6）衍生证券基金

衍生证券基金是指以衍生证券为投资对象的证券投资基金,主要包括:期货基金,期权基金和认购权证基金。由于衍生证券一般是高风险的投资品种,因此,投资这种基金的风险较大,但预期的收益水平比较高。

三、证券投资基金的功能

证券投资基金自产生至今已有上百年的历史,并在世界各国广泛应用。其功能主要体现在以下几个方面:

1. 通过组合投资分散投资风险

组合投资是证券投资基金的运作方式,通过组合投资可以使各种投资的风险和收益相互配合,分散和降低投资风险,提高投资收益。同时,基金管理人在组合投资方面如果业绩良好,不仅将给基金投资人带来满意的收益,也会为其代客理财业务的发展带来良好的市场支持

2. 促进机构投资者的发展

证券投资基金通过集中众多分散投资交由专业基金管理人投资操作,在一定程度上也推动了机构投资者的发展。证券投资基金是机构投资者中的重要组成部分,通过合规操作、合理投资,可以克服中小投资者盲目和短视的投资倾向,防止证券市场过度投机,维持证券价格的相对稳定,从而保护投资者的利益。

3. 实现资本市场资源有效配置

证券投资基金是证券市场资金的重要供给者。证券投资基金通过代客理财、专家经营,可以吸引缺乏投资知识和投资经验的投资者以及那些有投资愿望但缺少投资机会的投资者,将来自社会方方面面的资金有效集中起来投入证券市场,增加证券市场的资金供给,从而有力推进证券市场的发展和实现资本市场资源的有效配置。

4. 推动金融市场创新

证券投资基金作为投资股票、债券及其他金融产品的工具,本身就是一种金融创新。同时,证券投资基金也带动了商业银行等金融机构的金融管理体制、业务运作、金融产品等各方面的金融创新活动。在此过程中,商业银行的业务已经

突破了吸收存款、发放贷款等传统的负债与资产业务的范围,通过担任基金托管人获得托管收入,担任基金管理人获得管理收入,代为销售基金证券获得代理收入,拓宽了盈利来源,并带来了金融组织结构、金融市场结构、金融产品结构的大幅度调整。

四、我国证券投资基金法概述

证券投资基金法是调整证券投资基金关系的法律规范的总称。我国现行的《中华人民共和国证券投资基金法》于 2003 年 10 月 28 日第十届全国人民代表大会常务委员会第五次会议通过,2004 年 6 月 1 日开始实施,其后,《证券投资基金信息披露管理办法》(2004 年 6 月 8 日发布)、《证券投资者保护基金管理办法》(2005 年 6 月 30 日)、《证券投资基金评价业务管理暂行办法》(2009 年 11 月 6 日发布)、《证券投资基金管理公司管理办法》(2004 年 9 月 16 日发布、2012 年 9 月 20 日修订)、《证券投资基金销售管理办法》(2004 年 6 月 25 日发布、2013 年 3 月 15 日第二次修订)、《证券投资基金托管业务管理办法》(2013 年 4 月发布)、《公开募集证券投资基金风险准备金监督管理暂行办法》(2013 年 9 月 24 日发布)、《公开募集证券投资基金运作管理办法》(2014 年 7 月 7 日发布)等与之配套的一系列行政法规、规章都相继颁布,起到了辅助规范作用。

但是,随着经济和金融体制改革的不断深化和社会主义市场经济不断发展,我国财富管理行业和资本市场发生了很大的变化,基金业的发展实践中新的情况和问题不断出现,迫切需要法律制度与时俱进地作出调整,填补存在的制度空白和缺陷。于是,我国的《证券投资基金法》经 2012 年 12 月 28 日第十一届全国人民代表大会常务委员会第三十次会议、2015 年 4 月 24 日第十二届全国人民代表大会常务委员会第十四次会议两次修订后重新发布实施,该法全文分为 15 章,共 154 条,现行法律即为此修订版。

从宏观角度来看,我国证券投资基金经过十几年突飞猛进的发展历程,管理规模不断扩大,已经积累了一定的集合资产管理经验,基金品种也在不断丰富和完善,与此同时,证券投资基金除股票市场之外,已经涉足债券市场,货币市场等其他领域。中国证券市场经过几年的调整,市场进入了机构投资者时代,以基金为主的机构投资者已经成为市场的新生代力量,其管理能力和经验的沉淀和积累、管理资产的市场份额比重增大,以及其投资文化在市场中显示的"示范效应",使得证券投资基金已经在中国的资本市场上基本确立了"市场中坚力量"的地位,数量可观,规模庞大。据中国证券投资基金业协会统计,截至 2017 年12 月底,我国境内共有基金管理公司 113 家,其中中外合资公司 45 家,内资公司68 家;取得公募基金管理资格的证券公司或证券公司资管子公司共 12 家,保险资管公司 2 家。以上机构管理的公募基金资产合计 11.6 万亿元。截至 2017 年底,中国证券投资基金业协会已登记私募基金管理人 22 446 家,同比增长28.76%;已备案私募基金 66 418 只,同比增长 42.82%;管理基金规模 11.10 万亿元,同比增长 40.68%。基金业正以前所未有的态势飞速发展。

《证券投资基金法》的颁布、实施,特别是将私募基金纳入法律调整范围的后期修订,是中国基金业和资本市场发展历史上的一个重要的里程碑,标志着我国基金业进入了一个崭新的发展阶段,而且,我国仍然在不断继续完善相应的法律法规,以期对中国基金业以及资本市场和金融业的健康发展产生重要的促进作用。为了促进证券公司和证券投资基金管理公司加强内部合规管理,实现持续规范发展,2017 年 6 月 6 日,中国证监会又发布了《证券公司和证券投资基金管理公司合规管理办法》,自 2017 年 10 月 1 日起施行。我国证券投资基金方面的法律法规和配套规章正在不断完善。

第二节　证券投资基金法律关系主体

一、基金管理人和基金托管人

证券投资基金法律关系的主体又称为基金当事人,是证券投资基金法律关系的参加者、权利义务的享有者与承担者。证券投资基金法律关系主体包括三方当事人:基金管理人、基金托管人、基金份额持有人(投资人)。我国《证券投资基金法》对基金当事人的确立及其权利义务的界定,是该法非常重要的内容。

(一) 基金管理人

基金管理人即基金管理公司,是指依照公司法和证券投资基金法的规定设立的,从事证券投资基金管理业务的公司或合伙企业。基金管理人在证券投资基金法律关系中处于核心地位。基金投资者的投资利益能否得到有效保护,能否实现预期的投资收益,直接取决于基金管理人的经营管理水平和职业道德素质。

我国《证券投资基金法》第二章主要对公募基金管理人及人员作出了管理规定,对非公开募集基金的基金管理人进行规范的具体办法,由国务院金融监督管理机构依照《证券投资基金法》第二章规定的原则制定。

1. 设立基金管理公司的条件

根据我国《证券投资基金法》的规定,设立管理公开募集基金的基金管理公司,应当具备下列条件,并经国务院证券监督管理机构批准:①有符合《证券投资基金法》和《公司法》规定的章程;②注册资本不低于1亿元人民币,且必须为实缴货币资本;③主要股东具有从事证券经营、证券投资咨询、信托资产管理或者其他金融资产管理的较好的经营业绩和良好的社会信誉,资产规模达到国务院规定的标准最近3年没有违法记录;④取得基金从业资格的人员达到法定人数;⑤董事、监事、高级管理人员具备相应的任职条件;⑥有符合要求的营业场所、安全防范设施和与基金管理业务有关的其他设施;⑦有良好的内部治理结构、完善的内部稽核监控制度和风险控制制度;⑧法律、行政法规规定的和经国务院批准的国务院证券监督管理机构规定的其他条件。

2. 公募基金管理人的职责

我国《证券投资基金法》规定,基金管理人应当履行下列职责:

(1)依法募集基金,办理基金份额的发售和登记事宜;

(2)办理基金备案手续;

(3)对所管理的不同基金财产分别管理、分别记账,进行证券投资;

(4)按照基金合同的约定确定基金收益分配方案,及时向基金份额持有人分配收益;

(5)进行基金会计核算并编制基金财务会计报告;

(6)编制中期和年度基金报告;

(7)计算并公告基金资产净值,确定基金份额申购、赎回价格;

(8)办理与基金财产管理、业务活动有关的信息披露事项;

（9）按照规定召集基金份额持有人大会；

（10）保存基金财产管理业务活动的记录、账册、报表和其他相关资料；

（11）以基金管理人名义，代表基金份额持有人利益行使诉讼权利或者实施其他法律行为；

（12）国务院证券监督管理机构规定的其他职责。

基金管理人的上述职责在发生以下情形时将终止：其一，被依法取消基金管理资格；其二，被基金份额持有人大会解任；其三，依法解散、被依法撤销或者被依法宣告破产；其四，基金合同约定的其他情形。

当发生基金管理人职责终止情形时，基金份额持有人大会应当在6个月内选任新基金管理人，在此之前，由国务院证券监督管理机构指定临时基金管理人。发生基金管理人职责终止情形时，基金管理人还应当妥善保管基金管理业务资料，及时办理基金管理业务的移交手续，同时应当按照规定聘请会计师事务所对基金财产进行审计，并将审计结果予以公告，报国务院证券监督管理机构备案。

3. 处罚措施

公募基金管理人违法违规，或其内部治理结构、稽核监控和风险控制管理不符合规定的，证监会应责令其限期改正；逾期未改正或其行为严重危及该基金管理人的稳健运行、损害基金份额持有人合法权益的，可区别情形对其采取下列措施：

（1）限制业务活动，责令暂停部分或全部业务；

（2）限制分配红利，限制向董事、监事、高级管理人员支付报酬、提供福利；

（3）限制转让固有财产或在固有财产上设定其他权利；

（4）责令更换董事、监事、高级管理人员或限制其权利；

（5）责令有关股东转让股权或限制有关股东行使股东权利。

公募基金管理人违法经营或出现重大风险，严重危害证券市场秩序、损害基金份额持有人利益的，证监会可对该基金管理人采取责令停业整顿、指定其他机构托管、接管、取消基金管理资格或撤销等监管措施。

（二）对公募基金的基金管理人及其高管人员、从业人员等的规定

1. 公募基金的基金管理人及其董事、监事、高级管理人员和其他从业人员不得有下列行为：

（1）将其固有财产或他人财产混同于基金财产从事证券投资；

（2）不公平地对待其管理的不同基金财产；

（3）利用基金财产或职务之便为基金份额持有人以外的人牟取利益；

（4）向基金份额持有人违规承诺收益或承担损失；

（5）侵占、挪用基金财产；

（6）泄露因职务便利获取的未公开信息、利用该信息从事或明示、暗示他人从事相关的交易活动；

（7）玩忽职守，不按照规定履行职责；

（8）法律、行政法规和证监会规定禁止的其他行为。

2. 下列人员不得担任基金管理人的基金从业人员：

（1）因犯有贪污贿赂、渎职、侵犯财产罪或者破坏社会主义市场经济秩序罪，被判处刑罚的；

（2）对所任职的公司、企业因经营不善破产清算或者因违法被吊销营业执照负有个人责任的董事、监事、厂长、经理及其他高级管理人员，自该公司、企业破产清算终结或者被吊销营业执照之日起未逾五年的；

（3）个人所负债务数额较大，到期未清偿的；

（4）因违法行为被开除的基金管理人、基金托管人、证券交易所、证券公司、证券登记结算机构、期货交易所、期货经纪公司及其他机构的从业人员和国家机关工作人员；

（5）因违法行为被吊销执业证书或者被取消资格的律师、注册会计师和资产评估机构、验证机构的从业人员、投资咨询从业人员；

（6）法律、行政法规规定不得从事基金业务的其他人员。

3. 公募基金管理人的股东、董事、监事和高级管理人员应做到：

（1）在行使权利或者履行职责时，应遵循基金份额持有人利益优先的原则。

（2）其本人、配偶、利害关系人进行证券投资，应事先向基金管理人申报，并不得与基金份额持有人发生利益冲突。

（3）不得担任基金托管人或其他基金管理人的任何职务，不得从事损害基金财产和基金份额持有人利益的证券交易及其他活动。

4. 处罚措施

公开募集基金的基金管理人的董事、监事、高级管理人员未能勤勉尽责，致使基金管理人存在重大违法违规行为或重大风险的,证监会可以责令更换。在公募基金的基金管理人被责令停业整顿、被依法指定托管、接管或清算期间,或出现重大风险时,经证监会批准,可对该基金管理人直接负责的董事、监事、高级管理人员和其他直接责任人员采取下列措施:

（1）通知出境管理机关依法阻止其出境;

（2）申请司法机关禁止其转移、转让或以其他方式处分财产,或在财产上设定其他权利。

（三）对公开募集基金的基金管理人的股东、实际控制人的管理规定

1）股东、实际控制人应按国务院证券监督管理机构的规定及时履行重大事项报告义务,并不得有下列行为:

（1）虚假出资或抽逃出资;

（2）未依法经股东会或董事会决议擅自干预基金管理人的基金经营活动;

（3）要求基金管理人利用基金财产为自己或他人牟取利益,损害基金份额持有人利益;

（4）证监会规定禁止的其他行为。

2）股东、实际控制人有前述行为或股东不再符合法定条件的,证监会应责令其限期改正,并可视情节责令其转让所持有或控制的基金管理人的股权。在股东、实际控制人按要求改正违法行为、转让所持有或控制的基金管理人的股权前,证监会可限制有关股东行使股东权利。

（四）基金托管人

1. **基金托管人的概念**

为充分保障基金投资者的权益,防止基金信托财产被挪作他用,各国法律一般都规定要设立基金托管机构,即通过基金托管人来对基金管理人的投资操作进行监督并对基金资产进行保管。

基金托管人,是指负责保管和根据基金管理公司的指示实际运用基金资产的机构。基金托管人是为保护投资者的利益和保障基金财产的安全而设立的,是证券投资基金法律关系中必不可少的重要主体。在我国,基金托管人由依法设立并取得基金托管资格的商业银行或者其他金融机构担任。商业银行担任基金托管人的,由国务院证券监督管理机构会同国务院银行业监督管理机构核准;其他金融机构担任基金托管人的,由国务院证券监督管理机构核准。

基金托管人应当与基金管理人签订托管协议。在托管协议规定的范围内履行自己的职责并收取一定的报酬。

2. 基金托管人的资格

由于基金托管的专业性,我国《证券投资基金法》明确规定,申请取得基金托管资格,应当具备下列条件,并经国务院证券监督管理机构和国务院银行业监督管理机构核准:①净资产和资本充足率符合有关规定;②设有专门的基金托管部门;③取得基金从业资格的专职人员达到法定人数;④有安全保管基金财产的条件;⑤有安全高效的清算、交割系统;⑥有符合要求的营业场所、安全防范设施和与基金托管业务有关的其他设施;⑦有完善的内部稽核监控制度和风险控制制度;⑧法律、行政法规规定的和经国务院批准的国务院证券监督管理机构、国务院银行业监督管理机构规定的其他条件。

3. 基金托管人的职责

基金托管人是为了防止基金管理人滥用职权,损害基金投资人的利益而设置的专门机构。首先,基金托管人通过控制基金资产的占有权、保管权,使基金管理人不能滥用基金资产。其次,基金托管人通过监督基金管理人是否违反法律、法规、基金合同,或者是否实施有损于基金投资人利益的行为,以保护基金投资人的利益。

基金托管人的权利主要有:①获取报酬权。基金托管人有权依照基金合同和托管协议的约定要求支付保管基金资产的报酬。②监督权。基金托管人有权监督基金管理人的投资运作,有权拒绝基金管理人违法、违规的投资指令,有权复核、审查基金管理人计算的基金资产净值及基金价格。

基金托管人的职责主要有:①安全保管基金财产;②按照规定开设基金财产的资金账户和证券账户;③对所托管的不同基金财产分别设置账户,确保基金财产的完整与独立;④保存基金托管业务活动的记录、账册、报表和其他相关资料;⑤按照基金合同的约定,根据基金管理人的投资指令,及时办理清算、交割事宜;⑥办理与基金托管业务活动有关的信息披露事项;⑦对基金财务会计报告、中期和年度基金报告出具意见;⑧复核、审查基金管理人计算的基金资产净值和基金份额申购、赎回价格;⑨按照规定召集基金份额持有人大会;⑩按照规定监督基金管理人的投资运作;⑪证监会规定的其他职责。

基金托管人发现基金管理人的投资指令违反法律、行政法规和其他有关规定,或违反基金合同约定的,应当拒绝执行,立即通知基金管理人,并及时向证监会报告。基金托管人发现基金管理人依据交易程序已经生效的投资指令违反法律、行政法规和其他有关规定,或违反基金合同约定的,应当立即通知基金管理人,并及时向证监会报告。

4. 基金托管人的作用

基金托管人在基金的运作中具有非常重要的作用,关键是有利于保障基金资产的安全,保护基金持有人的利益,具体体现在:

(1)基金托管人的介入,使基金资产的所有权、使用权与保管权分离,基金托管人、基金管理人和基金持有人之间形成一种相互制约的关系,从而防止基金财产挪作他用,有效保障资产安全。

(2)通过基金托管人对基金管理人的投资运作包括投资目标、投资范围、投资限制等进行监督,可以及时发现基金管理人是否按照有关法规要求运作。托管人对于基金管理人违法、违规行为,可以及时向监督管理部门报告。

(3)通过托管人的会计核算和估值,可以及时掌握基金资产的状况,避免"黑箱"操作给基金资产带来的风险。

5. 违法处理

1)基金托管人不再具备《证券投资基金法》规定的条件,或未能勤勉尽责,在履行规定的职责时存在重大失误的,中国证监会、银监会应责令其改正;逾期未改正,或其行为严重影响所托管基金的稳健运行、损害基金份额持有人利益的,可区别情形对其采取下列措施:

(1)限制业务活动,责令暂停办理新的基金托管业务;

(2)责令更换负有责任的专门基金托管部门的高级管理人员。

基金托管人整改后,应向证监会、银监会提交报告;经验收,符合有关要求的,应自验收完毕之日起 3 日内解除对其采取的有关措施。

2)中国证监会、银监会对有下列情形之一的基金托管人,可取消其托管资格:

（1）连续3年没有开展基金托管业务的；

（2）违反本法规定,情节严重的；

（3）法律、行政法规规定的其他情形。

3）基金托管人有下列情形之一的,其职责终止：

（1）被依法取消基金托管资格；

（2）被基金份额持有人大会解任；

（3）依法解散、被依法撤销或被依法宣告破产；

（4）基金合同约定的其他情形。

基金托管人职责终止的,基金份额持有人大会应在6个月内选任新基金托管人；新基金托管人产生前,由证监会指定临时基金托管人。基金托管人职责终止的,应妥善保管基金财产和基金托管业务资料,及时办理基金财产和基金托管业务的移交手续,新基金托管人或临时基金托管人应及时接收。并且,应按规定聘请会计师事务所对基金财产进行审计,并将审计结果予以公告,同时报国务院证券监督管理机构备案。

《证券投资基金法》关于公募基金管理人高管人员和其他从业人员的规定,同样适用于基金托管人的专门基金托管部门的高级管理人员和其他从业人员。

二、基金份额持有人

基金份额持有人是指依基金合同和招募说明书持有基金份额的自然人和法人,也就是基金的投资人。他们是基金资产的实际所有者,享有基金信息的知情权、表决权和收益权。基金的一切投资活动都是为了增加投资者的收益,一切风险管理都是围绕保护投资者利益来考虑的。因此,基金份额持有人是基金一切活动的中心。基金份额持有人往往通过持有人大会行使其权利。充分保护基金投资者的合法权益是我国基金立法关注的问题。

（一）基金份额持有人的基本权利

（1）分享基金财产收益；

（2）参与分配清算后的剩余基金财产；

（3）依法转让或者申请赎回其持有的基金份额；

（4）按照规定要求召开基金份额持有人大会或者召集基金份额持有人大会；

（5）对基金份额持有人大会审议事项行使表决权；

（6）对基金管理人、基金托管人、基金服务机构损害其合法权益的行为依法提起诉讼；

（7）基金合同约定的其他权利。

（二）基金份额持有人的基本义务

基金份额持有人必须承担以下义务：

（1）遵守基金契约；

（2）缴纳基金认购款项及规定费用；

（3）承担基金亏损或终止的有限责任；

（4）不从事任何有损基金及其他基金投资人合法权益的活动；

（5）法律、法规及基金契约规定的其他义务。

（三）基金份额持有人大会的基本职权

基金份额持有人大会由全体基金份额持有人组成，行使下列职权：

（1）决定基金扩募或者延长基金合同期限；

（2）决定修改基金合同的重要内容或者提前终止基金合同；

（3）决定更换基金管理人、基金托管人；

（4）决定调整基金管理人、基金托管人的报酬标准；

（5）基金合同约定的其他职权。

按照基金合同约定，基金份额持有人大会可以设立日常机构，行使下列职权：

（1）召集基金份额持有人大会；

（2）提请更换基金管理人、基金托管人；

（3）监督基金管理人的投资运作、基金托管人的托管活动；

（4）提请调整基金管理人、基金托管人的报酬标准；

（5）基金合同约定的其他职权。

（四）公募基金的基金份额持有人大会的特别规定

我国《证券投资基金法》第九章对公募基金的基金份额持有人大会专章作

了特别规定。

1. 召集

基金份额持有人大会由基金管理人召集。基金份额持有人大会设立日常机构的,由该日常机构召集;该日常机构未召集的,由基金管理人召集。基金管理人未按规定召集或者不能召开的,由基金托管人召集。

代表基金份额百分之十以上的基金份额持有人就同一事项要求召开基金份额持有人大会,而基金份额持有人大会的日常机构、基金管理人、基金托管人都不召集的,代表基金份额百分之十以上的基金份额持有人有权自行召集,并报国务院证券监督管理机构备案。

2. 召开

召集人应当至少提前三十日公告基金份额持有人大会的召开时间、会议形式、审议事项、议事程序和表决方式等事项。基金份额持有人大会不得就未经公告的事项进行表决。基金份额持有人大会可以采取现场方式召开,也可以采取通讯等方式召开。

基金份额持有人大会应当有代表二分之一以上基金份额的持有人参加,方可召开。参加基金份额持有人大会的持有人的基金份额低于该规定比例的,召集人可以在原公告的基金份额持有人大会召开时间的三个月以后、六个月以内,就原定审议事项重新召集基金份额持有人大会。重新召集的基金份额持有人大会应当有代表三分之一以上基金份额的持有人参加,方可召开。

3. 表决

每一基金份额具有一票表决权,基金份额持有人可以委托代理人出席基金份额持有人大会并行使表决权。

基金份额持有人大会就审议事项作出决定,应当经参加大会的基金份额持有人所持表决权的二分之一以上通过;但是,转换基金的运作方式、更换基金管理人或者基金托管人、提前终止基金合同、与其他基金合并,应当经参加大会的基金份额持有人所持表决权的三分之二以上通过。

基金份额持有人大会决定的事项,应当依法报国务院证券监督管理机构备案,并予以公告。

第三节　公募基金的法律规定

一、公募基金的募集

公募基金是受政府主管部门监管的,向不特定投资者公开发行受益凭证的证券投资基金,我国《证券投资基金法》规定,公募基金包括向不特定对象募集资金、向特定对象募集资金累计超过二百人,以及法律、行政法规规定的其他情形。

(一) 注册

基金管理人公开募集基金,首先应当经国务院证券监督管理机构注册。未经注册,不得公开或者变相公开募集基金。

注册公开募集基金,由拟任基金管理人向国务院证券监督管理机构提交下列文件:

基金管理人募集基金,应当向国务院证券监督管理机构提交下列文件,并经国务院证券监督管理机构核准:①申请报告;②基金合同草案;③基金托管协议草案;④招募说明书草案;⑤律师事务所出具的法律意见书;⑥国务院证券监督管理机构规定提交的其他文件。

国务院证券监督管理机构应当自受理基金募集注册申请之日起 6 个月内依照法律、行政法规及国务院证券监督管理机构的规定进行审查,作出注册或者不予注册的决定,并通知申请人;不予注册的,应当说明理由。

(二) 基金份额的发售

基金募集申请经核准后,方可发售基金份额。基金份额的发售,由基金管理人或者其委托的基金销售机构办理。基金管理人应当在基金份额发售的 3 日前公布招募说明书、基金合同及其他有关文件。基金招募说明书应当包括下列内容:①基金募集申请的核准文件名称和核准日期;②基金管理人、基金托管人的基本情况;③基金合同和基金托管协议的内容摘要;④基金份额的发售日期、价格、费用和期限;⑤基金份额的发售方式、发售机构及登记机构名称;⑥出具法律意见书的律师事务所和审计基金财产的会计师事务所的名称和住所;⑦基金管理人、基金托管人报酬及其他有关费用的提取、支付方式与比例;⑧风险警示内容;⑨国务院证券监督管理机构规定的其他内容。

基金管理人应当自收到核准文件之日起 6 个月内进行基金募集。超过 6 个月开始募集,原核准的事项未发生实质性变化的,应当报国务院证券监督管理机构备案;发生实质性变化的,应当向国务院证券监督管理机构重新提交申请。基金募集不得超过国务院证券监督管理机构核准的基金募集期限,基金募集期限自基金份额发售之日起计算。

二、公募基金份额的交易、申购与赎回

1. 上市条件

申请基金份额上市交易,基金管理人应当向证券交易所提出申请,证券交易所依法审核同意的,双方应当签订上市协议。

基金份额上市交易,应当符合下列条件:①基金的募集符合法律规定;②基金合同期限为 5 年以上;③基金募集金额不低于 2 亿元人民币;④基金份额持有人不少于 1 000 人;⑤基金份额上市交易规则规定的其他条件。

2. 终止情形

基金份额上市交易后,有下列情形之一的,由证券交易所终止其上市交易,并报国务院证券监督管理机构备案:①不再具备法律规定的基金上市交易条件;②基金合同期限届满;③基金份额持有人大会决定提前终止上市交易;④基金合同约定的或者基金份额上市交易规则规定的终止上市交易的其他情形。

3. 基金份额的申购与赎回

开放式基金的基金份额的申购、赎回、登记,由基金管理人或者其委托的基金服务机构办理。基金管理人应当在每个工作日办理基金份额的申购、赎回业务;基金合同另有约定的,按照其约定。开放式基金应当保持足够的现金或者政府债券,以备支付基金份额持有人的赎回款项。基金财产中应当保持的现金或者政府债券的具体比例,由国务院证券监督管理机构规定。

基金份额的申购、赎回价格,依据申购、赎回日基金份额净值加、减有关费用计算。因基金份额净值计价错误造成基金份额持有人损失的,基金份额持有人

有权要求基金管理人、基金托管人予以赔偿。

三、公募基金的运作与信息披露

（一）公募基金的投资

1. 投资方式

基金管理人运用基金财产进行证券投资，除国务院证券监督管理机构另有规定外，应当采用资产组合的方式。

资产组合的具体方式和投资比例，依照本法和国务院证券监督管理机构的规定在基金合同中约定。

2. 投资方向及禁止

我国现行基金法规定的基金是证券投资基金，基金财产只能用于证券投资，即基金财产应当用于下列投资：①上市交易的股票、债券；②国务院证券监督管理机构规定的其他证券品种。

《证券投资基金法》第73条明确规定基金财产不得用于下列投资或者活动：①承销证券；②违反规定向他人贷款或者提供担保；③从事承担无限责任的投资；④买卖其他基金份额，但是国务院证券监督管理机构另有规定的除外；⑤向基金管理人、基金托管人出资；⑥从事内幕交易、操纵证券交易价格及其他不正当的证券交易活动；⑦法律、行政法规和国务院证券监督管理机构规定禁止的其他活动。

运用基金财产买卖基金管理人、基金托管人及其控股股东、实际控制人或者与其有其他重大利害关系的公司发行的证券或承销期内承销的证券，或者从事其他重大关联交易的，应当遵循基金份额持有人利益优先的原则，防范利益冲突，符合国务院证券监督管理机构的规定，并履行信息披露义务。

（二）基金的信息披露

基金信息披露义务人包括基金管理人、基金托管人和其他基金信息披露义务人，他们应当依法披露基金信息，并保证所披露信息的真实性、准确性和完整性，基金信息披露义务人应当确保应予披露的基金信息在国务院证券监督管理机构规定时间内披露，并保证投资人能够按照基金合同约定的时间和方式查阅或者复制公开披露的信息资料。

应当公开披露的基金信息包括：①基金招募说明书、基金合同、基金托管协议;②基金募集情况;③基金份额上市交易公告书;④基金资产净值、基金份额净值;⑤基金份额申购、赎回价格;⑥基金财产的资产组合季度报告、财务会计报告及中期和年度基金报告;⑦临时报告;⑧基金份额持有人大会决议;⑨基金管理人、基金托管人的专门基金托管部门的重大人事变动;⑩涉及基金财产、基金管理业务、基金托管业务的诉讼或者仲裁;⑪国务院证券监督管理机构规定应予披露的其他信息。

公开披露基金信息,不得有下列行为:①虚假记载、误导性陈述或者重大遗漏;②对证券投资业绩进行预测;③违规承诺收益或者承担损失;④诋毁其他基金管理人、基金托管人或者基金份额发售机构;⑤依照法律、行政法规和国务院证券监督管理机构规定禁止的其他行为。

四、公募基金的基金合同与基金财产清算

(一) 公募基金的基金合同

基金合同是指基金管理人和基金托管人为设立投资基金而订立的用以明确基金当事人各方权利和义务关系的书面文件,投资者缴纳基金份额认购款项时,即表明其对基金合同的承认和接受。基金合同是规范基金当事人权利义务的基本法律文件,具有重要的法律意义。

1. 基金合同的主要内容

根据我国《证券投资基金法》第 52 条,基金合同应当包括下列内容:①募集基金的目的和基金名称;②基金管理人、基金托管人的名称和住所;③基金运作方式;④封闭式基金的基金份额总额和基金合同期限,或者开放式基金的最低募集份额总额;⑤确定基金份额发售日期、价格和费用的原则;⑥基金份额持有人、基金管理人和基金托管人的权利、义务;⑦基金份额持有人大会召集、议事及表决的程序和规则;⑧基金份额发售、交易、申购、赎回的程序、时间、地点、费用计算方式,以及给付赎回款项的时间和方式;⑨基金收益分配原则、执行方式;⑩基金管理人、基金托管人报酬的提取、支付方式与比例;⑪与基金财产管理、运用有关的其他费用的提取、支付方式;⑫基金财产的投资方向和投资限制;⑬基金资产净值的计算方法和公告方式;⑭基金募集未达到法定要求的处理方式;⑮基金合同解除和终止的事由、程序以及基金财产清算方式;⑯争议解决方式;⑰当事

人约定的其他事项。

2. 基金合同的成立与生效

（1）基金合同的成立

基金合同是格式合同，其条款由基金管理人、基金托管人单方面拟订，而非与基金份额投资人协商订立。根据我国合同法，当事人订立合同，采取要约、承诺方式。要约是希望和他人订立合同的意思表示，承诺是受要约人同意要约的意思表示，承诺生效时合同成立。就基金合同而言，投资人缴纳认购的基金份额的款项可视为其对基金合同的承诺，此时基金合同成立。

（2）基金合同的生效

根据合同法，依法成立的合同，自成立时生效。法律、行政法规规定应当办理批准、登记等手续生效的，依照其规定。就基金合同而言，合同成立时尚不能立即生效，而必须满足一定的条件和程序才能生效。

根据《证券投资基金法》规定，基金募集期限届满，封闭式基金募集的基金份额总额达到准予注册规模的百分之八十以上，开放式基金募集的基金份额总额超过准予注册的最低募集份额总额，并且基金份额持有人人数符合国务院证券监督管理机构规定的，基金管理人应当自募集期限届满之日起十日内聘请法定验资机构验资，自收到验资报告之日起十日内，向国务院证券监督管理机构提交验资报告，办理基金备案手续，并予以公告。由此可见，基金管理人依法向国务院证券监督管理机构办理基金备案手续时，基金合同才生效。

3. 基金合同的变更与终止

（1）基金合同的变更

基金合同生效后，按照基金合同的约定或者基金份额持有人大会的决议，可依法发生变更，包括转换基金运作方式或者与其他基金合并。

如变更内容为封闭式基金扩募或者延长基金合同期限，则必须符合基金运营业绩良好、基金管理人最近二年内没有因违法违规行为受到行政处罚或者刑事处罚、基金份额持有人大会决议通过等条件，并报国务院证券监督管理机构备案。

（2）基金合同的终止

有下列情形之一的，基金合同终止：基金合同期限届满而未延期的；基金份额持有人大会决定终止的；基金管理人、基金托管人职责终止，在六个月内没有新基金管理人、新基金托管人承接的;基金合同约定的其他情形。

例如,根据证监会的监管要求,开放式基金的基金合同通常会约定,如果基金份额持有人数量连续60个工作日达不到100人或基金资产净值低于5 000万元,则终止基金合同。

(二)公募基金的基金财产清算

基金合同终止时,基金管理人应当组织清算组对基金财产进行清算。清算组由基金管理人、基金托管人以及相关的中介服务机构组成。清算组作出的清算报告经会计师事务所审计,律师事务所出具法律意见书后,报国务院证券监督管理机构备案并公告。清算后的剩余基金财产,应当按照基金份额持有人所持份额比例进行分配。请看案例:

2011年11月1日,华安基金管理公司发布公告称,根据《华安国际配置基金基金合同》的约定,华安基金决定于华安国际配置基金第一个投资保本周期到期日终止本基金的基金合同。公告称,根据华安基金与雷曼兄弟国际(欧洲)公司签署的和解协议及上海市高级人民法院出具的[2008]沪高民四(商)初字第6号《民事调解书》,华安国际配置基金已于2011年10月27日收到雷曼兄弟国际(欧洲)公司支付的和解款项及利息合计4 724万美元。华安基金表示,该公司将自2011年11月2日起按照《华安国际配置基金基金合同》的约定进行清算和财产分配并履行到期保本承诺。据报道,华安国际配置基金此次"清盘"是公募基金历史上第一只真正意义上的"清盘"。

(案例来源:经济参考报.首只QDII谢幕公私募清盘潮来袭.[N].2011年11月4日第A15版—财智周刊.基金)

第四节 私募基金的法律规定

一、私募基金概述

(一)私募基金的概念

私募基金,与公募基金相对,是指通过非公开的方式向特定投资者、机构与个人募集资金,按投资方和管理方协商回报进行理财投资的基金。

私募基金不能进行公开的发售和宣传推广,投资金额要求高,投资者的资格和人数常常受到严格的限制。相对于公募基金,在运作上具有较大的灵活性,它既可以投资于衍生金融产品进行买空卖空交易,也可以进行汇率、商品期货投机交易等。私募基金的投资风险较高,主要以具有较强风险承受能力的高净值人群为目标客户。

(二) 私募基金的分类

根据不同的标准,私募基金有多种分类方法。在此,我们将仅以常用的投资对象进行划分。从国际经验来看,现行私募基金的投资对象是非常广泛的。以美、英两国为例,其私募基金的投资对象包括了股票、债券、期货、期权、认股权证、外汇、黄金白银、房地产、信息软件产业以及中小企业风险创业投资等,投资范围从货币市场到资本市场再到高科技市场、从现货市场到期货市场、从国内市场到国际市场的一切有投资机会的领域。根据上述对象可以将其分为三类:

1. 私募证券投资基金

顾名思义,这是以投资证券及其他金融衍生工具为主的基金,量子基金、老虎基金、美洲豹基金等对冲基金即为典型代表。这类基金基本上由管理人自行设计投资策略,发起设立为开放式私募基金,可以根据投资人的要求结合市场的发展态势适时调整投资组合和转换投资理念,投资者可按基金净值赎回。它的优点是可以根据投资人的要求量体裁衣,资金较为集中,投资管理过程简单,能够大量采用财务杠杆和各种形式进行投资,收益率比较高等。

据中国证券投资基金业协会统计,截止到 2017 年 12 月 31 日,私募证券投资基金的数量为 30 284 只,资产规模为 17 233.69 亿元,私募证券投资基金管理人已登记的有 8467 家。

2. 私募产业基金

该类基金以投资产业为主。由于基金管理者对某些特定行业如信息产业、新材料等有深入的了解和广泛的人脉关系,他可以有限合伙制形式发起设立产业类私募基金。管理人只是象征性支出少量资金,绝大部分由募集而来。管理人在获得较大投资收益的同时,亦需承担无限责任。这类基金一般有几年的封闭期,期满时一次性结算。

据中国证券投资基金业协会统计,截止到 2017 年 12 月 31 日,私募股权投资基金的数量为 21 826 只,资产规模 59 586.19 亿元。

3. 私募风险基金

它的投资对象主要是那些处于创业期、成长期的中小高科技企业权益,以分享它们高速成长带来的高收益。特点是投资回收周期长、高收益、高风险。

据中国证券投资基金业协会统计,截止到 2017 年 12 月 31 日,私募创业投资基金的数量为 4 372 只,资产规模达 5 607.97 亿元。

二、私募基金与公募基金的区别

(一)募集的对象不同

公募基金的募集对象是广大社会公众,即社会不特定的投资者。而私募基金募集的对象是少数特定的投资者,包括机构和个人。

(二)募集的方式不同

公募基金募集资金是通过公开发售的方式进行的,而私募基金则是通过非公开发售的方式募集,这是私募基金与公募基金最主要的区别。

(三)信息披露要求不同

公募基金对信息披露有非常严格的要求,其投资目标、投资组合等信息都要披露。而私募基金则对信息披露的要求很低,具有较强的保密性。

(四)投资限制不同

公募基金在在投资品种、投资比例、投资与基金类型的匹配上有严格的限制,而私募基金的投资限制完全由协议约定。

(五)业绩报酬不同

公募基金不提取业绩报酬,只收取管理费。而私募基金则收取业绩报酬,一般不收管理费。对公募基金来说,业绩仅仅是排名时的荣誉,而对私募基金来说,业绩则是报酬的基础。

三、《证券投资基金法》对私募基金的规范

(一)调整对象

修订后的《证券投资基金法》第二条规定:"在中华人民共和国境内,公开或

者非公开募集资金设立证券投资基金(以下简称基金),由基金管理人管理,基金托管人托管,为基金份额持有人的利益,进行证券投资活动,适用本法;本法未规定的,适用《中华人民共和国信托法》《中华人民共和国证券法》和其他有关法律、行政法规的规定。"首次将非公开募集基金纳入调整范围,这意味着私募证券投资基金获得合法地位,将非公开募集基金纳入调整范围,对非公开基金的募集、运作、管理等进行了规范,从法律上确立了其法定地位,使非公开募集基金实现了有法可依。

但必须明确,现仅有私募证券投资基金适用该法规定,私募股权投资基金和风险投资基金(PE/VC)目前并未纳入该法。

(二)私募基金的募集

私募投资基金募集通常有两种方式:一是私募基金管理人自行募集;二是私募基金管理人委托基金销售机构募集。如果实行委托销售,则基金销售机构需满足三个条件:一是在中国证监会注册;二是取得基金销售业务资格;三是成为中国基金业协会会员。

1. 募集对象

依照法律规定,非公开募集基金应当向合格投资者募集,合格投资者累计不得超过二百人。所谓合格投资者,是指达到规定资产规模或者收入水平,并且具备相应的风险识别能力和风险承担能力、其基金份额认购金额不低于规定限额的单位和个人。合格投资者的具体标准由国务院证券监督管理机构规定。

根据证监会 2014 年 8 月颁布的《私募投资基金监督管理暂行办法》第十二条,私募基金的合格投资者是指具备相应风险识别能力和风险承担能力,投资于单只私募基金的金额不低于 100 万元且符合下列相关标准的单位和个人:

(1)净资产不低于 1 000 万元的单位;

(2)金融资产不低于 300 万元或者最近三年个人年均收入不低于 50 万元的个人。

该《暂行办法》第十三条还规定:下列投资者视为合格投资者:

(1)社会保障基金、企业年金等养老基金,慈善基金等社会公益基金;

(2)依法设立并在基金业协会备案的投资计划;

(3)投资于所管理私募基金的私募基金管理人及其从业人员;

（4）中国证监会规定的其他投资者。

私募基金管理人、私募基金销售机构不得向合格投资者之外的单位和个人募集资金，不得通过报刊、电台、电视、互联网等公众传播媒体或者讲座、报告会、分析会和布告、传单、手机短信、微信、博客和电子邮件等方式，向不特定对象宣传推介。

2. 管理

除基金合同另有约定外，非公开募集基金应当由基金托管人托管。

担任非公开募集基金的基金管理人，应当按照规定向基金行业协会履行登记手续，报送基本情况。

非公开募集基金募集完毕，基金管理人应当向基金行业协会备案。对募集的资金总额或者基金份额持有人的人数达到规定标准的基金，基金行业协会应当向国务院证券监督管理机构报告。

3. 基金合同

（1）签署合同前的风险提示

依照法律规定，非公开募集基金，应当制定并签订基金合同。为加强保护投资者利益，2016 年 7 月，中国基金业行业协会正式发布《私募投资基金募集行为管理办法》，明确规定：在投资者签署基金合同之前，募集机构应当向投资者说明有关法律法规，须重点揭示私募基金风险，并与投资者一同签署风险揭示书。

风险揭示书的内容包括但不限于：

第一，私募基金的特殊风险，包括基金合同与中国基金业协会合同指引不一致的风险、基金未托管风险、基金委托募集的风险、未在中国基金业协会备案的风险、聘请投资顾问的风险等；

第二，私募基金投资运作中面临的一般风险，包括资金损失风险、流动性风险、募集失败风险等；

第三，投资者对基金合同中投资者权益相关重要条款的逐项确认，包括当事人权利义务、费用及税收、纠纷解决方式等。

（2）依法签订《基金合同》

按《证券投资基金法》规定，基金合同应当包括下列内容：

① 基金份额持有人、基金管理人、基金托管人的权利、义务；

② 基金的运作方式；

③ 基金的出资方式、数额和认缴期限；

④ 基金的投资范围、投资策略和投资限制；

⑤ 基金收益分配原则、执行方式；

⑥ 基金承担的有关费用；

⑦ 基金信息提供的内容、方式；

⑧ 基金份额的认购、赎回或者转让的程序和方式；

⑨ 基金合同变更、解除和终止的事由、程序；

⑩ 基金财产清算方式；

⑪ 当事人约定的其他事项。

（3）签约后的投资冷静期

《私募投资基金募集行为管理办法》首创了"投资冷静期"，投资者签订基金合同并交纳认购款后，投资者享有不少于24小时的冷静期，冷静期满后，募集主体需委派销售人员以外的人员以录音电话、电邮、信函等方式进行回访。

回访确认成功前，投资者有权随时解除基金合同，而募集主体不得将认购基金款项划转至基金账户或托管账户，亦不得运作该认购款项。

4. 特殊管理模式

按照基金合同约定，非公开募集基金可以由部分基金份额持有人作为基金管理人负责基金的投资管理活动，并在基金财产不足以清偿其债务时对基金财产的债务承担无限连带责任。

如果采用此种管理模式的非公开募集基金，其基金合同还应载明：

（1）承担无限连带责任的基金份额持有人和其他基金份额持有人的姓名或者名称、住所；

（2）承担无限连带责任的基金份额持有人的除名条件和更换程序；

（3）基金份额持有人增加、退出的条件、程序以及相关责任；

（4）承担无限连带责任的基金份额持有人和其他基金份额持有人的转换程序。

5. 投资方向

（1）私募基金的投资范围

根据《私募投资基金监督管理暂行办法》(以下简称《私募监管暂行办法》)的规定,私募基金可投资于股票、股权、债券、期货、期权、基金份额以及投资合同约定的如红酒、艺术品等其他投资标的。

（2）私募基金根据投资方向的主要类型

私募证券投资基金的类型主要有:

① 股票类基金:主要投资于股票。

② 债券类基金:主要投资于标准化的债券、非标准化的债券如委托贷款等。

③ 货币市场基金:主要投资于货币市场工具。

④ 混合类基金:投资标的包括股票、债券、货币市场工具,但无明确的主要投资方向。

⑤ 资产证券化基金:主要投资于房地产、商品、贷款等资产证券化产品。

⑥ 衍生品基金:主要投资于期货、期权等金融衍生品。

⑦ 多资产基金:无限定的主要投资标的,主要投资股票、债权和货币市场工具外的其他金融产品。

⑧ 对冲基金(或绝对收益基金):基金合同不限制投资标的,也不跟踪业绩比较基准,以为客户提供绝对收益作为投资策略。

⑨ 基金中的基金(FOF)。投资于其他证券投资基金、证券公司专项资产管理计划、商业银行理财计划、集合资金信托计划等金融监管部门批准或备案发行的金融产品。

私募股权投资基金的类型主要有:

① 成长基金:投资于成长阶段企业。

② 并购基金:主要以控股方式投资于稳定成长期的企业,这些企业通常可以提供连续三年以上的反映盈利能力或潜力的财务报表,通过企业内部重组和行业整合来帮助被收购企业确立市场地位。

③ 重整基金:专注于为陷入财务危机的企业提供财务拯救。

④ 夹层基金:通常以股债结合的形式投资处于稳定成长期而上市之前的企业。

⑤ 房地产基金:直接投资于房地产相关项目以获取收益。

⑥ 基础设施基金:投资于基础设施项目。

⑦ 母基金:投资于其他基金、集合计划、专项资金等。

第五节 基金监管与法律责任

一、基金监管

（一）基金监管的概念和目标

基金监管，依据监管主体范围的不同，可以有广义和狭义两种理解。广义的基金监管是指有法定监管权的政府机构、基金行业自律组织、基金机构内部监督部门以及社会力量对基金市场、基金市场主体及其活动的监督或管理。狭义的基金监管一般专指政府基金监管机构依法对基金市场、基金市场主体及其活动的监督和管理。

基金监管对于维护证券市场的良好秩序、提高证券市场效率、保护基金持有人利益均具有重大意义，是证券市场监管体系中不可缺少的组成部分。

我国基金监管的目标包括：

（1）保护投资人及相关当事人的合法权益

保护投资者利益是基金监管工作的重中之重。投资者是市场的支撑者，保护和维护投资者的利益是我国基金监管的首要目标。

（2）规范证券投资基金活动

规范证券投资基金活动，是保护投资人及相关当事人合法权益的监管目标的必然要求，也是保护投资人合法权益的主要手段和制度保障。规范证券投资基金活动是基金监管的直接目标，也是促进证券投资基金和资本市场健康发展的前提条件。

（3）促进证券投资基金和资本市场的健康发展

我国资本市场尚处于新兴市场阶段，我国证券投资基金也刚刚起步，基金行业和基金市场的整体发展水平与世界发达市场相比还有一定差距，因此，在加强对基金行业和基金市场规范和监管的同时，进一步为我国基金业发展创造良好的环境，鼓励创新，推动我国基金市场开展公平有序的竞争，促进证券投资基金和资本市场的健康发展，也是基金监管的重要目标。

（二）基金监管的原则

1. 依法监管原则

基金监管属于行政执法活动。监管机构作为执法机关，其成立由法律规定，其职权也是由法律所赋予的，因此，基金监管部门必须树立依法监管观念。

2. "三公"原则

基金是证券市场的重要参与者之一，证券市场"公开、公平、公正"的原则同样适用于基金市场。作为基金监管原则的"三公"原则，重在公正，即公正监管、公正执法，是依法监管原则的具体化。

3. 保障投资人利益原则

保障投资人利益原则是基金监管活动的目的和宗旨的集中体现。投资基金历史表明，投资人的合法权益能否得到有效的保障，是投资基金行业能否持续健康发展的关键。

4. 高效监管原则

所谓高效监管，是指基金监管活动不仅要以价值最大化的方式实现基金监管的根本目标，而且还要通过基金监管活动促进基金行业的高效发展。基金监管机构既要对基金行业进行必要的监管，又不能束缚基金行业和基金市场的活力。

5. 审慎监管原则

审慎监管原则，主要是针对基金管理人清偿能力的监管，旨在促进基金管理人约束其承担风险责任的能力，避免产生基金管理人单方面追求高收益而过分冒险，最终损害基金投资人利益的后果。

6. 适度监管原则

市场经济的时间及经济学的理论都已证明市场不是万能的，而是存在其自身无法克服的种种缺陷，即市场失灵，因此政府的干预（监管）是必要的。但也并非政府干预越多、监管越严就越有效。对于基金而言，政府监管不应直接干预基金机构内部的经营管理，监管范围应严格限定在基金市场失灵的领域。

二、基金监管机构

1. 政府监管

在我国，负责基金监管的政府机构是国务院证券监督管理机构，其具体监管职责包括:①制定有关证券投资基金活动监督管理的规章、规则,并行使审批或者注册权;②办理基金备案;③对基金管理人、基金托管人及其他机构从事证券投资基金活动进行监督管理,对违法行为进行查处,并予以公告;④制定基金从业人员的资格标准和行为准则,并监督实施;⑤监督检查基金信息的披露情况;⑥指导和监督基金同业协会的活动;⑦法律、行政法规规定的其他职责。

中国证监会在依法履行职责时,有权采取下列措施:①对基金管理人、基金托管人、基金服务机构进行现场检查,并要求其报送有关的业务资料;②进入涉嫌违法行为发生场所调查取证;③询问当事人和与被调查事件有关的单位和个人,要求其对与被调查事件有关的事项作出说明;④查阅、复制与被调查事件有关的财产权登记、通讯记录等资料;⑤查阅、复制当事人和与被调查事件有关的单位和个人的证券交易记录、登记过户记录、财务会计资料及其他相关文件和资料;对可能被转移、隐匿或者毁损的文件和资料,可以予以封存;⑥查询当事人和与被调查事件有关的单位和个人的资金账户、证券账户和银行账户;对有证据证明已经或者可能转移或者隐匿违法资金、证券等涉案财产或者隐匿、伪造、毁损重要证据的,经国务院证券监督管理机构主要负责人批准,可以冻结或者查封;⑦在调查操纵证券市场、内幕交易等重大证券违法行为时,经国务院证券监督管理机构主要负责人批准,可以限制被调查事件当事人的证券买卖,但限制的期限不得超过十五个交易日;案情复杂的,可以延长十五个交易日。

2. 自律监管

自律监管是我国基金监管体系不可或缺的组成部分。中国证券投资基金业协会成立于 2012 年 6 月,是证券投资基金行业的自律性组织,是社会团体法人。会员包括基金管理公司、基金托管银行、基金销售机构、基金评级机构及其他资产管理机构、相关服务机构。协会秉承"服务、自律、创新"理念,自觉接受会员大会和理事会的监督,在证监会的监督指导和协会理事会的引领下,严格按照国家有关法律规定和协会章程开展工作。

基金行业协会依法履行下列职责:

(1) 教育和组织会员遵守有关证券投资的法律、行政法规,维护投资人合法权益;

(2) 依法维护会员的合法权益,反映会员的建议和要求;

（3）制定和实施行业自律规则，监督、检查会员及其从业人员的执业行为，对违反自律规则和协会章程的，按照规定给予纪律处分；

（4）制定行业执业标准和业务规范，组织基金从业人员的从业考试、资质管理和业务培训；

（5）提供会员服务，组织行业交流，推动行业创新，开展行业宣传和投资人教育活动；

（6）对会员之间、会员与客户之间发生的基金业务纠纷进行调解；

（7）依法办理非公开募集基金的登记、备案；

（8）协会章程规定的其他职责。

三、法律责任

违反《证券投资基金法》的法律责任包括民事责任、行政责任及刑事责任。

1. 民事责任

民事责任是当事人不履行民事义务所应承担的法律后果，具有以下特点：一是以财产责任为主；二是以等价、补偿为主；三是向特定的权利人或受害人承担责任。基金管理人、基金托管人与基金份额持有人的关系是平等的民事主体之间的关系，因此基金管理人、基金托管人不履行其民事义务，应当承担相应的民事责任。我国《证券投资基金法》第145条规定，违反本法规定，给基金财产、基金份额持有人或者投资人造成损害的，依法承担赔偿责任。基金管理人、基金托管人在履行各自职责的过程中，违反本法规定或者基金合同约定，给基金财产或者基金份额持有人造成损害的，应当分别对各自的行为依法承担赔偿责任；因共同行为给基金财产或者基金份额持有人造成损害的，应当承担连带赔偿责任。

法律还确立了民事赔偿优先的原则，《证券投资基金法》第150条规定，违反本法规定，应当承担民事赔偿责任和缴纳罚款、罚金，其财产不足以同时支付时，先承担民事赔偿责任。

2. 行政责任

行政责任是当事人违反法律法规依法所应承担的行政法律后果。基金管理人、基金托管人及其他行为主体违反《证券投资基金法》，承担行政责任的方式包括没收违法所得、罚款、警告、暂停或取消基金从业资格等。

具体来说，《证券投资基金法》第119条至第135条，对基金管理人、基金托管人、及其股东、实际控制人、董事、监事等高级管理人员、其他从业人员的违法行为规定了明确详尽的行政责任；包括：①未经批准、核准擅自从事各类基金业务的；②擅自变更持有百分之五以上股权的股东、实际控制人或者其他重大事项的；③不依法申报、备案的；④违反禁止性规定的；⑤未对基金财产实行分别管理或者分账保管的；⑥基金管理人、基金托管人违反本法规定，相互出资或者持有股份的；⑦动用募集的资金的；⑧不依法披露基金信息或者披露的信息有虚假记载、误导性陈述或者重大遗漏的；⑨基金管理人或者基金托管人不按照规定召集基金份额持有人大会的；⑩未经登记，使用"基金"或者"基金管理"字样或者近似名称进行证券投资活动的；⑪向合格投资者之外的单位或者个人非公开募集资金或者转让基金份额的。

《证券投资基金法》第136条至第144条，对基金销售机构、支付机构、份额登记机构、基金投资顾问机构、基金评价机构、信息技术系统服务机构、相关会计师事务所律师事务所等基金服务机构的违法行为规定了明确详尽的行政责任；包括：①擅自从事公开募集基金的基金服务业务的；②未向投资人充分揭示投资风险并误导其购买与其风险承担能力不相当的基金产品的；③未按照规定划付基金销售结算资金的；④挪用基金销售结算资金或者基金份额的；⑤未妥善保存或者备份基金份额登记数据的；⑥隐匿、伪造、篡改、毁损基金份额登记数据的；⑦违反本法规定开展投资顾问、基金评价服务的；⑧未按照规定向国务院证券监督管理机构提供相关信息技术系统资料，或者提供的信息技术系统资料虚假、有重大遗漏的；⑨未勤勉尽责，所出具的文件有虚假记载、误导性陈述或者重大遗漏的；⑩未建立应急等风险管理制度和灾难备份系统，或者泄露与基金份额持有人、基金投资运作相关的非公开信息的。

3. 刑事责任

《证券投资基金法》第149条规定，基金管理人、基金托管人或其他行为主体，违反本法构成犯罪的，依照我国《刑法》追究刑事责任。在实践中，依现行刑法，基金行业可能涉及的刑事犯罪行为有非法集资、内幕交易、非法经营、违法披露信息等。

案例分析

【案情】

2006年3月起,唐建任职上投摩根研究员兼阿尔法基金经理助理,在执行职务活动,向有关基金二级股票池和阿尔法基金推荐买入"新疆众和"股票的过程中,使用自己控制的中信建投证券上海福山路营业部"唐金龙"证券账户先于阿尔法基金买入"新疆众和"股票,并在其后连续买卖该股,为自己及他人非法获利152.72万元。其间,唐建还利用职务权限,多次查询上投摩根阿尔法基金投资"新疆众和"股票的信息,充分掌握了该基金的投资情况。

截至2006年4月6日全部卖出前,"唐金龙"证券账户累计买入"新疆众和"股票60 903股,累计买入金额76.49万元;全部卖出所得金额105.45万元,获利28.96万元。此外,2006年4月至5月,唐建还利用福山路营业部"唐金龙"资金账户下挂的"李成军"证券账户、东方证券上海浦东南路营业部"李成军"证券账户连续买卖"新疆众和"股票的机会,为自己及他人非法获利123.76万元。

证监会最终作出如下行政处罚决定:唐建被处以终身市场禁入,同时,没收唐建违法所得152.72万元,并处50万元罚款。根据程序,如果唐建对该处罚决定不服,可以向中国证监会申请行政复议;也可以直接向有管辖权的人民法院提起诉讼。

作为证监会第一例处罚的基金老鼠仓事件,此处罚结果具有标杆参照意义。

【问题】

1. 什么是"老鼠仓"?
2. 实施主体是何种人员?
3. 应如何承担法律责任?

【法律依据】

《证券投资基金法》第十七条 公开募集基金的基金管理人的董事、监事、高级管理人员和其他从业人员,其本人、配偶、利害关系人进行证券投资,应当事先向基金管理人申报,并不得与基金份额持有人发生利益冲突。

《证券投资基金法》第二十条 公开募集基金的基金管理人及其董事、监事、高级管理人员和其他从业人员不得有下列行为：

（一）将其固有财产或者他人财产混同于基金财产从事证券投资；

（二）不公平地对待其管理的不同基金财产；

（三）利用基金财产或者职务之便为基金份额持有人以外的人牟取利益；

（四）向基金份额持有人违规承诺收益或者承担损失；

（五）侵占、挪用基金财产；

（六）泄露因职务便利获取的未公开信息、利用该信息从事或者明示、暗示他人从事相关的交易活动；

（七）玩忽职守，不按照规定履行职责；

（八）法律、行政法规和国务院证券监督管理机构规定禁止的其他行为。

《证券投资基金法》第一百二十三条 基金管理人、基金托管人及其董事、监事、高级管理人员和其他从业人员有本法第二十一条所列行为之一的，责令改正，没收违法所得，并处违法所得一倍以上五倍以下罚款；没有违法所得或者违法所得不足一百万元的，并处十万元以上一百万元以下罚款；基金管理人、基金托管人有上述行为的，还应当对其直接负责的主管人员和其他直接责任人员给予警告，暂停或者撤销基金从业资格，并处三万元以上三十万元以下罚款。

【法律运用及处理结果】

相关基金经理利用其在基金公司所任职务的便利，利用非公开的基金投资信息，先于有关基金买入同一公司股票，为自己及其亲属牟取私利，违背了基金从业人员对受托管理的基金及基金份额持有人应负有的忠实、勤勉义务，是明显的利益冲突的行为，是严重的背信行为。

基金从业人员利用其所处的职务或地位，先于有关基金买入同一公司股票的证券交易行为客观上会对相关股票的市场价格产生不利于有关基金的影响，使该基金投资该种股票的成本增加，从而损害了基金财产和基金份额持有人利益。唐建这种背信行为还损害了有关基金及基金管理人的声誉，损害了投资者对有关基金及基金管理人的信赖和信心，进而对有关基金的长期运作和基金份额持有人利益造成损害。

在证券投资基金活动中，基金管理人及其基金从业人员对基金和基金份额持有人负有忠实义务,必须恪尽职守,履行诚实信用、谨慎勤勉的义务,不得从事利益冲突的行为,不得将自身利益置于基金财产和基金份额持有人的利益之上,更不得在执行职务或办理业务过程中利用所处地位或优势牟取私利。

唐建作为上投摩根研究员兼阿尔法基金经理助理,一方面履行公司赋予的职责,参与基金财产的投资和管理,另一方面又凭借职务便利,利用非公开的基金投资信息,为自己及他人利益买卖相同股票并获利,构成了严重的利益冲突行为,违背了基金从业人员的法定义务,是一种典型的背信行为,应当受到制裁。

【特别值得注意的问题】

老鼠仓的行为危害非常大,其中有些案件非常严重、社会影响也非常坏,《证券投资基金法》也有规定,这类行为如果构成犯罪应该追究刑事责任,但在法律适用时发现,对这类行为的法律责任的追究不是特别完备,比如《刑法》中对这类行为没有规定专门的罪名。

因此,唐建的行为尽管被证监会定性为背信,但鉴于目前法规不完善,对其处罚将止于行政处罚,不再移交司法机关。

据悉,证监会正在积极推动立法部门,对相关立法进行修订,比如正式建议立法机关在《刑法》修正案(七)中增设金融机构从业人员背信罪,专门对这类严重违法构成犯罪的行为进行有针对性的刑事打击。

本 章 思 考 题

1. 证券投资基金可以如何分类?
2. 什么是基金管理人? 什么是基金托管人?
3. 基金管理人依法不能从事哪些行为?
4. 基金份额持有人享有哪些权利?
5. 公募基金如何申购和赎回?
6. 各类主体违反《证券投资基金法》,应如何承担法律责任?

第八章 保险法律制度

保险法是金融法的重要组成部分。通过对本章内容的学习,应了解保险的概念及保险法的基本原则,熟悉我国《保险法》的各项基本规定,并着重掌握保险合同的订立与解除、保险合同当事人的权利与义务、人身保险与财产保险、保险经营规则等内容。

第一节 保险法概述

一、保险的概念

关于保险的概念,学术界众说纷纭,各国保险法的规定也不统一。《中华人民共和国保险法》(以下简称《保险法》)第 2 条规定:"本法所称保险,是指投保人根据合同约定,向保险人支付保险费,保险人对于合同约定的可能发生的事故因其发生所造成的财产损失承担赔偿保险金责任,或者当被保险人死亡、伤残、疾病或者达到合同约定的年龄、期限等条件时承担给付保险金责任的商业保险行为。"对《保险法》所表述的这一保险概念,可以从以下三个方面来理解:①从经济角度看,保险是一种经济补偿制度,即保险是为确保经济生活的安定,通过建立保险基金,对因特定危险事故或特定事件的发生所导致的损失给予补偿。②从法律角度看,保险是一种法律关系,即保险是根据当事人双方的约定,一方向另一方支付保险费,另一方则对其因意外事故或特定事件的出现所导致的损失负赔偿或给付义务的法律关系。在这一法律关系中,承担支付保险费义务的人是投保人,承担保险责任的义务人是保险人。③《保险法》中规定的保险概念,是指商业保险,不包括社会保险。社会保险由国家通过社会保障立法来加以规范,它不属于《保险法》的调整对象。

二、保险法的概念及构成

(一)保险法的概念

保险法是调整保险关系的法律规范的总称。保险法有广义和狭义之分,广义的保险法不仅包括保险法典,而且还包括其他法律、法规中有关保险的规定,狭义的保险法仅指保险法典,在我国即指《中华人民共和国保险法》。该法于1995年6月30日通过并于同年10月1日起施行。2002年10月28日,针对我国加入世贸组织承诺对保险业的要求,第九届全国人民代表大会常务委员会第三十次会议对《保险法》进行了第一次修订,修订后的《保险法》自2003年1月1日起施行。近年来,随着社会主义市场经济体制的不断完善和金融体制改革的不断深化,我国保险业进入了一个快速发展时期,而原《保险法》已不能完全适应保险业改革发展的需要。为此,2009年2月28日第十一届全国人民代表大会常务委员会第七次会议再次对《保险法》进行了修订,修订后的《保险法》已于2009年10月1日起施行。近几年,我国保险业进一步快速发展,保险市场内外部环境都发生了很大变化。为保险业适应经济新常态全面深化市场改革,为加强保险法治建设,推进简政放权放管结合,为进一步加强对投保人、被保险人和受益人权益的保护,《保险法》新一轮的修改进程已经启动。2014年8月31日第十二届全国人民代表大会常务委员会第十次会议对《保险法》进行修正,2015年4月24日第十二届全国人民代表大会常务委员会第十四次会议再次对《保险法》进行修正。2015年10月14日,国务院法制办公室发布了《关于修改〈中华人民共和国保险法〉的决定(征求意见稿)》,向社会公开征求意见。可以预见,我国《保险法》必将进一步完善。

(二)保险法的构成

广义的保险法由三大部分构成,即保险合同法、保险业法及保险特别法。

(1)保险合同法。保险合同法可以说是保险法的核心,主要调整保险合同中双方当事人的权利义务关系。我国《保险法》第二章规定了保险合同,内容涉及保险合同一般规定、人身保险合同及财产保险合同三个方面。

（2）保险业法。保险业法是国家对保险业进行监督和管理的法律。我国《保险法》第三、第四、第五、第六章分别对保险公司、保险经营规则、保险代理人和保险经纪人及保险业的监督管理进行了规定。

（3）保险特别法。保险特别法是指保险合同法以外的专门规范某种特定保险的法律、法规,如《中华人民共和国海商法》中关于海上保险的规定,就是典型的保险特别法,有关农业保险的法律、法规亦属保险特别法。

三、保险法的基本原则

（1）守法及公序良俗原则。《保险法》第 4 条明确规定:"从事保险活动必须遵守法律、行政法规,尊重社会公德,不得损害社会公共利益。"守法是我国法律对民事活动最基本的要求,保险活动显然也不例外。

（2）最大诚信原则。我国《保险法》第 5 条规定:"保险活动当事人行使权利,履行义务应当遵循诚实信用原则。"所谓诚实信用,是指任何一方当事人对他方不得隐瞒欺诈,都必须善意地、全面地履行自己的义务。诚实信用是民事活动应遵循的一项基本原则,但鉴于保险活动的特殊性,法律对保险活动诚信的要求远远高于其他民事活动,因而保险法中的诚实信用原则又被称为最大诚信原则。保险合同是射幸合同,保险危险是不确定的,保险人主要是依据投保人对保险标的的告知和保证来决定是否承保和保险费率的大小。如果投保人有欺诈或隐瞒,就有可能导致保险人判断失误和上当受骗,因此最大诚信原则更多地体现为对投保人的要求。当然,除了投保人之外,保险活动的其他参与人,如保险人、保险中介人等也都必须遵循诚实信用原则,不得采取虚假手段为自己谋取不正当利益。

（3）专业经营原则。《保险法》第 6 条规定:"保险业务由依照本法设立的保险公司以及法律、行政法规规定的其他保险组织经营,其他单位和个人不得经营保险业务。"保险业务的风险性、广泛性和保障性,都要求经营保险业务的主体——保险公司及其他保险经营组织必须依法设立,并接受国家的监督管理,其他单位和个人不得擅自经营保险业务或者变相经营保险业务。

（4）境内投保原则。《保险法》第 7 条规定："在中华人民共和国境内的法人和其他组织需要办理境内保险的,应当向中华人民共和国境内的保险公司投保。"这里所谓的"境内保险公司"不仅包括中资保险公司,也包括经批准设在我国境内的中外合资保险公司和外国保险公司(分公司),而不仅仅指中资保险公司。

（5）分业经营为主,混业经营另作规定的原则。《保险法》第 8 条规定："保险业和银行业、证券业、信托业实行分业经营、分业管理,保险公司与银行、证券、信托业务机构分别设立。国家另有规定的除外。"这一原则既肯定了我国目前分业经营的现状,也为现在及将来混业经营的发展留下了空间。

第二节 保险合同法

一、保险合同的概念和特征

保险合同是投保人与保险人约定保险权利义务关系的协议。保险合同是合同的一种,但与其他合同相比,它有自己的特征。

（1）保险合同是射幸合同。所谓射幸合同,是指合同后果在订约时不能确定的合同,在射幸合同中,一方当事人付出的代价(比如买彩票)所买到的只是一个机会,付出代价的当事人最终可能是所谓的"一本万利",也可能是毫无所得。在保险合同中,投保人以支付保险费为代价,买到一个将来可能补偿的机会。在保险期间如果发生保险事故造成损失,那么被保险人从保险人那里得到的补偿就远远超过其所支付的保险费;反之,如果无保险事故发生,则只付保险费而无任何收入(人寿保险例外)。保险人的情况恰好与此相反。保险合同的射幸性这一特征,是由保险事故发生的偶然性(不确定性)所决定的。

（2）保险合同是双务有偿合同。保险合同的当事人按照合同的约定互负义务,保险人在合同约定的保险事故发生时或者在保险期限届满时,向投保人(或被保险人、受益人)支付赔偿金或保险金,投保人按约定向保险人交纳保险费,并以此为代价将一定范围内的危险转移给保险人。

（3）保险合同是附和合同。附和合同又称格式合同,其合同条款不是由当事人双方协商后拟订,而是由其中的一方拟订好基本的条款,并印成固定的格式,由另一方来附和接受。保险合同是典型的附和合同。保险条款是由保险人或其主管机关事先拟定(或保险人拟定后经主管机关批准、认可),投保人在进行投保时,只能决定是否接受保险人出具的保险条款,而不能拟定或磋商保险条款。

（4）保险合同是最大诚信合同。诚实信用原则是合同法的一项基本原则,任何合同的订立均应遵循诚信原则,但相比于其他合同,保险合同对当事人诚信的要求更高,因而又被称为最大诚信合同。这就要求投保人应履行如实告知、保险标的危险增加时通知保险人等义务,而保险人则应履行赔偿或给付保险金的义务及对保险条款进行说明等义务。

二、保险合同的一般规定

（一）保险合同的主体和客体

1. 保险合同的主体

保险合同的主体为保险合同当事人及保险合同关系人。

（1）保险合同当事人。保险合同的当事人为保险人与投保人。保险人,又称承保人,是指与投保人订立保险合同,并按照合同约定承担赔偿或者给付保险金责任的保险公司。保险人具有以下特点:保险人必须是依法成立的经营保险事业的组织,该组织必须采取公司形式;在保险合同成立时,保险人有权收取保险费;在保险事故发生时,保险人应承担赔偿或者给付保险金责任。投保人又称要保人,是指与保险人订立保险合同,并按照合同约定负有支付保险费义务的人。投保人应具备以下条件:须有完全行为能力;须有保险利益;须负有支付保险费的义务。

（2）保险合同关系人。保险合同关系人为被保险人与受益人。被保险人,是指其财产或者人身受保险合同保障,享有保险金请求权的人。投保人可以为被保险人。受益人,是指人身保险合同中由被保险人或者投保人指定的享有保险金请求权的人。投保人、被保险人可以为受益人。

2. 保险合同的客体

保险合同的客体是保险利益。所谓保险利益是指投保人或者被保险人对保险标的的具有的法律上承认的利益,保险合同保障的正是这种保险利益而非保险标的本身。所谓保险标的是指作为保险对象的财产及其有关利益,或者是人的寿命和身体。保险标的是保险利益的载体,但并不是保险合同的客体,保险合同的客体应是保险利益。

(1)保险利益的概念及构成要件。所谓保险利益,是指投保人或者被保险人对保险标的的具有的法律上承认的利益。这一定义包含三层含义:①保险利益必须是合法利益。保险利益作为投保人或被保险人享有的利益,必须是符合法律法规,符合社会公共利益,为法律认可并受到法律保护的利益。对不法利益,如以贪污、盗窃、诈骗等非法手段取得的财产,则无保险利益可言;②保险利益必须是有经济价值的利益,这样才能使计算做到基本合理。如果损失不是经济上的利益,如精神创伤、政治打击等,难以用货币衡量,因而不构成保险利益;③保险利益必须是可以确定的和能够实现的利益。"确定利益"是指投保人或被保险人对保险标的的现有利益或因现有利益而产生之期待利益已经确定。现有利益较易认定,而期待利益则往往引起争议。所谓"能够实现"是指保险利益是事实上的经济利益或客观的利益,而不是主观凭空想象的利益。保险利益的意义和功能在于:第一,遏制赌博行为的发生。保险合同是一种射幸合同,保险事故的发生具有偶然性,而保险金的支付却以保险事故的发生为条件,因此如果允许没有保险利益的人用他人的财产或生命进行投保,这种保险必然带有赌博的性质。第二,防止道德危险的发生。所谓道德危险,是指投保人或被保险人为图谋保险金而违反道德,故意促使保险事故的发生、损坏保险标的或在保险事故发生时人为扩大损失程度的行为。如果没有保险利益的限制,投保人或被保险人就容易发生道德危险。因此,各国保险法均强调保险利益。我国 2002 年《保险法》没有区分人身保险和财产保险,凡投保人不具有保险利益的,保险合同一律无效。2009 年《保险法》则区分了人身保险和财产保险的不同情况:对于人身保险合同,要求保险利益存在于保险合同订立时,它影响保险合同的效力问题;而对于财产保险合同,要求保险利益存在的时间为保险事故发生时,它影响的只是保险金请求权的问题。

（2）人身保险中的保险利益。人身保险的保险利益是指投保人对被保险人的身体或生命所具有的法律上承认的利益，它是根据投保人与被保险人之间的法律关系来确定的。根据我国《保险法》第31条第1款的规定，投保人对下列人员具有保险利益：本人；配偶、子女、父母；前项以外与投保人有抚养、赡养或者扶养关系的家庭其他成员、近亲属；与投保人有劳动关系的劳动者。该条第2款规定，被保险人同意投保人为其订立合同的，视为投保人对被保险人具有保险利益。根据这一规定，人身保险的保险利益产生于下列情况：

本人。任何人对自己的生命和身体都有无限的权利，当然也具有保险利益，这是毫无疑问的。在任何情况下，投保人对自身拥有的保险利益都不会被剥夺。

配偶、子女、父母。根据我国婚姻法的规定：夫妻有互相扶养的义务，父母对子女有抚养教育的义务，子女对父母有赡养扶助的义务。这种夫与妻之间、父母与子女之间互有的保险利益，是基于婚姻关系和父母子女关系而产生的。

家庭其他成员、近亲属。家庭其他成员或近亲属成为被保险人的前提条件是与投保人之间存在抚养、赡养和扶养关系。根据婚姻法的有关规定，在家庭其他成员或近亲属之间可能形成抚养、赡养和扶养关系的，主要包括：兄弟姐妹之间，祖父母、外祖父母与孙子女、外孙子女之间，丧偶儿媳、女婿与公婆或岳父母之间等。如果他们彼此之间形成了抚养、赡养和扶养关系，则互有保险利益。

与投保人有劳动关系的劳动者。此为2009年修订《保险法》时所增加的规定。根据这一规定，用人单位在为员工购买人身保险时，就可以直接把自己作为投保人，而无需劳动者同意或签字，简化了操作程序，有利于鼓励用人单位为职工购买人身保险。

被保险人同意投保人为其订立人身保险合同的，视为投保人对被保险人具有保险利益。但保险法对依本项规定所取得的保险利益作了限制性规定。这种限制主要体现在以死亡为给付保险金条件的人身保险中：①不得为无民事行为能力人投保以死亡为给付条件的人身保险（但父母为其未成年子女投保的除外）；②为第三人订立的死亡保险须经被保险人同意并认可保险金额。

对于人身保险，保险利益是保险合同的效力要件。订立合同时，投保人对被保险人不具有保险利益的，合同无效。即人身保险利益在合同订立时必须存在，因为合同订立时，若投保人对被保险人无密切的利益关系，则容易引发道德危险,危及被保险人的生命安全。

（3）财产保险中的保险利益。财产保险的保险利益是指投保人或被保险人对作为保险标的的财产所具有的法律上承认的利益,一般可分为三类,现有利益、预期利益及责任利益。现有利益。现有利益随物权的存在而产生,它是投保人或被保险人对财产已享有且可继续享有的利益。现有利益的主体包括:①财产所有人或经营管理人。财产所有或经营管理人,在法律关系上同他们所占有的财产具有明确的法律规定的经济利益关系。基于这种关系,财产被毁损,他们的利益将受损;财产的继续存在或孳息,他们将因此而受益,所以说他们是享有保险利益的人。②财产的合法占有人。有些人对某项财产虽不享有所有权或经营管理权,但却合法地占有财产并对该财产有直接的利害关系,因而对其具有保险利益。这些人通常包括财产的保管人、质押权人、承揽人、承运人和承租人等。他们对其所占有的财产虽不享有所有权或经营管理权,但在依约保管、承揽、承运和租赁活动过程中,他们对该项财产享有占有的权利,并负有妥善保管的义务,有直接的利害关系,所以他们具有保险利益。③财产的抵押权人。抵押是债权的一种担保方式,抵押权人（债权人）虽不占有抵押物,但由于抵押物的安全与其债权的实现具有直接的利害关系,因此抵押权人对抵押物具有保险利益,法律允许其为抵押物投保。

预期利益。预期利益是指因财产的现有利益而存在的确实可得的、依法律或合同产生的、未来一定时期的利益,包括利润利益、租金收入利益、运费收入利益等。例如,出租人对其出租房屋的预期租金享有保险利益。

责任利益。责任利益是指基于被保险人依法应承担的民事赔偿责任而产生的保险利益。比如,产品的制造者、销售者对其产品缺陷所造成的人身财产损害负有赔偿责任,因而在产品责任险中具有保险利益。再比如,雇主对其雇员在工作中受到的意外伤害,不论雇主有无过失,依法均应承担赔偿责任,这种赔偿责任使得雇主对雇员的意外伤害存在利害关系,即存在保险利益。

根据我国《保险法》第48条,财产保险中保险事故发生时,被保险人对保险标的不具有保险利益的,不得向保险人请求赔偿保险金。

2013年4月7日,原告郑某与被告某保险公司签订《国内水上货物运输保险协议》一份,保险金额 1 500 万元,保险标的为:"由甲方(原告)生产、销售、运出、运进的商品、原材料等均属于被保险标的的范围,包括:(1)甲方船队承运甲方的货物或承揽其他货主的货物;(2)临时租用其他货船承运甲方的货物……"。保险期限从 2013 年 4 月 7 日零时起至 2014 年 4 月 6 日二十四时止。2013 年 8 月 31 日,某货主将案涉葵花籽交由甲方承运。当日,运输船舶途中触礁,船体进水,致船上货物受损,经确认,货损折合人民币 219 876.8 元。保险公司以原告对受损货物不具有保险利益为由拒赔,原告诉至法院。法院经审理认为,双方合同中约定由原告甲方生产、销售、运出、运进的商品、原材料等均属于保险标的范围,包括船队承运甲方的货物或承揽其他货主的货物。本案受损的葵花籽是甲方承运其他货主的货物,符合本案保险合同的约定。所谓保险利益,并非货物所有权人才有利益关系,包括货物买卖、运输、管理等都可能形成债权债务关系,从而使得相关当事人产生法律上的利益关系。本案中,原告甲方是案涉货物的承运人,其负有将货物安全运达目的地的责任,对该批货物需履行义务承担相关责任,因此享有保险利益。法院判决被告赔偿原告货损 196 931.59 元。

(案例来源:广西壮族自治区高级人民法院民事判决书(2014)桂民四终字第 46 号)

(二)保险合同的成立与效力

1. 保险合同的成立

《保险法》第 13 条规定:"投保人提出保险要求,经保险人同意承保,保险合同成立。"可见与其他合同一样,保险合同的成立也要经过要约和承诺两个步骤。一般情况下,先由投保人提出投保要约,再由保险人同意承保构成承诺。所谓要约是指希望和他人订立合同的意思表示。根据《合同法》,要约应符合以下规定:①内容具体确定;②表明经受要约人承诺,要约人即受该意思表示约束。这些规定同样适用于投保要约。但投保只是投保人单方的意思表示,非经保险人承诺,保险合同不能成立。所谓承诺是指受要约人同意要约的意思表示。根据《合同法》,承诺有效应具备以下条件:①承诺须未对要约内容作实质性变更。所谓"实质性变更"是指有关合同标的、数量、质量、价款或者报酬、履行期限、履行地点和方式、违约责任和解决争议方法等的变更;②承诺须由受约人本人或其合法代理人作出;③承诺须在要约的有效期内作出。保险人的承诺生效时保险合同成立。保险人应当及时向投保人签发保险单或者其他保险凭证,但保险合同的成立并不以保险人签发保险单证为前提。

2. 保险合同的生效

保险合同生效,是指已经成立的保险合同在当事人之间产生受法律保障的约束力。它与保险合同成立是不同的法律概念。保险合同成立是解决合同是否存在的问题,主要体现了合同当事人的意志;保险合同生效是解决合同效力的问题,它体现了国家对合同关系的态度。保险合同成立是保险合同生效的前提,但已经成立的保险合同未必都能生效,即使生效,其生效时间与合同成立时间也并不必然一致。我国《保险法》第13条规定:依法成立的保险合同,自成立时生效,投保人和保险人可以对合同的效力约定附条件或者附期限。由此可见,只有依法成立的保险合同才能生效,且当投保人和保险人就合同的效力约定附条件或附期限时,保险合同生效时间与保险合同成立时间不一致。

3. 保险合同的无效

保险合同无效,是指保险合同虽已成立,但因欠缺合同生效要件,不被法律承认和保护,自始不发生法律效力的合同。我国《合同法》第52条规定一方以欺诈、胁迫的手段订立合同,损害国家利益;恶意串通,损害国家、集体或者第三人利益;以合法形式掩盖非法目的;损害社会公共利益;违反法律、行政法规的强制性规定等五种情形下合同无效,这一规定同样适用于保险合同。除此之外,我国《保险法》还规定了四种情况下的合同无效或部分无效:①采用保险人提供的格式条款订立的保险合同中的下列条款无效:免除保险人依法应承担的义务或者加重投保人、被保险人责任的;排除投保人、被保险人或者受益人依法享有的权利的(第19条)。②人身保险中,订立合同时投保人对被保险人不具有保险利益的,合同无效(第31条)。③以死亡为给付保险金条件的合同,未经被保险人同意并认可保险金额的,合同无效,但父母为其未成年子女投保的人身保险除外(第34条)。④财产保险的保险金额不得超过保险价值,超过保险价值的,超过部分无效(第55条)。

（三）保险合同的内容与形式

1. 保险合同的内容

保险合同的基本内容有:①保险人的名称和住所;②投保人、被保险人的姓名或者名称、住所,以及人身保险的受益人的姓名或者名称、住所;③保险标的,是指作为保险对象的财产及其有关利益或者人的寿命和身体;④保险责任和责任免除。保险责任是指保险单上记载的危险发生造成保险标的损失时保险人所承担的赔偿责任或者约定的人身保险事故发生(或约定期满)时保险人所承担的给付责任。责任免除,也称除外责任,是指依法或依保险合同的规定,保险人不负赔偿责任的范围。⑤保险期间和保险责任开始时间。保险期间是指保险合同的有效期限,也就是保险合同从生效到终止这一期间。保险责任开始时间,是指保险人开始承担保险责任的时间。⑥保险金额,是指保险人承担赔偿或者给付保险金责任的最高限额。⑦保险费以及支付办法。保险费一般简称"保费",是指投保人向保险人支付的费用,作为保险人根据保险合同承担赔偿或给付责任的代价。保险费一般按保险金额的一定比例(保险费率)支付。⑧保险金赔偿或者给付办法;⑨违约责任和争议处理;⑩订立合同的年、月、日。除此之外,投保人和保险人还可以约定的与保险有关的其他条款,如危险增加条款、保险事故通知条款、索赔期限条款、代位求偿条款等。

2. 保险合同的形式

所谓合同形式,是指合同当事人意思表示一致的一种表现形式。根据《合同法》,合同形式有书面形式、口头形式和其他形式三大类。尽管不少保险法著作都认为保险合同应采用书面形式,但这种观点实际上是缺乏法律依据的,无论是《保险法》还是《合同法》,都没有明确规定保险合同必须采用书面形式。实践中,在订立保险合同的过程中,经常会有投保单、暂保单、保险单、保险凭证等书面单证,但这些保险单证仅仅是保险合同存在的证据,而不是保险合同本身的表现形式,两者不能混为一谈。

实践中旨在证明保险合同成立的保险单证大致可分为以下几种:

(1)投保单。投保单又称要保书,它是投保人向保险人申请订立保险合同的书面要约,由保险人按统一格式印制,投保人应如实填写。投保单若经保险人签章承保,则标志着保险合同成立。

(2)保险单。保险单简称保单,是保险人与投保人之间订立保险合同的正式书面证明,但如前所述,保险合同的成立并非以保险人出具保险单为前提,只要投保人的要约经保险人承诺,保险合同即告成立。保险单都载有关于保险人的责任范围以及保险人与投保人的权利义务方面的详细条款,它是保险事故发生后被保险人索赔和保险人理赔的重要凭证和依据。

(3)保险凭证。保险凭证又称小保单,是一种简化了的保险单。在团体保险、机动车保险、货物运输保险中,常采用保险凭证。在保险凭证上一般并不印制保险条款,但要载明采用或依据何种保险条款,记录投保人、保险标的、保险金额、保险期间、保险费等项目。保险凭证与保险单具有同等的法律效力,当事人的权利义务应按有关保险条款执行。

(4)暂保单。暂保单又称临时保单,它是保险人在正式保险单签发之前出具给投保人的一种临时保险凭证。暂保单与正式保单具有同等的效力,但它的有效期较短,一般以30天为限。保险人正式出具保险单或保险凭证后,或暂保单的有效期届满,暂保单就自动失效。

(四)保险合同的履行

1. 保险人的主要义务

(1)赔偿或给付保险金的义务。它是保险人最基本的义务,也是保险人承担保险责任的具体表现。但由于保险合同是射幸合同,因此保险人并不需要在每个合同中都承担赔偿或给付保险金的义务,而是在一定的条件下才须承担此义务。这些条件包括:①必须有保险事故发生,而且保险事故必须是在保险合同有效期内发生,否则保险人不承担保险责任。②必须造成损失。损失的载体必须是合同约定的保险标的,而且是在保险合同订明的坐落地点遭受损失。③保险事故的发生与损失有因果关系。④对于损失的赔偿或保险金的给付,不能超过合同所约定的保险金额。如果上述条件都符合,则保险人应承担赔偿或给付保险金义务。

为了解决实践中存在的“投保容易理赔难”的问题,《保险法》要求保险人在收到被保险人或者受益人的赔偿或者给付保险金的请求后,应当及时作出核定;情形复杂的,应当在30日内作出核定,但合同另有约定的除外。保险人应当将核定结果通知被保险人或者受益人;对属于保险责任的,在与被保险人或者受益人达成赔偿或者给付保险金的协议后10日内,履行赔偿或者给付保险金义务。保险合同对赔偿或者给付保险金的期限有约定的,保险人应当按照约定履行赔偿或者给付保险金义务。保险人未及时履行赔偿或者给付保险金义务的,除支付保险金外,应当赔偿被保险人或者受益人因此受到的损失。

(2)说明义务。保险合同通常采用的是保险人提供的格式条款且具有较强的专业性,为保护投保人利益,法律要求保险人在订立保险合同时应履行说明义务,这实际上反映了保险法最大诚信原则对保险人的要求。"说明"可分为"一般说明"和"明确说明"。对于保险合同的普通条款,保险人负有"说明义务",而对于合同中的免责条款,保险人则负有"明确说明"的义务。根据《保险法》第17条第2款,对保险合同中免除保险人责任的条款,保险人在订立合同时应当在投保单、保险单或者其他保险凭证上作出足以引起投保人注意的提示,并对该条款的内容以书面或者口头形式向投保人作出明确说明;未作提示或者明确说明的,该条款不产生效力。因为保险合同中免责条款所用术语往往都是保险业专业用语,具有特定的内涵和外延,如果不加以明确说明,投保人往往会忽视免责条款,或虽注意到该免责条款,但因各方面局限,投保人或被保险人也不能全面准确了解其含义,此时即使投保人未对免责条款提出异议,也不能反映其真实意思,不能表示投保人同意受免责条款的约束,因此这种情况下,该免责条款不应发生效力。

2014年4月11日,叶某驾驶重型半挂牵引车,与相对方向黄某驾驶的重型自卸货车交会相撞,经认定,叶某负事故全部责任。黄某驾驶的重型自卸货车的所有人为某汽车运输服务有限公司。经评估,该车维修期间的停运损失为30 315元,另支付评估费2 615元。叶某驾驶的重型半挂牵引车的所有人为华瑞公司,该车在某保险支公司投保了交强险和保险金额为100万元的商业三者险并不计免赔。某汽车运输服务有限公司诉至法院要求某保险支公司赔偿停运损失等合计33 130元。某保险支公司辩称,某汽车运输服务有限公司诉请的是停运损失及相关评估费用,依据交强险保险条款和第三者责任险保险条款约定,停运损失不属于保险责任范围,保险公司不予赔偿,应由侵权人承担赔偿。法院审理认为,对保险合同中免除保险人责任的条款,保险人在订立合同时应当在投保单、保险单或者其他保险凭证上作出足以引起投保人注意的提示,并对该条款的内容以书面或者口头形式向投保人作出明确说明;未作提示或者明确说明的,该条款不产生效力。某保险支公司对免除保险人责任的条款未能举证证明向投保人作出明确说明,该免除保险人责任的条款不产生效力,故对某保险支公司辩称的不予赔偿的主张不予采信,遂判决被告某保险支公司赔偿原告某汽车运输服务有限公司停运损失等 32 830 元。

(案例来源:中国法院网. 免责条款未明确说明保险公司承担赔偿责任. [EB/OL]. [2015/01/27]. http://www.chinacourt.org/article/detail/2015/01/id/1541577.shtml)

(3)不随意解除合同的义务。保险合同成立后,除《保险法》另有规定或者保险合同另有约定外,保险人不得解除合同。

2. 投保人和被保险人的主要义务

(1)给付保险费的义务。保险费是投保人向保险人缴纳的费用,是保险人承担保险责任的对价。根据《保险法》,保险合同成立后,投保人按照约定交付保险费,保险人按照约定的时间开始承担保险责任。保险费的给付,根据保险合同的约定,可分为一次给付和分期给付两种情况。投保人如果未按约定履行给付保险费的义务,则产生下列法律后果:①在约定保险费给付为保险合同生效要价的场合,则保险合同不生效;②在人身保险中,合同约定分期支付保险费的,投保人支付首期保险费后,除合同另有约定外,投保人自保险人催告之日起超过三十日未支付当期保险费,或者超过约定的期限六十日未支付当期保险费的,合同效力中止,或者由保险人按照合同约定的条件减少保险金额。③在财产保险中,保险费一般均约定一次交付,但也有例外约定分期交付的。如果投保人未履行分期交付的义务,其法律后果如何,我国保险法并未明确规定。但在实务上,保险合同往往规定有"不按期付保费,本保单自动失效"或"保险费到期未交付的,本合同的效力及时中止"等条款,从而对合同当事人产生约束力。

(2)如实告知的义务。所谓如实告知,是指投保人在订立保险合同时对保险人的询问所作出的声明或陈述,应当全面、真实、客观,不得隐瞒或者故意不回答,也不得编造虚假情况以欺骗保险人。如实告知发生在保险合同订立之前,即如实告知义务发生在合同订立之前的任何阶段,从合同法的角度来看,如实告知在性质上是先合同义务。先合同义务,是指合同当事人为缔结合同,在合同订立前根据诚实信用原则所负的各种说明、告知、注意以及保护等义务。所以,如实告知义务的理论基础是民法上的"诚实信用原则",反映在保险法上就是"最大诚信原则"。如实告知是投保人的一项法定义务,来源于法律的直接规定,而不是当事人的约定,但通过当事人的约定或保险人的弃权,可以免除对部分事实的告知义务。关于如实告知义务,在理解时应注意以下几点:

① 告知义务的主体。如实告知义务的主体仅为投保人。如实告知义务发生在订立保险合同的过程中,而被保险人并不是签约投保的人,换言之被保险人不是保险合同当事人,令其承担告知义务有违合同相对性原则,因此被保险人不是如实告知的义务主体。

② 告知义务的范围。关于告知义务的范围,从各国保险立法来看,有两种不同的立法体例:一是自动告知主义;二是询问告知主义。自动告知主义要求投保人主动、全面地告知与保险标的风险有关的重要情况,而不以保险人的询问为条件,保险人也不用确定告知内容的具体范围。询问告知主义则仅要求投保人回答保险人对保险标的风险状况提出的询问即可。对保险人没有询问的事项,投保人无需主动告知。我国保险法采用的是第二种立法体例,即询问告知主义。考虑到保险人和投保人交易地位上的差别,询问告知的规定是合理的。虽然投保人对保险标的比保险人更为了解,但对于有关保险标的的哪些事项属于会影响到保险人决定是否同意承保或决定费率的重要事项,只有保险人最为清楚。保险人为了维护自身的利益,也会在投保单中详尽列明须告知的重要事项,如果因为保险人自己的原因未列明,其后果应由保险人自己承担。

③ 违反告知义务的后果。根据我国保险法,告知义务的违反有两种情形,一是故意不履行如实告知义务,二是因重大过失而未履行如实告知义务,两者的法律后果有很大的不同。违反告知义务的法律后果涉及保险人解除合同、不承担赔偿或给付保险金的责任及不退还保险费三个方面。就解除合同而言,投保人故意不履行如实告知义务的,则不论投保人未如实告知的事实对保险事故的发生有无影响,保险人均有权解除保险合同,即保险人有当然的合同解除权;而如果投保人是因重大过失而未履行如实告知义务,那么只有在投保人未如实告知的事实对保险事故的发生有严重影响的情况下,保险人才有权解除保险合同。就不承担赔偿或给付保险金责任而言,投保人故意不履行如实告知义务的,保险人对于合同解除前发生的保险事故,均不承担赔偿或者给付保险金的责任;而如果投保人是因重大过失未履行如实告知义务,则只有在投保人未如实告知的事实对保险事故的发生有严重影响的情况下,保险人对于合同解除前发生的保险

事故,才可以不承担赔偿或者给付保险金的责任。就不退还保险费而言,投保人故意不履行如实告知义务的,保险人不仅不承担赔偿或者给付保险金的责任,还无须退还保险费;但如果投保人是因重大过失未履行如实告知义务,保险人未承担赔偿或者给付保险金的责任的,则应当退还保险费。

④ 保险人合同解除权的限制。这种限制体现在两个方面,一是时间限制,二是禁止保险人反言。我国《保险法》规定了保险人行使合同解除权的时间限制,也就是说,如果保险人因投保人未履行如实告知义务而解除合同,应当自其知道有解除事由之日起 30 日内行使合同解除权,否则合同解除权即消灭。而且自合同成立之日起超过二年的,保险人不得解除合同;发生保险事故的,保险人应当承担赔偿或者给付保险金的责任。此外,法律还禁止保险人反言。根据我国《保险法》第 16 条第 6 款,保险人在合同订立时已经知道投保人未如实告知的情况的,保险人不得解除合同;发生保险事故的,保险人应当承担赔偿或者给付保险金的责任。如果保险人在订立合同时已经知道投保人未履行如实告知义务,但为了多收保费依然同意承保,发生保险事故时又以投保人未履行告知义务为由拒绝承担赔偿或给付保险金的责任,则显然有违最大诚信原则的要求,也侵害了投保人的权益,因此有必要对保险人的此种行为作出限制。

2013 年 4 月,钟某向某保险公司投保终身重大疾病保险,缴费期数为 10 年,缴费方式为年交,保险金额为 30 000 元。合同签订后,钟某连续缴纳了两年保费。2014 年钟某患病两次住院治疗,并被诊断为尿毒症。2015 年 11 月,钟某向保险公司申请给付重大疾病保险金。保险公司收到申请后,认为钟某因尿毒症住院透析治疗,其在投保前已患有高血压、蛛网膜下腔出血、多囊肾,投保时未如实告知。保险公司向钟某发出“解除保险合同通知书”,通知钟某自 2015 年 11 月起解除保险合同。2016 年 7 月,钟某病故。钟某继承人吴某等 3 人向保险公司请求给付保险金遭拒后,诉至法院。法院认为,钟某于 2015 年 11 月向被告保险公司申请理赔时,案涉保险合同成立已经超过二年,被告保险公司不得解除案涉合同。保险公司虽向钟某发出合同解除通知,但不产生解除合同的效力,发生保险事故的,保险人仍应当承担给付保险金的责任。法院判决保险公司给付三原告保险金人民币 3 万元。

(案例来源:中国法院报.投保人买终身险后患病身亡保险公司拒赔败诉[N].[2017/11/22])

（3）通知义务。通知义务涉及两种情况，一是危险增加的通知义务，二是发生保险事故的通知义务。前者是指在合同有效期内，保险标的的危险程度显著增加的，被保险人应当按照合同约定及时通知保险人，保险人可以按照合同约定增加保险费或者解除合同。被保险人未履行该通知义务的，因保险标的的危险程度显著增加而发生的保险事故，保险人不承担赔偿保险金的责任。后者是指投保人、被保险人或者受益人知道保险事故发生后，应当及时通知保险人。故意或者因重大过失未及时通知，致使保险事故的性质、原因、损失程度等难以确定的，保险人对无法确定的部分，不承担赔偿或者给付保险金的责任，但保险人通过其他途径已经及时知道或者应当及时知道保险事故发生的除外。

李某为其小型轿车在甲保险公司投保机动车损失保险。保险期间内，李某驾驶该车与案外人乙某驾驶的车辆相撞，经公安机关认定，李某负交通事故全部责任，乙某无责任。事故发生后，甲保险公司出具车辆损失情况确认书，认定李某车辆损失金额为 54 700 元。甲保险公司在定损时发现，李某系某网约车平台签约司机，事故发生时系通过该网约车平台 APP 接单从事营运行为，遂拒绝对上述车辆损失承担保险责任，李某提起诉讼。法院经审理认为，李某系以"非营运车辆"向保险公司投保，但其事实上通过网约车平台实施了收费营运活动。营运车辆较非营运车辆，在途驾驶时间上会有明显增加，交通事故出现率也会有明显增高，李某作为车辆投保人在将车辆投入营运时，有义务通知保险人，并办理保单批改手续。法院判决驳回李某诉讼请求。宣判后双方均未上诉，判决已生效。

（案例来源：上海市浦东新区人民法院民事判决书（2016）沪 0115 民初 75306 号）

（4）施救义务。所谓施救义务，是指保险事故发生时，被保险人除及时通知保险人外，还应积极采取合理的措施，抢救出险的财产，以避免或减少损失的义务。我国《保险法》第 57 条第 1 款规定："保险事故发生时，被保险人应当尽力采取必要的措施，防止或者减少损失。"因为被保险人往往比保险人更早了解险情，如能及时、主动设法施救，则可以避免或减少损失，对合同双方当事人都有利。施救义务的履行，应具备两个条件：一是主观条件，即被保险人在主观上知道保险事故已经发生。如果被保险人不知道或无法知道保险事故发生，保险人就不能以被保险人未履行施救义务而拒赔。二是客观条件,即被保险人在客观上能够采取一定措施防止或减少保险标的的损失。如果损失已无法控制,或被保险人当时的客观条件已无法采取防止或减少损失的措施,保险人也不能拒赔。被保险人履行施救义务,必然会有一定的费用支出。对此,《保险法》规定:被保险人因积极施救而支出的必要的、合理的费用,由保险人承担,并在保险金额以外另行计算,但最高不能超过保险金额的数额。

(5)提供有关证明和资料的义务。保险事故发生后,按照保险合同请求保险人赔偿或者给付保险金时,投保人、被保险人或者受益人应当向保险人提供其所能提供的与确认保险事故的性质、原因、损失程度等有关的证明和资料。

3. 索赔和理赔

(1)索赔与理赔概述。索赔是指被保险人或受益人在保险事故发生后,根据保险合同,请求保险人赔偿或给付保险金的行为。理赔则是指保险人对被保险人或受益人的索赔请求予以处理并决定是否赔偿或给付保险金的行为。换言之,索赔是被保险人或受益人行使其权利的过程,而理赔则是保险人履行其义务的过程,索赔与理赔是保险合同履行中的必要环节,也是实现保险合同目的的关键步骤与具体途径。

索赔应在法定期限内进行。根据《保险法》第 26 条,人寿保险以外的其他保险的被保险人或受益人的索赔时效为 2 年,自其知道或应当知道保险事故发生之日起计算;人寿保险的被保险人或受益人的索赔时效为 5 年,自其知道或应当知道保险事故发生之日起计算。

(2)索赔。①出险通知。投保人、被保险人或者受益人知道保险事故发生后,应当及时通知保险人,并提出索赔请求。②积极施救、防止或减少损失。保险事故发生时,被保险人应当尽力采取必要的措施,防止或者减少损失,由此所支付的必要的、合理的费用,由保险人承担,保险人所承担的费用数额在保险标的损失赔偿金额以外另行计算,但最高不得超过保险金额的数额。③接受检验。保险事故发生后,被保险人有义务保护好现场,接受保险人或有关部门的检验,并为之提供方便条件。④提供索赔证明和资料。这些证明和资料主要是指保险单或保险凭证的正本;已支付保险费的凭证;账册、收据、发票、装箱单等有关保险标的的原始单据;保险事故证明及损害结果证明;索赔清单等。

（3）理赔。①立案检验、现场查勘。保险人接到出险通知后应及时按险别立案，并派员至出险现场查勘，了解有关情况并做好记录。②责任审核。保险人收到被保险人或者受益人的赔偿或者给付保险金的请求后，应当及时作出核定；情形复杂的，应当在 30 日内作出核定，但合同另有约定的除外。对不属于保险责任的，应当自作出核定之日起 3 日内向被保险人或者受益人发出拒绝赔偿或者拒绝给付保险金通知书，并说明理由。③先予支付。保险人自收到赔偿或者给付保险金的请求和有关证明、资料之日起 60 日内，对其赔偿或者给付保险金的数额不能确定的，应当根据已有证明和资料可以确定的数额先予支付；保险人最终确定赔偿或者给付保险金的数额后，应当支付相应的差额。④赔偿或给付保险金。保险人应在与被保险人或受益人达成有关赔偿或给付保险金额的协议后 10 日内履行赔偿或给付保险金义务，若保险合同中就履行期限另有约定，则按约定办理。

（五）保险合同的变更与解除

1. 保险合同的变更

保险合同依法成立，即具有法律约束力，当事人双方都必须全面履行合同义务，不得擅自变更合同。但在某些情况下，由于主客观情况的变化也需要对保险合同作必要的变更，这种变更包括合同内容的变更、合同主体的变更等。

（1）保险合同内容的变更。所谓保险合同内容的变更，是指在保险合同主体不变的情况下，对合同中原来约定的某些事项予以改变。如保险标的种类的变化、保险标的数量的增减、标的存放地点、用途、危险程度、危险责任、保险期限、保险金额的变化等。变更保险合同的内容须具备两个条件：一是投保人与保险人就变更达成协议，二是合同变更须符合法定形式。根据《保险法》，变更保险合同的，应当由保险人在保险单或者其他保险凭证上批注或者附贴批单，或者由投保人和保险人订立变更的书面协议。

（2）保险合同主体的变更。保险合同主体的变更，是指保险合同当事人或关系人的变更，又称保险合同的转让。主体变更主要是指投保人、被保险人及受益人的变更，特殊情况下保险人也可能发生变更。如经营有人寿保险业务的保险公司被依法撤销或者被依法宣告破产的，其持有的人寿保险合同必须转让给其他经营有人寿保险业务的保险公司;不能同其他保险公司达成转让协议的,由国务院保险监督管理机构指定经营有人寿保险业务的保险公司接受转让。在财产保险合同中,主体的变更大多是由于保险标的的所有权或经营权转移而引起的。根据《保险法》,保险标的转让的,保险标的的受让人承继被保险人的权利和义务,被保险人或者受让人应当将保险标的转让及时通知保险人,但货物运输保险合同和另有约定的合同除外。在人身保险合同中,被保险人或者投保人可以变更受益人并书面通知保险人。保险人收到变更受益人的书面通知后,应当在保险单或者其他保险凭证上批注或者附贴批单。此外,投保人变更受益人时须经被保险人同意。

2. 保险合同的解除

保险合同的解除,是指在保险合同生效后、有效期限届满之前,当事人依法提前终止保险合同的法律行为。保险合同的解除与变更是不同的。合同的变更会产生一种新的民事法律关系;而合同的解除则是消灭了当事人之间的原有合同关系,并不再产生新的合同关系。保险合同的解除与合同无效也是不同的。因为合同的解除是以合同有效为前提的;而无效合同根本不发生法律效力,所以无效合同本身就不存在解除问题。从行使解除权的主体来看,保险合同的解除可分为投保人对合同的解除和保险人对合同的解除两种情况。

1)投保人对保险合同的解除。根据《保险法》,除法律另有规定或保险合同另有约定外,保险合同成立后,投保人可以解除保险合同。《保险法》对投保人解除合同的唯一限制规定在该法第50条,即"货物运输保险合同和运输工具航程保险合同,保险责任开始后,合同当事人不得解除合同"。此外,如果保险合同中对投保人解除合同的权利进行了限制,也应按合同约定办理。

2)保险人对保险合同的解除。与投保人解除保险合同的权利一般不受限制相反,保险人解除合同的权利受到严格限制,除法律另有规定或保险合同另有约定外,保险人不得解除保险合同。根据《保险法》的有关规定,保险人有权解除合同的情形有以下各项。

(1)《保险法》第16条规定:"投保人故意或者因重大过失未履行前款规定的如实告知义务,足以影响保险人决定是否同意承保或者提高保险费率的,保险人有权解除合同。"如实告知义务是投保人的一项基本义务,投保人违反如实告知义务,则意味着保险人同意承保是在不了解保险标的真实情况时作出的,不是保险人真实意思的反映,这种情况下如果继续维持保险合同的效力,不仅对保险人不公平,而且会鼓励不履行如实告知义务这一不诚信行为。因此法律允许保险人解除保险合同。

（2）《保险法》第27条规定:"未发生保险事故,被保险人或者受益人谎称发生了保险事故,向保险人提出赔偿或者给付保险金请求的,保险人有权解除合同,并不退还保险费。投保人、被保险人故意制造保险事故的,保险人有权解除合同,不承担赔偿或者给付保险金的责任;除《保险法》另有规定外,不退还保险费。"谎称发生保险事故或故意制造保险事故,均属于保险欺诈行为,它不仅损害保险人的利益,同时也损害了其他投保人、被保险人或受益人的利益,甚至对社会安定也是一种严重的危害,因此,当发生保险欺诈行为时,保险人可以以此为理由解除保险合同。

（3）《保险法》第32条规定:"投保人申报的被保险人年龄不真实,并且其真实年龄不符合合同约定的年龄限制的,保险人可以解除合同,并按照合同约定退还保险单的现金价值。"该规定既是最大诚信原则的具体体现,又是针对人身保险合同的特点所作的一种特别规定。因为人身保险合同中被保险人的年龄状况对保险人决定是否承保、确定保险费率的高低都有重大影响,所以如果投保人申报的被保险人年龄不实,而且其真实年龄不符合合同约定的年龄限制,保险人可以解除合同。

（4）《保险法》第49条规定:"因保险标的转让导致危险程度显著增加的,保险人自收到被保险人或受让人的通知之日起30日内,可以按照合同约定增加保险费或者解除合同。"

（5）《保险法》第51条规定:"投保人、被保险人未按照约定履行其对保险标的的安全应尽责任的,保险人有权要求增加保险费或者解除合同。"

（6）《保险法》第52条规定:"在合同有效期内,保险标的的危险程度显著增加的,被保险人应当按照合同约定及时通知保险人,保险人可以按照合同约定增加保险费或者解除合同。"

（7）《保险法》第58条规定:"保险标的发生部分损失的,自保险人赔偿之日起30日内,投保人可以解除合同;除合同另有约定外,保险人也可以解除合同,但应当提前 15 日通知投保人。"

除上述法定解除的情形外,保险人也可以根据保险合同的约定解除合同。

(六) 保险合同的解释

保险合同的解释,是指阐明保险合同条款的含义,从而确定当事人在保险合同中的权利义务。保险合同订立后,投保人、被保险人、受益人、保险人之间可能因对保险条款理解不一产生争议,因此需要对合同条款进行解释以维护各方当事人的正当权益。《保险法》第 30 条规定,采用保险人提供的格式条款订立的保险合同,保险人与投保人、被保险人或者受益人对合同条款有争议的,应当按照通常理解予以解释。对合同条款有两种以上解释的,人民法院或者仲裁机构应当作出有利于被保险人和受益人的解释。由此可见,根据我国保险法,发生保险条款理解争议时,应首先采取"通常理解"对条款内容进行解释,即按照文义解释、体系解释及历史解释的方法解释条款内容,在穷尽上述解释方法后仍有两种以上理解的,方可适用疑义利益解释规则,即作出有利于被保险人和受益人的解释。保险合同通常为保险人单方面拟定,在对合同条款有两种以上解释时适用疑义利益规则符合公平原则,但该规则不能滥用,如果按"通常理解"已足以明确合同条款的含义,则不适用疑义利益解释规则。

原告甲公司为其车辆向被告乙保险公司投保交强险、车辆损失险等保险,保单正面车辆使用性质栏记载为"营业特种车"。《车损险条款》为乙保险公司提供的格式条款,其中约定的保险责任范围包括"火灾、爆炸,党政机关、事业团体用车、企业非营业用车的自燃";责任免除范围包括"其他使用性质的车辆的自燃"。后被保险车辆起火,造成车头部分烧毁,经鉴定起火原因为车辆电气线路故障。因乙保险公司拒赔,甲公司诉至法院,请求判令被告支付相应的保险金。法院认为,《车损险条款》已就火灾、自燃的概念作出了明确区分,火灾为机动车本身以外火源引起的燃烧,自燃为机动车本身故障引起的燃烧,该定义表达清晰无歧义,故不适用疑义利益规则。被保险车辆为营业特种车,发生的自燃事故不符合原、被告在保险合同中约定的"火灾、爆炸,党政机关、事业团体用车、企业非营业用车的自燃"的责任范围,法院判决驳回原告诉讼请求。宣判后,双方均未提起上诉,判决已生效。

(案例来源:上海市虹口区人民法院民事判决书(2015)虹民五(商)初字第 2578 号)

三、人身保险合同

（一）人身保险合同的概念和分类

1. 人身保险合同的概念和特点

人身保险合同是指以人的寿命和身体为保险标的，保险人依约向投保人收取保险费，当被保险人死亡、伤残或者保险期限届满时，保险人向被保险人或受益人支付保险金的合同。与财产保险合同相比，人身保险合同具有自己的特点，主要体现在以下各项。

（1）合同主体的特殊性。人身保险合同中的被保险人只能是自然人，而财产保险合同中的被保险人则可以是自然人，也可以是法人。人身保险合同中被保险人可以自己行使保险金请求权，也可以另行指定他人为受益人来行使保险金请求权；而在财产保险合同中则没有专门的受益人，保险金请求权总是由被保险人来行使的。

（2）保险期限的长期性。财产保险合同的期限比较短，一般只有 1 年、几个月甚至更短。而人身保险合同一般为 5 年、10 年、15 年、20 年、30 年甚至终身。因为人身保险的目的，一是为自己年老或丧失劳动能力或出现意外事故时提供经济保障；二是为抚养或赡养自己身后的家属，这就必然要求人身保险合同具有长期性。

（3）一定的储蓄性。订立人身保险合同不仅使被保险人得到了保险保障，还可以取得储蓄的权益。这一点，在人寿保险合同中表现得最为典型。因为人寿保险合同所承保的死亡事故是必然要发生的，保险人迟早要向受益人给付保险金。保险人所收取的保险费，除了部分营业开支外，大部分的积累还须返还给被保险人或受益人。投保人每年将少量的钱，积存于保险人手中，到老年去世后，其家属则可以得到一笔可观的保险金，这同储蓄十分相似，只不过是它不能随意支取，要到保险事故发生后才能支取。另外，人寿保险的死亡危险随着年龄的增长而提高，因此根据自然死亡率而推算的自然保险费率就需逐年提高，以致造成保险需求与经济负担上的不平衡。为此，保险人一般采用均衡费率来代替自然费率，使保险费率年年相同。这样，投保人年轻时交的保险费率就要高于他应付的自然费率，这高出部分实际上就是他为今后年份的储蓄。

2. 人身保险合同的分类

人身保险合同种类繁多,通常可分为人寿保险合同、健康保险合同和意外伤害保险合同等。

(1)人寿保险合同。人寿保险合同是指以被保险人的死亡或者生存为保险事故的保险合同。它还可以进一步分为死亡保险合同、生存保险合同和混合保险合同。死亡保险合同是以被保险人的死亡为保险事故的保险合同。与死亡保险合同相反,生存保险合同是以被保险人在规定期限内生存作为给付保险金条件的保险合同。混合保险合同,又称生存死亡两全保险合同、养老保险合同,是指不论被保险人在保险期限内死亡或生存到保险期届满,均可以领取约定保险金的一种保险合同。它实际上是由生存保险合同和死亡保险合同两者合并组成的。

(2)健康保险合同。健康保险合同又称疾病保险合同,是指被保险人在保险期限内因疾病(身体健康受破坏)、分娩(身体状况变化,视同疾病)及因疾病、分娩所致残废或死亡时,保险人按约定给付保险金的合同。健康保险合同具有一定的损失补偿因素,特别是医疗给付,主要是补偿医疗费用的实际损失,但它毕竟是以人身为客体的,特别是因疾病而导致的死亡,更不属经济损失的补偿,而是定额给付,因此,健康保险合同应纳入人身保险合同的范畴。

(3)意外伤害保险合同。意外伤害保险合同是指被保险人在保险期间内,因遭受意外伤害或因此而导致残废或死亡时,保险人依约给付保险金的合同。意外伤害保险合同又可分为普通意外伤害保险合同与特种伤害保险合同。普通意外伤害保险合同的保险金额、保险方法由双方当事人约定;特种伤害保险合同的保险范围仅限于特种原因或特定地点所造成的伤害,如旅游伤害、交通事故伤害等。

(二)人身保险合同的特殊条款

人身保险合同除应订明投保人、被保险人、受益人的姓名和住所、保险人的名称和住所、保险责任、保险金额、保险期限等基本事项外,往往还有一些反映人身保险合同的特点而对当事人权利义务进行特别规定的条款,其中常见的有以下各项。

（1）宽限期条款。宽限期条款是长期人寿保险合同的常见条款之一。人寿保险合同是长期性合同,需要投保人几年、几十年地按期交纳保险费,有时难免会发生投保人因疏忽或经济困难等原因不能按时缴费的情况。如果因此导致保险合同无效,则对投保人、保险人双方都不利,所以人寿保险合同中一般对投保人每次交纳保险费会规定一个宽限期。根据《保险法》第36条的规定,合同约定分期支付保险费,投保人支付首期保险费后,除合同另有约定外,投保人自保险人催告之日起超过30日未支付当期保险费,或者超过约定的期限60日未支付当期保险费的,合同效力中止,或者由保险人按照合同约定的条件减少保险金额。

（2）复效条款。复效条款是与宽限期条款相联系的常见条款,是指投保人不按时支付当期保险费超过宽限期,保险合同效力中止以后重新恢复保险合同效力的条款。如前所述,投保人不按时支付当期保险费超过宽限期,则保险合同效力中止,但中止仅仅是指保险合同暂时停止效力,并不是保险合同的终止或消灭。投保人在一定期限内和一定条件下仍然有权申请恢复保险合同的效力。根据《保险法》第37条,此处期限最长为2年,具体条件包括:①保险人与投保人协商并达成协议;②投保人须补交保险费。最高人民法院2015年11月25日发布,2015年12月1日起施行的《关于适用〈中华人民共和国保险法〉若干问题的解释(三)》中进一步具体规定,投保人提出恢复效力申请并同意补交保险费的,保险人原则上应予恢复效力,除非被保险人的危险程度在中止期间显著增加。为防止保险人收到复效申请后长时间不作答复,《解释三》还规定了保险人的答复时限,即保险人在收到恢复效力申请后,三十日内未明确拒绝的,应认定为同意恢复效力。

（3）自杀条款。它是死亡保险合同的常见条款。该条款一般规定,被保险人故意自杀的,保险人不承担保险责任。自杀是否应列入保险人除外责任的范围,历来存在争议。赞成列入者认为,如果自杀也能获得保险金,就可能会鼓励意图自杀的人在自杀前投保巨额的人身保险,从而诱发道德危险,因此应将自杀列入除外责任。反对列入者则认为,自杀死亡是死亡的原因之一,保险人根据死亡率计算保险费时已将自杀考虑在内,所以如果保险人对自杀完全免责,则会造成保险人承担的给付责任与其所收取的保险费不对应。因此,各国法一般都对自杀条款作了限制,对于被保险人的自杀行为,保险人不是一概免责,而只是在合同成立后的一定期限内免责。我国《保险法》将这一期限定为2年,该法第44条规定,以被保险人死亡为给付保险金条件的合同,自合同成立或者合同效力恢复之日起2年内,被保险人自杀的,保险人不承担给付保险金的责任,但被保险人自杀时为无民事行为能力人的除外。根据《保险法解释(三)》,保险人以被保险人自杀为由拒绝给付保险金的,由保险人承担举证责任。受益人或者被保险人的继承人以被保险人自杀时无民事行为能力为由抗辩的,由其承担举证责任。

郭某于2011年1月在民生银行信用卡中心办理了钻石信用卡。民生银行信用卡中心于2012年3月22日为其信用卡客户在被告某保险公司处投保团体意外伤害保险,保险金额为每人100万元,保险期间自2012年3月23日起至2013年3月22日止,郭某为被保险人之一,2012年5月22日,郭某身故。此后,郭某家属因向被告申请理赔遭拒诉至法院,要求判令被告向原告给付意外伤害保险金100万元。法院经审理认为,民生银行信用卡中心为郭某投保的是团体综合意外保险计划,根据保险合同的约定,只有当被保险人发生意外伤害,并因此意外伤害导致身故或身残时,保险人才应当给付保险金。该案中,郭某曾多次因抑郁前往医院就诊,其死亡原因经公安机关勘查确认为因患有抑郁症而自杀。郭某的身故属于因疾病导致的自杀身故,不属于保险合同中约定的意外身故,被告不应对郭某的身故承担给付保险金的责任。法院判决驳回原告的诉讼请求。

(案例来源:中国法院网. 患抑郁症跳楼身亡非意外险理赔范围不获赔. [EB/OL].
[2013/04/12]. http://www.chinacourt.org/article/detail/2013/04/id/940764.shtml)

(4)受益人条款。受益人是人身保险合同特有的概念,它是指由被保险人或投保人指定的享有保险金请求权的人,但投保人指定受益人须经被保险人同意,投保人为与其有劳动关系的劳动者投保人身保险,不得指定被保险人及其近亲属以外的人为受益人。受益人可以为一人或者数人,受益人为数人的,被保险人或者投保人可以确定受益顺序和受益份额;未确定受益份额的,受益人按照相等份额享有受益权。投保人或者被保险人指定受益人后,还可以变更受益人,但投保人变更受益人时须经被保险人同意。受益人的变更是否还应当征得保险人同意？鉴于变更行为是一种单方法律行为,《保险法解释三》规定投保人或被保险人变更受益人,自变更受益人的意思表示作出时生效。同时,为了保护保险人的合理信赖,规定变更受益人没有通知保险人的,不得对抗保险人。如果没有指定受益人,或受益人先于被保险人死亡,或受益人依法丧失受益权或放弃受益权,在没有其他受益人的情况下,被保险人死亡后的保险金作为被保险人的遗产,由其继承人领取。

四、财产保险合同

（一）财产保险合同的概念和分类

1. 财产保险合同的概念

财产保险合同是指以财产及其有关利益为保险标的的保险合同。它具有一般保险合同的共性,即财产保险合同是射幸合同、是双务有偿合同、是附和合同、是最大诚信合同。与人身保险合同相比,财产保险合同的特点在于它是一种补偿性合同,其合同目的在于补偿被保险人因保险事故所遭受的经济损失,因此它以赔偿实际损失为原则。当发生保险事故时,保险人以保险金额为限,按照保险标的的实际损失进行赔偿。

2. 财产保险合同的分类

（1）定值保险合同与不定值保险合同。根据保险合同中是否已载明保险价值,可以将财产保险合同分为定值保险合同与不定值保险合同。前者是指投保人和保险人约定保险标的的保险价值并在合同中载明,当保险标的发生损失时,则以约定的保险价值作为赔偿计算标准。后者是指投保人和保险人在合同中未约定保险标的的保险价值,当保险标的发生损失时,则以保险事故发生时保险标的的实际价值作为赔偿计算标准。

（2）足额保险合同、不足额保险合同与超额保险合同。根据保险金额与保险价值的关系,可以将财产保险合同分为足额保险合同、不足额保险合同和超额保险合同。足额保险合同是指保险金额与保险价值相等的保险合同。保险事故发生后,在保险金额范围内,保险人按1:1的比例关系,根据保险标的的实际损失赔偿保险金。不足额保险合同是指保险金额低于保险价值的保险合同。根据

《保险法》,保险金额低于保险价值的,除合同另有约定外,保险人按照保险金额与保险价值的比例承担赔偿保险金的责任。超额保险合同是指保险金额高于保险价值的合同,这种合同是我国法律所禁止的。《保险法》第55条第3款规定:"保险金额不得超过保险价值;超过保险价值的,超过的部分无效,保险人应当退还相应的保险费。"超额保险之所以不受法律保护,是因为:第一,对保险金额超过保险价值的部分,投保人并无保险利益;第二,如果法律承认超额保险,则意味着被保险人可在保险事故发生时因取得的赔偿金额大于实际损失而获利,从而增加了道德风险。

(二)财产保险的主要险种

在我国,财产保险主要有以下几种:

(1)财产损失保险:指保险人承保因火灾和其他自然灾害及意外事故引起的直接经济损失。险种主要有企业财产保险、家庭财产保险、家庭财产两全保险(指只以所交费用的利息作保险费,保险期满退还全部本金的险种)、涉外财产保险等。

(2)货物运输保险:指保险人承保货物运输过程中自然灾害和意外事故引起的财产损失。险种主要有国内货物运输保险、国内航空运输保险、涉外(海、陆、空)货物运输保险、邮包保险、各种附加险和特约保险。

(3)运输工具保险:指保险人承保运输工具因遭受自然灾害和意外事故造成运输工具本身的损失和第三者责任。险种主要有汽车、机动车辆保险、船舶保险、飞机保险、其他运输工具保险。

(4)农业保险:指保险人承保种植业、养殖业、饲养业、捕捞业在生产过程中因自然灾害或意外事故而造成的损失。

(5)工程保险:指保险人承保中外合资企业、引进技术项目及与外贸有关的各专业工程的综合性危险所致损失,以及国内建筑和安装工程项目,险种主要有建筑工程一切险、安装工程一切险、机器损害保险、国内建筑、安装工程保险、船舶建造险、以及保险公司承保的其他工业险。

(6)责任保险:指保险人承保被保险人的民事损害赔偿责任的险种,主要有公众责任保险、第三者责任险、产品责任保险、雇主责任保险、职业责任保险等险种。

（7）保证保险：指保险人为被保证人向权利人提供担保的保险，其保险标的是被保证人的信用风险，当被保证人的作为或不作为致使权利人遭受经济损失时，保险人负经济赔偿责任。包括合同保证保险、忠实保证保险、产品保证保险、商业信用保证保险、出口信用保险、投资（政治风险）保险。

（三）财产保险中的代位求偿权

1. 保险代位求偿权的概念

保险代位求偿权，简称保险代位权，是指保险人赔偿被保险人的损失后，所取得的被保险人享有的依法向负有民事赔偿责任的第三者请求赔偿的权利。《保险法》第60条第1款规定："因第三者对保险标的的损害而造成保险事故的，保险人自向被保险人赔偿保险金之日起，在赔偿金额范围内代位行使被保险人对第三者请求赔偿的权利。"这里的第三者，是指被保险人以外的其他一切人，并不以自然人为限，也包括法人或其他组织。代位求偿的目的，一是在于防止被保险人从保险人处取得赔偿后，再次向第三人求偿，从而得到两次补偿；二是在于防止第三人仅由于与他无关的保险合同而逃脱责任。代位求偿权由财产保险合同的补偿性派生而来，因此只存在于财产保险中。在人身保险中，被保险人因第三者的行为而发生死亡、伤残或者疾病等保险事故的，保险人向被保险人或者受益人给付保险金后，被保险人或者受益人仍有权向第三者请求赔偿，而保险人并不享有向第三者追偿的权利。

2. 代位求偿权的性质

关于代位求偿权的性质，学者多认为代位求偿实际上是一种债权让与，即被保险人将其对第三人的赔偿请求权转让给保险人行使，但与一般的债权让与相比，代位求偿权又有所不同：①代位求偿权是一种法定权利，而一般的债权让与是合同当事人的自由契约行为；②代位求偿权的行使无须通知债务人，而一般的债权让与则以通知债务人为要件；③代位求偿权的行使须以保险人支付保险赔偿金为前提，而一般债权让与的受让人则无此限制。

3. 代位求偿权的行使

（1）保险人行使代位求偿权，必须以已向被保险人支付了保险赔偿金为前提，并以其已支付的保险金为限，保险人只能在已支付保险金的范围内行使代位求偿权。具体来说，可分为三种情况：①第三者已赔偿全部损失。基于财产保险的补偿性,此时尽管事故属于保险责任范围,但由于被保险人已无须再取得损失补偿,所以保险公司可不再支付保险赔偿金。既然保险公司不支付保险赔偿金,因而也就不产生代位求偿的权利;②第三者赔偿不足。此种情况下保险人支付保险赔偿金时,应扣减被保险人已从第三者处获得的赔偿金额。例如,一投保车辆遭另一车辆碰撞而发生保险事故,损失金额 10 万元。肇事车辆已向被保险车辆赔偿 6 万元。由于被保险人已从第三方获赔 6 万元,所以保险人只需支付 4 万元保险赔偿金,保险人向第三方行使代位求偿权也以 4 万元为限;③保险人赔偿不足。保险人赔付保险金以合同约定的保险金额为最高限额。在不足额保险的情况下,即使保险公司按全损赔偿,并已取得赔偿金额范围内的代位求偿权,被保险人仍有权就未取得赔偿部分(即保险人赔偿不足部分)向第三者请求赔偿。例如,一投保车辆约定保险价值为 15 万元,保险金额 10 万元,采用比例赔偿方式。假设该车辆被另一车辆撞毁,造成损失金额 12 万元,经认定事故责任全在对方车辆,应由对方车辆赔偿 12 万元。再假设被保险人首先向保险人索赔。保险人依保险合同约定赔偿被保险人 8 万元并取得代位求偿权,则被保险人尚有 4 万元损失未获赔偿,故这种情况下,被保险人仍有权向第三者请求赔偿 4 万元。

(2)被保险人负有相应的义务以配合保险人代位求偿权的行使。具体体现在:第一,不得放弃对第三者请求赔偿的权利。保险事故发生后,保险人未赔偿保险金之前,被保险人如果放弃对其第三者请求赔偿的权利,则会导致保险人失去代位求偿权,有过错的第三者也会因此逃避其本应承担的责任。为了制约被保险人的这种弃权行为,《保险法》规定:保险事故发生后,保险人未赔偿保险金之前,被保险人放弃对第三者请求赔偿的权利的,保险人不承担赔偿保险金的责任。而在保险人赔偿被保险人保险金后,保险人的代位求偿权即自动产生,这时被保险人如要放弃其对第三者请求赔偿的权利,则应经过保险人的同意,未经保险人同意的,该弃权行为无效。第二,提供必要的文件和所知道的有关情况。被保险人是保险事故的直接受害者,对保险事故发生的原因和过程应该有一定程度的了解,因此,被保险人应向保险人提供行使代位求偿权所必要的文件及所知道的有关情况。如果因被保险人的故意或重大过失致使保险人不能行使代位求偿权,则保险人可以扣减或者要求返还相应的保险金。

（3）保险人行使代位求偿权时也应尊重被保险人的权利。被保险人从保险人处获得保险赔偿金，并不意味着将其对第三者的赔偿请求权完全转移给保险人。如果被保险人得到的保险赔偿金不足以弥补其损失，则就未获得赔偿的部分，被保险人仍可以向第三者请求赔偿。《保险法》第60条第3款规定："保险人依照本条第一款规定行使代位请求赔偿的权利，不影响被保险人就未取得赔偿的部分向第三者请求赔偿的权利。"在这种情况下，保险人不能为了行使自己的代位求偿权而妨碍被保险人损害赔偿请求权的行使。

（4）保险人行使代位求偿权的求偿对象有限制。对于过失造成保险标的损失的被保险人的家庭成员或者其组成人员，保险人不得行使代位求偿权，但如果是属于故意造成保险标的损失的，则不受此限。

第三节　保险业法

一、保险业法概述

保险业法，又称保险组织法，保险业监督法，是指对保险业进行监督管理的法律。它是保险法的重要组成部分。保险业涉及千家万户、各行各业，社会影响大且专业性强。同时，保险业从事的也是一种经营活动，它承担着补偿因意外灾害事故造成损失的社会责任，并与银行、证券等行业共同行使经济领域的金融职能。因此，即使在"自由"的市场经济国家，对保险业也均实行严格的监督和管理。

从各国立法的规定来看，对保险业的监督和管理一直朝着强化的趋势发展。我国《保险法》第三、第四、第五、第六章的规定，就属于保险业法的范畴，具体内容涉及保险公司、保险经营规则、保险代理人和保险经纪人及保险业的监督管理等方面。

二、保险公司

（一）保险公司的设立

1. 保险公司的设立条件

设立保险公司必须经国务院保险监督管理机构批准，并符合下列条件。

（1）主要股东具有持续盈利能力，信誉良好，最近 3 年内无重大违法违规记录，净资产不低于人民币 2 亿元。

（2）有符合保险法和公司法规定的章程。公司章程是公司依法约定公司内外部法律关系，确定公司内部管理体制和股东或出资人基本权利义务的法律文件，也是公司设立的核心文件，公司的一切重大问题均须在章程中予以规定。设立保险公司必须有合法的公司章程。

（3）有符合保险法规定的注册资本。注册资本是公司承担财产责任的基础，根据保险公司的特殊性，《保险法》规定："设立保险公司，其注册资本的最低限额为人民币 2 亿元。"而且规定"保险公司的注册资本必须为实缴货币资本"。国务院保险监督管理机构根据保险公司的业务范围、经营规模，可以调整其注册资本最低限额，但只能向上调整而不能向下调整，即不得低于人民币 2 亿元这一法定最低限额。

（4）有具备任职专业知识和业务工作经验的董事、监事和高级管理人员。保险公司的经营具有较强的专业性和技术性，因此法律要求保险公司的董事、监事和高级管理人员应当品行良好，熟悉与保险相关的法律、行政法规，具有履行职责所需的经营管理能力，并在任职前取得保险监督管理机构核准的任职资格。法律还规定了不能担任保险公司董事、监事和高级管理人员的情形：一是有我国《公司法》第 146 条规定的不得担任公司董事、监事和高级管理人员的情形；二是有下列情形之一的：①因违法行为或者违纪行为被金融监督管理机构取消任职资格的金融机构的董事、监事、高级管理人员，自被取消任职资格之日起未逾五年的；②因违法行为或者违纪行为被吊销执业资格的律师、注册会计师或者资产评估机构、验证机构等机构的专业人员，自被吊销执业资格之日起未逾五年的。

（5）有健全的组织机构和管理制度。健全的组织机构和管理制度是保险公司有序运转的前提之一，保险公司应当按照《公司法》的规定设立股东会（股东大会）、董事会和监事会等机构，建立并完善财务会计制度、人事管理制度、劳动工资制度、业务管理制度等制度。

（6）有符合要求的营业场所和与经营业务有关的其他设施。

（7）法律、行政法规和国务院保险监督管理机构规定的其他条件。

2. 保险公司的设立程序

设立保险公司必须经国务院保险监督管理机构批准,并遵循法律规定的程序。具体来说,一般须经过以下程序。

(1)筹建申请及审查。申请设立保险公司,应当向国务院保险监督管理机构提出书面申请,并提交规定的材料,包括设立申请书(申请书应当载明拟设立的保险公司的名称、注册资本、业务范围等)、可行性研究报告、筹建方案、投资人的营业执照或者其他背景资料及经会计师事务所审计的上一年度财务会计报告、投资人认可的筹备组负责人和拟任董事长、经理名单及本人认可证明等。国务院保险监督管理机构应当对设立保险公司的申请进行审查,自受理之日起6个月内作出批准或者不批准筹建的决定,并书面通知申请人。决定不批准的,应当书面说明理由。

(2)筹建。筹建申请经批准后,申请人应当自收到批准筹建通知之日起1年内完成筹建工作;筹建期间不得从事保险经营活动。筹建工作完成后,申请人具备《保险法》所规定的设立条件的,可以向国务院保险监督管理机构提出开业申请。

(3)开业申请及审查。申请人提出开业申请后,国务院保险监督管理机构应当自受理开业申请之日起60日内,作出批准或者不批准开业的决定。决定批准的,颁发经营保险业务许可证;决定不批准的,应当书面通知申请人并说明理由。例如,2017年12月29日,中国保监会批复同意黄河财产保险股份有限公司开业。

(4)登记。经批准设立的保险公司,凭经营保险业务许可证向工商行政管理机关办理登记,领取营业执照。保险公司自取得经营保险业务许可证之日起6个月内,无正当理由未向工商行政管理机关办理登记的,其经营保险业务许可证失效。

(二)保险公司的变更

所谓保险公司的变更,是指保险公司在存续状态下,某些重要登记事项发生了变化。根据《保险法》第84条,保险公司有下列情形之一的,应当经保险监督管理机构批准:①变更名称;②变更注册资本;③变更公司或者分支机构的营业场所;④撤销分支机构;⑤公司分立或者合并;⑥修改公司章程;⑦变更出资额占有限责任公司资本总额 5% 以上的股东,或者变更持有股份有限公司股份 5% 以上的股东;⑧国务院保险监督管理机构规定的其他情形。例如,2017 年 12 月 28 日,中国保监会对珠江人寿保险股份有限公司关于修改章程的请示作出批复,核准该公司临时股东大会决议对公司章程作出的修改。

(三) 保险公司的整顿与接管

1. 保险公司的整顿

保险监督管理机构依法对保险公司作出限期改正的决定后,保险公司逾期未改正的,国务院保险监督管理机构可以决定选派保险专业人员和指定该保险公司的有关人员组成整顿组,对公司进行整顿。整顿组有权监督被整顿保险公司的日常业务。被整顿公司的负责人及有关管理人员应当在整顿组的监督下行使职权。整顿过程中,被整顿保险公司的原有业务继续进行。但是,国务院保险监督管理机构可以责令被整顿公司停止部分原有业务、停止接受新业务,调整资金运用。被整顿保险公司经整顿已纠正其违反保险法规定的行为,恢复正常经营状况的,由整顿组提出报告,经国务院保险监督管理机构批准,结束整顿,并由国务院保险监督管理机构予以公告。

2. 保险公司的接管

保险公司有下列情形之一的,国务院保险监督管理机构可以对其实行接管:①公司的偿付能力严重不足的;②违反保险法规定,损害社会公共利益,可能严重危及或者已经严重危及公司的偿付能力的。被接管的保险公司的债权债务关系不因接管而变化。接管期限届满,国务院保险监督管理机构可以决定延长接管期限,但接管期限最长不得超过二年。接管期限届满,被接管的保险公司已恢复正常经营能力的,由国务院保险监督管理机构决定终止接管,并予以公告。

2018 年 2 月 23 日,中国保监会发布关于对安邦保险集团股份有限公司依法实施接管的公告。公告称鉴于安邦集团存在违反保险法规定的经营行为,可能严重危及公司偿付能力,为保持安邦集团照常经营,保护保险消费者合法权益,依照《中华人民共和国保险法》第 144 条规定,中国保监会决定对安邦集团实施接管。接管期限自 2018 年 2 月 23 日起至 2019 年 2 月 22 日止。接管组织为中国保监会会同有关方面组成安邦集团接管工作组。从接管开始之日起,安邦集团股东大会、董事会、监事会停止履行职责,相关职能全部由接管工作组承担;接管工作组组长行使公司法定代表人职责,接管工作组行使安邦集团经营管理权。被接管后,安邦集团继续照常经营,公司债权债务关系不因接管而变化。接管工作组将依法履职,保持安邦集团稳定经营,依法保障保险消费者及各利益相关方合法权益。

（案例来源:保监公告〔2018〕5 号）

（四）保险公司的终止

所谓保险公司的终止,是指依法设立的保险公司法人资格的消灭。保险公司的终止有三种原因:一是自愿解散,二是被依法撤销,三是被依法宣告破产。

（1）自愿解散。所谓自愿解散,又称任意解散,是指保险公司因分立、合并需要解散,或者股东会、股东大会决议解散,或者因公司章程规定的解散事由出现而解散。保险公司的自愿解散须经国务院保险监督管理机构批准,经营有人寿保险业务的保险公司,除因分立、合并外,不得自愿解散。

（2）被依法撤销。所谓被依法撤销,是指保险公司因违法而被国务院保险监督管理机构吊销经营保险业务许可证,从而使其法人资格消灭,保险公司终止。《保险法》第 149 条规定,保险公司因违法经营被依法吊销经营保险业务许可证的,或者偿付能力低于国务院保险监督管理机构规定标准,不予撤销将严重危害保险市场秩序、损害公共利益的,由国务院保险监督管理机构予以撤销并公告,依法及时组织清算组进行清算。

（3）被依法宣告破产。与其他企业法人一样,保险公司如果具备《中华人民共和国企业破产法》所规定的破产原因,也可以被宣告破产。但鉴于保险公司的特殊性,《保险法》对保险公司的破产有一些特别规定:一是保险公司破产,须经国务院保险监督管理机构同意;二是经营有人寿保险业务的保险公司被依法宣告破产的,其持有的人寿保险合同及责任准备金,必须转让给其他经营有人寿保险业务的保险公司。如果不能同其他保险公司达成转让协议,则由国务院保险监督管理机构指定经营有人寿保险业务的保险公司接受转让。转让或者由国务院保险监督管理机构指定接受转让人寿保险合同及责任准备金的,应当维护被保险人、受益人的合法权益;三是关于保险公司破产财产的清算。保险公司的破产财产在优先清偿破产费用和共益债务后,按照下列顺序清偿:①所欠职工工资和医疗、伤残补助、抚恤费用,所欠应当划入职工个人账户的基本养老保险、基本医疗保险费用,以及法律、行政法规规定应当支付给职工的补偿金;②赔偿或者给付保险金;③保险公司欠缴的除第①项规定以外的社会保险费用和所欠税款;④普通破产债权。破产财产不足以清偿同一顺序的清偿要求的,按照比例分配。

三、保险经营规则

(一) 保险公司的业务范围

这里主要涉及两方面的问题:一是保险公司是否可以同时经营财产保险业务和人身保险业务,即保险公司是否可以兼营的问题;二是保险公司是否可以从事保险以外的其他业务,即保险公司是否可以兼业的问题。对这两个问题,我国《保险法》均作出了否定的回答。

(1) 禁止兼营。所谓禁止兼营,是指同一保险公司不得同时经营人身保险业务和财产保险业务。所谓人身保险业务,是指人寿保险、健康保险、意外伤害保险等保险业务;所谓财产保险业务,是指财产损失保险、责任保险、信用保险、保证保险等保险业务。我国《保险法》第95条对保险公司作出了禁止兼营的规定。法律之所以禁止保险公司兼营是因为:①财产保险与人身保险保险标的不同,两种保险各具其特点,在承保手续、保险期限、保险费计算基础及其方法、保险金赔偿或给付的条件以及保险准备金的提取等方面有很大差异。因此如果允许保险公司两者兼营,容易造成业务上的混乱与经营的庞杂,增大经营的难度,从而增大保险公司经营的风险。②人身保险尤其是人寿保险一般带有储蓄性质,保险期限比较长,如果与财产保险兼营,就有可能使人寿保险准备金被提前挪用,影响长期人寿保险的偿付能力,以致损害被保险人或受益人的利益。因此禁止兼营有其必要性,但也不是绝对禁止兼营。保险法在禁止兼营的原则下,参考国际通行作法,允许经营财产保险业务的保险公司经国务院保险监督管理机构批准,可以经营短期健康保险业务和意外伤害保险业务。

(2) 禁止兼业。所谓禁止兼业,是指保险公司不得经营保险业以外的其他业务。根据《保险法》,保险公司应当在国务院保险监督管理机构依法批准的业务范围内从事保险经营活动,既不得经营保险业以外的其他业务,如银行、证券、房地产等业务,也不得从事未经批准的其他保险业务。之所以要禁止保险公司兼业,也是体现了我国目前实行的金融业分业经营的原则。保险公司禁止兼业也不是绝对的,除传统保险业务外,法律还允许保险公司经营"国务院保险监督管理机构批准的与保险有关的其他业务",从而为金融混业发展留出空间。

(二)保险公司的资金提取

保险公司应当依法提取和缴纳保证金、责任准备金、公积金和保险保障基金。

(1)保证金。保险公司应当按照其注册资本总额的20%提取保证金,存入国务院保险监督管理机构指定的银行,除公司清算时用于清偿债务外,不得动用。之所以要对保险公司保证金的交存和使用严格加以限制,目的是为了确保保险公司的偿付能力。但另一方面,对保险公司资金管制过严,则会降低保险资本运作活力,因此国务院关于修改《保险法》的征求意见稿中将保证金的提取比例降为10%,并规定提取的保证金达到2亿元的,可以不再提取。

(2)责任准备金。保险公司应当根据保障被保险人利益、保证偿付能力的原则,提取各项责任准备金。所谓责任准备金是指保险公司为了承担未到期责任和处理未决赔款而从保险费收入中提存的一种资金准备,主要有未到期责任准备金和未决赔款准备金。未到期责任准备金是指保险公司在会计年度决算时,对未满期保险单提存的一种资金准备,之所以要有这种资金准备,是因为保险业务年度与会计年度间存在不一致。未决赔款准备金是指对于发生在会计年度决算期末的保险事故,保险公司在赔偿前预先提取的相应数额的准备资金,之所以要有这种资金准备,是因为理赔案件的发生、报案、结案之间存在着时间延迟。保险责任准备金不是保险公司的营业收入,而是保险公司的负债,因此保险公司应有与保险责任准备金等值的资产作为后盾,随时准备履行其保险责任。

(3)公积金。保险公司应当依法提取公积金。所谓公积金是指公司为增强自身的资产实力、扩大经营规模以及预防亏损,依照法律和公司章程的规定,从公司税后利润中提取的资金。保险公司是依据《保险法》和《公司法》而设立的,依据《公司法》,公司分配当年税后利润时,应当提取利润的10%列入公司法定公积金,经股东大会决议,公司还可以提取任意公积金。

(4)保险公司应当缴纳保险保障基金。所谓保险保障基金是指保险公司依照保险监督管理机构的规定,每年按照比例提取并交存的累积资金。它与责任准备金不同。责任准备金用于正常情况下的赔款,而保险保障基金则应当集中管理,并在下列情形下统筹使用:①在保险公司被撤销或者被宣告破产时,向投保人、被保险人或者受益人提供救济;②在保险公司被撤销或者被宣告破产时,向依法接受其人寿保险合同的保险公司提供救济;③国务院规定的其他情形。

(三)保险公司的最低偿付能力

所谓偿付能力,是指保险公司履行赔偿或给付责任的能力。保险公司是经营风险的特殊企业,必须随时准备应付各种风险的发生,这就必然要求其具有最低的偿付能力。如果保险公司偿付能力不足,不能履行赔偿或给付保险金的责任,则不仅损害投保人和被保险人的利益,而且也会影响保险公司的稳健经营,甚至会影响社会稳定和经济安全。因此法律要求保险公司应当具有与其业务规模和风险程度相适应的最低偿付能力。保险公司的认可资产减去认可负债的差额不得低于国务院保险监督管理机构规定的数额;低于规定数额的,应当按照国务院保险监督管理机构的要求采取相应措施达到规定的数额。对于偿付能力不足的保险公司,国务院保险监督管理机构应当将其列为重点监管对象,并可以根据具体情况采取责令增加资本金、责令办理再保险、限制业务范围、限制向股东分红、限制固定资产购置或者经营费用规模、责令停止接受新业务等措施。例如,2015 年 11 月 5 日,中国保监会向新光海航人寿保险有限责任公司发出监管函,鉴于该公司 2015 年 2 季度末偿付能力充足率为 −179.71%,偿付能力溢额 −1.32 亿元,属于偿付能力不足类公司,责令该公司自 2015 年 11 月 23 日起停止开展新业务。

(四)保险公司的风险分散

保险公司的经营对象是各种风险,如果风险过于集中,则势必会影响保险公司的偿付能力,因此法律要求保险公司在经营中应遵循风险分散原则,分散风险,稳健经营。风险的分散主要通过以下两个途径进行。

(1)限制每一危险单位的自负责任。所谓每一危险单位,是指一次保险事故可能造成的最大损失范围。根据《保险法》,保险公司对每一危险单位所承担的责任,不得超过其实有资本金加公积金总和的 10%;超过的部分应当办理再保险。

(2)按规定办理再保险。所谓再保险,是指保险人将其承担的保险业务,以分保形式部分转移给其他保险人,它是保险人实现风险分散的重要手段。法律要求保险公司应当按照国务院保险监督管理机构的规定办理再保险,并审慎选择再保险接受人。例如,2017 年 12 月 18 日,中国保监会对浙商财产保险股份有限公司作出行政处罚。2014 年,该公司承保两笔保证保险业务,保额均为 5.73亿元。根据公司 2014 年度资产负债表,单一风险单位占比超过《保险法》规定实有资本金加公积金总和的 10% 。对浙商财险未按规定办理再保险的违法行为,保监会决定对其罚款 30 万元,并责令停止接受保证保险新业务 6 个月。

(五) 保险公司的资金运用

资金运用是保险公司经营中的一项重要内容,一方面,保险公司通过运用保险资金,可以增强其偿付能力和竞争能力;而另一方面,保险资金的运用又往往伴随着风险,因此,对保险资金,既不能完全闲置不用,也不能随意运用,而应依法运用。在强调保险公司的资金运用必须稳健,必须遵循安全性原则的前提下,2009 年修订的《保险法》拓宽了保险资金的运用渠道,以解决实践中存在的保险资金运用渠道狭窄、保值增值难度大的问题。具体而言,保险公司资金运用的形式包括:银行存款;买卖债券、股票、证券投资基金份额等有价证券;投资不动产以及国务院规定的其他资金运用形式。保险公司资金运用的具体管理办法,由国务院保险监督管理机构制定。为进一步放松业务管制,扩大保险公司经营自主权,国务院在修改《保险法》的征求意见稿中再次拓宽保险资金的运用渠道,允许保险资金运用于投资股权、投资保险资产管理产品及以风险管理为目的运用金融衍生品。

四、保险代理人和保险经纪人

(一) 保险代理人

1. 保险代理人的概念及特征

根据我国《保险法》第 117 条的规定,保险代理人定义为:"保险代理人是根据保险人的委托,向保险人收取佣金,并在保险人授权的范围内代为办理保险业务的机构或者个人。"根据这一定义,保险代理人具有以下特点:①保险代理人是从事保险代理业务的机构或个人,保险代理机构包括专门从事保险代理业务的保险专业代理机构和兼营保险代理业务的保险兼业代理机构;②保险代理人是根据保险人的委托授权开展保险代理业务的代理人,如果没有被代理人——保险人的授权行为,就不会产生保险代理,进而也就没有保险代理人;③保险代理人是向保险人收取佣金的代理人;④保险代理人是在保险人授权范围内从事保险活动的代理人,因此其在保险人授权范围内的代理行为应由保险人承担责任。这里应当注意的是,为保护投保人利益,法律规定,保险代理人没有代理权、超越代理权或者代理权终止后以保险人名义订立合同,使投保人有理由相信其有代理权的,该代理行为有效。保险人可以依法追究越权的保险代理人的责任。

2．对保险代理人的限制

（1）对保险代理机构的限制。①保险代理机构应当具备国务院保险监督管理机构规定的条件,取得保险监督管理机构颁发的经营保险代理业务许可证。保险专业代理机构凭保险监督管理机构颁发的许可证向工商行政管理机关办理登记,领取营业执照。保险兼业代理机构凭保险监督管理机构颁发的许可证,向工商行政管理机关办理变更登记。②保险代理机构应当有自己的经营场所,设立专门账簿记载保险代理业务、经纪业务的收支情况。③保险代理机构应当按照国务院保险监督管理机构的规定缴存保证金或者投保职业责任保险。

（2）对个人保险代理人的限制。①个人保险代理人,保险代理机构的代理从业人员,应当品行良好,具有从事保险代理业务所需的专业能力。②个人保险代理人在代为办理人寿保险业务时,不得同时接受两个以上保险人的委托。

（二）保险经纪人

我国《保险法》第 118 条将保险经纪人定义为:"保险经纪人是基于投保人的利益,为投保人与保险人订立保险合同提供中介服务,并依法收取佣金的机构。"保险经纪人具有以下特点:①保险经纪人是从事保险经纪业务的经纪人;②保险经纪人是为投保人与保险人订立保险合同提供中介服务的经纪人,其主要任务就是在投保人与保险人之间牵线搭桥,最终促使投保人与保险人订立保险合同;③保险经纪人提供中介服务尽管是基于投保人的利益,但其佣金却是由保险人支付;④保险经纪人是单位经纪人,个人不能为保险经纪人;⑤保险经纪人因过错给投保人、被保险人造成损失的,应当依法承担赔偿责任。

（三）保险代理人及保险经纪人的职业操守

保险代理人、保险经纪人及其从业人员在办理保险业务活动中不得有下列行为:①欺骗保险人、投保人、被保险人或者受益人;②隐瞒与保险合同有关的重要情况;③阻碍投保人履行《保险法》规定的如实告知义务,或者诱导其不履行如实告知义务;④给予或者承诺给予投保人、被保险人或者受益人保险合同约定以外的利益;⑤利用行政权力、职务或者职业便利以及其他不正当手段强迫、引诱或者限制投保人订立保险合同;⑥伪造、擅自变更保险合同,或者为保险合同当事人提供虚假证明材料;⑦挪用、截留、侵占保险费或者保险金;⑧利用业务便利为其他机构或者个人牟取不正当利益;⑨串通投保人、被保险人或者受益人,骗取保险金;⑩泄露在业务活动中知悉的保险人、投保人、被保险人的商业秘密。

五、保险公估机构

根据我国《保险法》第129条的规定,保险活动当事人可以委托保险公估机构等依法设立的独立评估机构或者具有相关专业知识的人员,对保险事故进行评估和鉴定。这里所谓的保险公估机构是指接受委托,专门从事保险标的或者保险事故评估、勘验、鉴定、估损理算等业务,并按约定收取报酬的机构。在我国境内设立保险公估机构,应当符合中国保监会规定的资格条件,取得经营保险公估业务许可证。保险公估机构在办理保险公估业务过程中因过错给保险公司或者被保险人造成损害的,应当依法承担赔偿责任。保险公估机构应接受中国保监会的监督管理。中国保监会2009年9月25日发布、2013年9月29日修订的《保险公估机构监管规定》对保险公估机构的市场准入、经营规则、市场退出、监督管理、法律责任等作出了较为详细的规定。

案例分析

【案情】

张某于2012年11月15日以自己为被保险人向某保险公司申请投保《全球

保个人与家庭医疗保险》，并且填写了投保单。2012 年 11 月 19 日，保险公司签发保险单，约定被保险人为张某，保险合同生效日为 2012 年 11 月 19 日。2012 年 11 月 21 日，张某因"血尿"前往医院接受检查及治疗，后被医院确诊为膀胱癌。住院期间治疗花费 241 714.68 元。后张某向保险公司提出理赔申请，但保险公司在 2012 年 12 月 28 日向张某发出理赔决定通知书，称"张某曾于 2012 年 9 月 29 日因"全程无痛肉眼血尿"及同年 10 月 15 日因"腹部不适，尿不尽"在医院就诊。但张某在递交投保申请时，对投保单中您曾否罹患过以下疾病，或接受过以下疾病的治疗、测试或调查，或被诊断为患有以下疾病或因以下疾病而住院：血液失调、贫血、血友病、地中海贫血或其他血液测试异常？肾脏、脾脏、肝脏、胰脏、膀胱、前列腺或肾脏失调或复发性泌尿疾病等询问事项，张某均作否定回答。因张某未如实告知其健康状况，故决定解除保险合同，不承担给付保险金的责任，并退还张某缴纳的保险费 28 921.80 元。张某为此诉至上海市浦东新区人民法院。浦东新区法院认为，未经确诊的症状并非确诊疾病，不是张某明知的重要事项。保险公司提供的证据不足以证明张某违反如实告知义务，判决保险公司赔付张某 225 848.38 元，驳回张某的其他诉请。保险公司不服一审判决，向上海市第一中级人民法院提起上诉。

【问题】

1. 张某是否违反了如实告知义务？
2. 保险公司解除合同并拒绝给付保险金是否合法？

【法律依据】

我国《保险法》第 16 条第 1 款规定，订立保险合同，保险人就保险标的或者被保险人的有关情况提出询问的，投保人应当如实告知。

第 2 款规定，投保人故意或者因重大过失未履行前款规定的如实告知义务，足以影响保险人决定是否同意承保或者提高保险费率的，保险人有权解除合同。

第 3 款规定，前款规定的合同解除权，自保险人知道有解除事由之日起，超过三十日不行使而消灭。自合同成立之日起超过二年的，保险人不得解除合同；发生保险事故的，保险人应当承担赔偿或者给付保险金的责任。

第 4 款规定，投保人故意不履行如实告知义务的，保险人对于合同解除前发生的保险事故，不承担赔偿或者给付保险金的责任，并不退还保险费。

【法律运用及处理结果】

本案中,原审法院认为,张某在投保前虽两次因"血尿"和"尿不尽"前往医院就诊,但并未确诊患有膀胱或其他疾病,故认定张某未违反如实告知义务,这种看法有失偏颇。保险公司于张某投保时询问其健康状况,此种询问的目的系为确定承保风险的大小,故投保人如有相应就医经历,不论其病情如何,均应如实告知。张某在投保前曾两次因"血尿"和"尿不尽"前往医院就诊,不论是否确诊为何种疾病,但确实患病无疑,并为此接受了药物治疗。张某对自身的以上就医经历系属明知,但对保险公司提出的相关询问却作否定回答,故张某属故意不履行如实告知义务,保险公司据此享有合同解除权。根据《保险法》,保险公司的合同解除权应在知道解除事由之日起 30 日内行使,否则即归于消灭。本案中,保险公司于 2012 年 12 月 6 日委托案外人对张某的就医情况进行调查,同月10 日案外人完成该项调查,保险公司即于同月 28 日向张某发出解除合同通知,其行使解除权并未超出法定时间。此外,根据保险法,投保人故意不履行如实告知义务的,保险人对于合同解除前发生的保险事故,不承担赔偿或者给付保险金的责任,并不退还保险费。本案中,保险公司向张某退还保险费 28 921.80 元,这属于保险公司的自愿行为,系保险公司对自身权利的处分,并不违法。上海市第一中级人民法院二审判决撤销原审判决,驳回张某的原审诉讼请求。

(案例来源:上海市第一中级人民法院民事判决书(2014)沪一中民六(商)终字第 76 号)

本 章 思 考 题

1. 什么是保险合同? 保险合同有何特征?

2. 什么是保险利益? 如何确定人身保险及财产保险中的保险利益?

3. 保险人的主要义务有哪些?

4. 保险人在哪些情况下可以解除保险合同?

5. 人身保险合同有哪些特殊条款?

6. 设立保险公司应符合哪些条件?

7. 保险经营规则主要有哪些?

8. 2013 年 8 月,某厂与某保险公司签订了一份企业财产保险合同。某厂按月交纳保险费,保险公司负责该厂企业财产的火灾保险。2014 年 7 月,某厂与某建筑工程公司签订了维修仓库施工协议。协议中规定:因施工发生火灾造成的损失,由建筑公司负责。建筑公司在同年 7 月底的施工中,有关人员违反安全操作规程,以致酿成火灾,直接经济损失达 50 万元。某厂于火灾发生的第三天向保险公司提出赔付请求,并提供了有关证明和资料。保险公司收到赔付请求和有关证明和资料后,因对其赔偿的数额不能确定,而一直拖到同年 12 月底才予以赔付。保险公司理赔后,向建筑公司追偿,却遭拒绝。理由是:其一,某厂接受保险公司赔偿后曾致电我方,明确声明放弃对我公司的赔偿要求;其二,我公司与保险公司不存在直接的合同关系。

请分析:

(1) 某厂向保险公司索赔要经过哪些程序?

(2) 保险公司直到 12 月底才予以赔付是否合法? 为什么?

(3) 建筑公司的主张是否成立? 为什么?

参 考 文 献

［1］吴志攀. 金融法概论[M]. 北京:北京大学出版社,2011.

［2］吴弘,陈岱松,贾希凌. 金融法[M]. 上海:格致出版社,2011.

［3］汪鑫. 金融法学[M]. 北京:中国政法大学出版社,2011.

［4］吕琰,林安民. 金融法基本原理与实务[M]. 上海:复旦大学出版社,2010.

［5］赵宇霆. 金融法[M]. 成都:西南财经大学出版社,2009.

［6］李玫. 金融法概论[M]. 北京:高等教育出版社,2008.

［7］盖锐. 金融法教程[M]. 北京:北京大学出版社,2007.

［8］常健. 金融法教程[M]. 北京:对外经济贸易大学出版社,2007.

［9］刘隆亨. 银行金融法学[M]. 北京:北京大学出版社,2010.

［10］倪振峰. 银行法学[M]. 上海:复旦大学出版社,2010.

［11］王胜明. 中华人民共和国中国人民银行法释义[M]. 北京:法律出版社,2004.

［12］王胜明. 中华人民共和国商业银行法释义[M]. 北京:法律出版社,2004.

［13］郭明瑞. 担保法[M]. 北京:中国人民大学出版社,2011.

［14］吕来明. 票据法学[M]. 北京:北京大学出版社,2011.

［15］曾宪义,王利明. 票据法[M]. 北京:中国人民大学出版社,2009.

［16］王小能. 票据法教程[M]. 北京:北京大学出版社,2001.

［17］万国华. 证券法学[M]. 北京:清华大学出版社,2010.

［18］符启林. 证券法:理论·实务·案例[M]. 北京:法律出版社,2007.

［19］叶林. 证券法[M]. 北京:中国人民大学出版社,2000.

［20］江翔宇. 公司型基金法律制度研究[M]. 上海:上海人民出版社,2011.

［21］卓武扬. 投资基金风险法律制度研究:基于"法与金融理论"分析[M]. 成都:西南财经大学出版社,2011.

［22］周玉华. 最新保险法释义与运用[M]. 北京:法律出版社,2009.

［23］韩长印,韩永强. 保险法新论[M]. 北京:中国政法大学出版社,2010.